何贝倍 著

我国银行业监管法律体系的制度分析

Chinese Legal
System of
Supervision of
Commercial Banks

社会科学文献出版社
SOCIAL SCIENCES ACADEMIC PRESS (CHINA)

目 录 —————

C o n t e n t s

引言
服务于自由金融市场的银行监管法

"银行是一个参与支付系统活动并运用资金盈余主体（主要是居民户）的资金向资金短缺主体融资的金融中介机构。"[①] 世界范围内，尽管银行相对于其他金融中介机构的优势地位正面临着来自共同基金、养老基金、保险公司的激烈竞争，但它依然是企业流动性的主要提供者，在现代经济中扮演着重要角色。在学术界，学者们关于为什么要监管银行、应该如何监管银行的讨论一直持续不断，经济学家、金融家以及法学家都给予这个问题极大的关注，无论理论界对这个问题存在怎样的分歧和怎样多种多样的主张，有一点是确定无疑的，那就是银行业在各个国家都受到了来自政府的外部监管。市场经济国家的实践已经清楚地表明，即使是在最自由的市场国家，具有特殊性质或者在国民经济中占据重要地位的行业依然需要受到来自政府的严格管制（regulation），以银行为主体的金融业从来都是受到最严格监管的行业，金融监管（supervision）是政府管制行为的重要内容。[②] 银行监管法律体系完善与否不仅关乎能否实现有效监管，对于一国的金融稳定、经济

---

① Mathias Dewatripont：《银行监管》，石磊、王永钦译，复旦大学出版社 2002 年 6 月第 1 版，第 13 页。
② 在经济学领域，"管制"（regulation）和"监管"（supervision）很多情况下是被区分使用的，金融监管是指由特定的金融监管机构，基于规范金融活动的法律法规而进行的监督（monitor）、检查（check）、管理（manage）等活动，广义的金融管制包含了金融监管。

发展也有非常重要的作用。本书是一部研究我国银行业监管法律体系的专著。在阅读法律文本和相关文献的过程中，笔者逐渐意识到，银行监管首先是一个经济学问题，然后才是一个法学问题，对于银行监管法的研究应该放在更为广阔的经济背景下进行，这样的研究比单纯研究国际监管文件和发达国家监管法典更有价值。笔者在"引言"部分用了很大篇幅来论证这个观点，并相信这对从法学角度研究银行监管问题是必要的、有益的，这为笔者进一步探讨银行监管法的性质、特点，探讨如何完善我国的银行业监管法律体系等问题，提供了必要的理论前提和出发点。在发生世界经济危机的背景下，各国更加强调银行监管。但是，加强银行监管并不意味着反对自由的金融市场，恰恰相反，从发达国家的监管立法以及国际监管文件的发展趋势看来，银行监管越来越趋向于一种市场化导向的监管，而不是对银行业金融机构自主企业行为的简单干预。我国在进一步完善银行监管法的过程中，应当把握国际监管文件中体现出来的先进的、市场化导向的监管理念，注重进行实证研究，选择、设计适合我国国情的银行监管法律制度。

一 法学角度的研究对实现有效银行监管十分必要

从历史上看，18 世纪及以前，金融活动基本上是由私人自由进行的民事活动，受民法的调整。进入 19 世纪，各主要发达国家的政府开始直接干预金融活动，国家所依赖的主要银行发展成为中央银行，中央银行垄断了货币发行权，对银行的成立进行管理，并在发生金融危机时充当最后贷款人的角色。在 19 世纪初至 20 世纪初整整一个世纪的时间里，中央银行或者行业自律组织对于银行业进行管理，金融管制的组织基础与法律基础初步建立起来了，但还没有出现独立的、专门的金融监管机构，金融监管职能也还没有充分地展开。20 世纪 30 年代的经济大危机是金融监管发展历史上的一个分水岭，这场经济危机掀起了金融管制的造法运动，各国不约而同地用立法加强了对金融活动的管制，金融监管机构的独立法律地位及其干预金融机构微观金融活动的权力得以用成文法确定下来。[1] 在金融监管作为一项重要的政府权能确立下来之后，各个国家的金融实践，特别是 20 世纪八九十年代频频发生的银行等金融企业的破产将银行监管推向对企业经营管理更加深入的介入。这种深入企业内部经营管理的介入表现为放松了对金融市场的管制，加强了对金融企业的管制。以 1999 年美国《金融服务现代化法》为代表，监管机构更是开始直接针对金融产品实施监管。从市场到企业，再到产品的多层次的严密监管，以及经济全球化带来的全球监管视野的需求，体现了监管机构对金融安全和稳定始终不渝的追求，这恐怕是市场经济国家中其他行业很难想象也很难承受的"殊荣"。

从银行监管发展的历史可以看出，银行监管的发展历史实际上也是一部银行监管立法发展的历史，各个国家，即使是美国、英国这样的普通法系国家也普遍采用了制定成文法的形式。当然，由于各个国家的传统以及经济发展经历的不同，银行监管法律体系的形成在时间上有先有后。[2]

"冷战"结束后，自由市场经济席卷全球，经济全球化和金融自由化的发展态势日趋明显，经济全球化极大地扩展了跨国银行的经营空间，跨国银行中的佼佼者在全球范围内经营各种业务，金融自由化浪潮则催生了宽松的市场竞争规则。然而，经济全球化和金融自由化也带来了难以消除的弊端，首先是给既有金融体系的稳定性造成了冲击，同时，也给各主权国家提出了监管体制、

---

[1] 关于金融管制的出现，以及金融监管如何从金融管制中分离出来的详细论述参见周子衡著《金融管制的确立及其变革》，上海三联书店、上海人民出版社 2005 年 1 月第 1 版，第 261～267 页。

[2] 英国是一个在传统上不太依赖法律体系进行银行监管的国家，而且自 1866 年之后没有发生过真正意义上的金融危机，所以英国在 20 世纪 30 年代经济危机过后并没有建立起类似于美国的银行监管法律体系，一直到 20 世纪 70 年代的"JMB 事件"后才建立起与行业自律监管并行的立法监管。

监管理念、监管方式和技术上的难题。各国开始意识到"金融一体化和自由化浪潮的兴起凸显了系统性风险的危害。国际金融一体化将全球各地的金融市场连为一体,为跨国银行节省了交易成本,加之银行业务电子化、网络化以及现代通信手段在银行业务中的应用,使跨国银行的经营效率大大提高;但各国金融市场的联系越密切,它们相互依赖的程度也就越深,在全球支付与清算系统中,一旦某家银行出现问题不能及时清算,必然会造成多米诺骨牌式的连锁反应,理论界有学者将这种波及效应称为系统性风险"。[①] 为了防止出现国际金融市场危机,主要发达国家在跨国银行监管方面,逐步摸索形成了以巴塞尔文件体系为核心的国际银行监管共同准则。巴塞尔文件体系作为国际金融组织在世界范围内推行的银行监管规则,其内容不断丰富,体现的监管理念和监管方法也在不断地发展和深化,已经为许多国家和地区的监管当局所接受并反映在这些国家的银行法之中。主要发达国家的银行监管立法以及巴塞尔文件体系无疑为有悠久的成文法传统,[②] 直到 1956 年才建立起大一统银行体系,专门的银行监管还是刚刚起步的中国提供了丰富的、可资借鉴的法律文件资源。

我国银行业监管法律体系的构建始于 20 世纪 90 年代中期,以《人民银行法》《商业银行法》的颁布为标志。自此,中国的银行监管立法开始步入快车道,截至目前,已基本建立起较为完备的银行监管法律体系。然而,由于我国商业银行市场化程度偏低,不论是作为市场主体的银行业金融机构自身还是履行外部监管职责的监管机构,其风险管控能力与国际先进银行和银行监管国际标准相比都有一定的差距,再加上银行监管立法起步较晚,现行

① B. E. Gup, *Bank Failures in the Major Trading Countries of the World*, Quorum Books, 1998, pp. 5 – 6.

② 春秋战国以前,中国的法律以判例为主要形式,春秋战国以后,就形成了法典为主、判例为辅,多种法律体系并存的形式并长期保持。参见汪世荣《判例在中国传统法中的功能》,《法学研究》2006 年第 1 期。

银行业监管法律体系存在一些立法空白和不完善之处在所难免，这给从法学角度研究银行监管留下了空间。就在银行监管法作为一个新兴的法律分支闯入中国法学家的视野时，恰逢2008年发生了20世纪30年代经济大萧条以来最严重的经济危机，而且发源地是在有着完备银行监管法律体系的美国，研究者不禁会产生这样的疑问：这场金融危机会给自由市场经济政策带来什么样的冲击？此次金融危机必定给美国等发达国家带来一次监管立法上的革新，幸免于难的中国对照这些国家最新的立法成果，是该继续金融自由化的步伐还是应缚步不前，如何改进监管立法以实现有效监管呢？

二 在广阔的经济背景下研究银行监管法

经济学是分析法律问题的有力工具，很多经济学家都十分擅长用经济分析的方法研究"非经济问题"。许多法律问题，例如，财产权、继承、婚姻的成立与解除、侵权、刑事制裁等，都可以采用经济学的定理、方法得到不同角度的阐释。当然，经济学家对这些问题的解释往往与法学家的解释大异其趣，但我们不难看出，上述命题主要还是一个法学问题，特别是在适用法律的场景中，我们很难从法官对具体个案的裁判文书中找到经济学思维的痕迹，尽管"成本－效益"分析往往隐藏在法律逻辑推理的背后。银行监管问题则属于另外一种情形：银行监管的有效实施在很大程度上取决于监管法律规范制定得是否合理、科学，但我们也要注意到，制定相应的法律规范解决的主要是银行监管技术层面的问题，从根本上说，银行监管是一个经济学问题而不是一个法学问题。写到这里，会产生这样的疑问，现代社会中，很多法律问题都不是单纯的法学问题，相当多的法律问题涉及生命科学、宗教等其他领域，为什么要特别强调银行监管不是一个单纯依靠法律就能够得到很好解决的问题呢？这是因为银行监管很重要又很复杂。它重要是因为金融危机对经济致命的破坏力，它复杂是因为银行业金融机构向消费者提供的不是实实在在的产品，而是技术性很强的服务，并且银行采用的是一种高负债、高风险的经营模式，从某种意义上说，现代银行经营的就是风险。特别是在允许混业经营的国家，大型银行业金融机构尚且不能完全了解和掌控自身的风险，主要依靠被监管者提供信息的监管机构对存在的风险能有什么程度的了解可想而知。

对于这样一个既重要又复杂的问题，单一的法学角度的研究显然是远远不够的，还需要从经济学的角度进行研究，而且，在研究的过程中，我们还会得出这样的结论，银行监管问题很难用"权利－义务"这样的法学基本范畴加以解释，① 倒是价值取向分析在这个问题上有一些用武之地。因此，本书虽然是从法学的角度来研究银行监管的，但笔者认为银行监管首先是一个经济学命题，要想对这个问题在理论和实践上做出较为圆满的解答，需要先从经济学理论的高度对银行监管有较为深入的探析，接下来才能谈到立法层面的监管目标和原则的确定、规范的设计。法学层面的银行监管研究应该结合中国银行业发展的现状，探讨适合中国的银行监管的体制、中国银行监管应奉行的理念，以及如何改进、完善具体的银行监管法律制度，而不是简单照搬国际监管文件和发达国家的监管立法，文件对文件、条文对条文的研究对于实现有效监管意义不大。

2008 年，美国的次级按揭贷款危机引发了金融危机，消费者购买力急剧下降，金融机构巨大的投资损失影响到了实体经济的

---

① 事实上，法学的思维和研究方法似乎对于阐释经济问题没有太大的助益。法经济学在市场领域，特别是在显性市场法律管制领域（如反垄断、税收）取得了令人瞩目的成就，但在法学的传统领域，非市场行为领域（如犯罪、家庭）中显得不那么得心应手，正是因为对非市场行为领域的介入，法经济学被很多法学家视为经济学对法学的蚕食，遭到了抵制。笔者在这本书里直接引入了很多经济学的观点，但无意将这本书写成一部法经济学著作。笔者认为，银行监管的法学研究应当被置于更加广阔的政治经济背景下进行，银行监管法的研究者应具有一定的经济学知识。

运行，很快触发了经济危机。媒体惊呼，作为"世界经济引擎"的美国遭遇了自 20 世纪 30 年代经济大萧条以来最严重的经济危机。美国的经济危机迅速蔓延至欧洲、新兴市场国家等其他国家和地区，最终导致了全球性的经济衰退，全球经济迄今尚未表现出全面复苏的迹象。在这样的背景下，各国政府在采取各种经济刺激措施遏制经济滑坡的同时，开始反思美国的经济发展模式，讨论如何进一步加强金融监管。在这场严重的经济危机中，美国与欧洲在应该采取何种措施帮助经济尽快复苏的问题上，表现出不同的倾向，美国力主各国政府掏腰包实施财政刺激政策，欧洲则对加强金融监管更加感兴趣，提出建立全球金融监管体系。两种观点背后透现出经济自由主义与凯恩斯主义的交锋。那么，这场全球经济危机真的是市场失灵的恶果吗？

这场经济危机从表面上看是奉行金融自由化、放松管制的直接结果，美国家庭资产与负债严重失衡、超前消费的经济模式遭到了严厉的抨击，美国所奉行的自由市场经济政策也随之受到诟病。澳大利亚总理陆克文撰文指出，"新自由主义是全球金融危机祸首"。他总结新自由主义的主要哲学包括：反对征税、反对监管、反对政府、反对投资公共产品，推崇不受管制的金融市场、劳动力市场和自由修复的市场，主张建立社会民主主义国家。① 陆克文总理因为他显赫的政要身份，也因为他的观点具有相当的代表性，他发表在《财经》杂志上的这篇文章受到了广泛关注。这篇文章在中国的经济学界也引起了关注。中国的经济改革在过去 30 年里取得的成果不可谓不丰硕，没有人会否认，中国的经济腾飞首先要归功于市场经济的实行。无论是农村的土地承包责任制，还是民营资本主导的制造业和第三产业对国民经济的贡献，乃至《宪法修正案》（2004）和《物权法》明确对私有财产的法律保

———————
① 《澳大利亚总理陆克文撰文指出新自由主义是全球金融危机祸首》，《参考消息》2009 年 2 月 10 日第 3 版。

护，无一不是社会主义借鉴资本主义核心经济制度——自由市场——的成果。正因为如此，与发达国家左派学者、媒体以及民众对资本主义的辛辣嘲讽不同，中国的学术界反倒对经济危机中主张加强政府管制的论调保持了警觉和冷静。

许小年教授针对陆克文总理文章中的谬误，正确指出这场经济危机恰恰是"政府失灵导致的危机"，是政府失灵而不是市场失灵。许小年教授指出，"自亚当·斯密始，自由主义经济学家从未主张过不受约束的市场"，华尔街的金融创新是诱因，资产泡沫的根源在于在过去20年美联储执行的宽松货币政策。格林斯潘并不是自由主义经济学家，在货币政策上，他恰恰是一个不折不扣的凯恩斯主义者，"凯恩斯主义的核心理念就是市场经济具有内在的不稳定性，需要政府从外部进行干预，格林斯潘和美联储就是这样的干预者"。"陆克文总理自视为罗斯福总统和凯恩斯的传人，要用扩张性财政政策创造需求，将经济拉出衰退。""凯恩斯理论体系上的最大问题就在这里，市场是不完美的，但政府是完美的，……与凯恩斯形成对照，自由主义经济学家保持了逻辑上的一致性，市场不完美，政府也不完美，非完美政府设计的宏观政策会引发和加剧经济的波动，他们反对少数几个人调控货币供应以操纵市场经济中的最重要价格——利率，哪怕操纵者是中央银行。"

许小年教授进一步指出陆克文总理的错误还在于，"管住货币发行才能管住资产泡沫和金融危机的源头，陆克文总理对此避而不谈，反而将全球信用的泛滥和金融机构的高杠杆归罪于放松管制"。许小年教授认为金融创新风险的根源在于问题丛生的委托-代理关系，以及委托-代理关系下的风险-收益失衡，他提出"实现收益和风险的对称，根本之道是在微观层面上重塑治理机制，而不是政府的宏观管理，更不是限制高管的工资"。①

---

① 以上关于许小年教授观点的引用均出自许小年《陆克文和凯恩斯错在哪里?》，《经济观察报》2009年3月16日第41~42版。

　　许小年教授以严密的逻辑论证了美国政府在货币政策上的失误才是这场经济危机的根源，对金融衍生产品监管的缺位是次要原因，是诱因。许教授关于美联储和格林斯潘是凯恩斯主义奉行者的结论也是正确的，事实上，凯恩斯学派的主要代表人物——约翰·梅纳德·凯恩斯就赞许政府增加开支、个人超前消费。他认为，即使是浪费性的政府支出也比政府什么都不做要好，而个人的浪费性开支更是为他所鼓励，他认为在房屋、娱乐项目上的奢侈消费可以增加就业、促进社会繁荣，"对美国经济有用"。许小年教授还提出防范金融风险的根本途径在于重塑金融机构的治理结构，而不是加强政府管制。

　　关于反对加强管制，笔者持保留意见。管制和监管是有所区别的，许小年教授所讲的管制应该等同于监管。笔者认为，应当加强银行监管。银行业受到严格监管是由自身的行业特点和担当经济大动脉的角色决定的，监管是必要的，但理想的监管应该是一种市场理念指导下的监管，这种监管以"市场失灵"为理论前提，要求政府有所作为，追求的却是类似于市场配置资源的最佳效果，这一点留待后文详议。

　　中国在这场全球经济危机中也受到了冲击，被迫由出口型经济向内需拉动型经济转变，幸运的是，中国的银行业没有发生系统性风险，中国只需要在实体经济一条战线上作战。实事求是地说，中国的银行监管法律体系对中国银行业现有的良好经营态势并没有贡献很大的力量，中国银行业的繁荣主要有赖于中国近10年的高速经济增长，还有就是在"外资银行来了"的挤压之下，中资银行通过股份制改造、推行全面风险管理、高度重视建设电子银行等多种手段，提高和完善了自身，卸掉沉重不良资产包袱的中资银行艰难地完成了自己由茧化蝶的蜕变。回顾中国银行监管法的发展历程，1995年是一个重要的年份，当年出台的《人民银行法》赋予了人民银行金融监管的职能，从这一年开始，银行监管法的立法步伐明显加快，出台了大量的规范性法律文件。从这些法律、法规、规章，我们可以看出，中国的银行业监管这些年来总的趋势是放松了对于金融市场的管制、加强了对银行业金融机构的企业和产品的监管。

三　加强监管是由银行业的行业特点决定的，并不排斥自由的金融市场

"自从马歇尔时代以来，经济思想的许多重要发展刺激了经济中更多的政府干预，或者至少将更多的政府干预合理化。"[①] 英国经济学家马歇尔的思想对古典自由放任主义有些许偏离，为谨慎的改革留下了余地，被视为凯恩斯主义的发源。20 世纪 30 年代经济大萧条时期，民众急切地期望政府解决经济停滞和严重的失业问题，推动了凯恩斯主义的形成。凯恩斯发展了马歇尔的学术思想，将宏观经济学推入了主流经济学的殿堂。他倡议政府实施适当的财政与货币政策来积极地干预经济，发生经济衰退时，政府应该增加支出或者减少税收或者增加货币供给推动投资支出。凯恩斯主义大大提高了经济理论在政策制定中的作用，具有革命性的影响，是最重要的经济思想流派之一。凯恩斯学派很注重对为什么会发生经济萧条的研究，指出经济不稳定是固有的、周期性的。这个学派提出的许多政策建议到现在为止依然是各国政府在发生经济危机时会立刻祭起的法宝。[②] 具讽刺意味的是，奉行凯恩斯主义的罗斯福新政并没有取得理想中的效果，罗斯福总统签署的某些法案还被联邦最高法院认定为违宪，最终将美国拉出经

---

① 〔美〕斯坦利·L.布鲁、兰迪·R.格兰特：《经济思想史》（第 7 版），邱晓燕等译，北京大学出版社 2008 年 1 月第 1 版，第 493 页。

② 尽管凯恩斯学派主张政府全面干预经济的观点遭到了自由主义经济学家的批判，但这个学派在经济危机应对措施方面取得的成就还是不容否认的。例如，凯恩斯本人通过研究发现，发生经济危机时，企业应当采用降低产量或者裁员的办法，而不是降薪，因为降薪只会延缓经济的复苏，当然，此时应当由政府创造更多的就业机会。

济衰退的是战争，而不是经济刺激方案。

20世纪50年代，美国经济学家弗里德曼和施蒂格勒开始对凯恩斯学派政府干预经济的观点发起冲击，但在当时没有取得明显进展，直到70年代，普遍发生的通货膨胀才让芝加哥学派的观点受到了重视。弗里德曼将自己定义为自由主义者，一直倡导少依赖政府多依赖市场，他认为，市场体制不仅会保护经济自由，还会保护政治自由。芝加哥学派作为一个拥有许多重量级经济学家的学术流派，它的影响力已经大大超越了学术界的范围，在政府和商界也影响至深。从亚当·斯密开始，"自由市场"的观点贯穿了西方经济学的发展历史，尽管这一思想时隐时彰，却深深植入了西方主流经济学家的头脑之中（就像权利观念深入法学家的头脑一样）。应该说，芝加哥学派是推崇自由市场的古典经济学的新发展。

现代经济是极其复杂的，经济全球化看来已经不可阻挡，人类的经济活动只会越来越复杂，无论是市场还是政府，都无法驾驭这辆"没有方向盘的汽车"。市场有失灵的时候，而政府也好像常常不灵，经济学家们只得在市场和政府这两端之间跑来跑去，寻找平衡。银行监管就是一个很好的例子，银行业被认为是应当受到政府严密监管的行业，可是从巴塞尔文件体系以及各国的监管实践来看，市场的意味又无处不在：监管必须以完备的监管法律制度的存在为前提；巴塞尔委员会越来越强调第三支柱——市场约束——的作用，监管当局要求银行向社会公开披露经营信息，以期借助市场的力量监督银行；监管当局对银行的资本充足率、治理结构提出种种要求，就是希望培育具有强健体魄的市场主体，参与市场活动；银行经营不善，也必须退出市场，当然，有别于其他类型的企业，银行更有可能被政府接管或者进行重组。

经济学理论认为，在现代经济中，有一些行业是自然垄断行业，主要指公用事业和公共运输业，例如电力、电信、铁路、供水、供气等企业。自然垄断行业具有线性规模经济的特点，越是垄断，经济效益越高，越需要国家直接经营或者进行管制。国家对自然垄断企业实施的管制主要集中在市场准入、价格和利润上，管制的目的在于要确保这些企业为公众提供充足的、高质量的服务或者产品。某些行业是完全竞争行业，政府在这些行业中的作用是打破垄断，保证充分的竞争。还有一些行业既不是自然垄断行业，也不是完全竞争行业，例如，银行。银行业不属于自然垄断行业，但如我们在前文所述，在各国基本上都受到了严格的监管，那么银行业为什么受到了如此严格的，而且总的看来是越来越细密的监管呢？

"法玛（Fama）认为，如果银行业单单从事资产管理、货币兑换和支付业务的话，根本不需要对其进行大规模的监管，但是由于银行还从事把非流动资产转化成流动负债的业务并通过监督贷款和信号传递来降低交易成本，所以对银行业进行监管是完全必要的。"[1] 银行业金融机构具有脆弱性、风险性、风险相互传染等特点，为了保护存款人的利益，确保银行为实体经济提供资金清算和支付服务，为实体经济提供充足的货币，有必要对银行进行监管。银行业金融机构的资本结构很特殊，即使是达到《巴塞尔新资本协议》资本充足率要求、经营状况良好的银行，其净资产在总资产中所占的比例也远远低于8%。银行负债经营的模式和高杠杆的财务状况，使这一类企业具有明显的脆弱性，抵御风险的能力不强。从银行业发展伊始，银行就从存款人那里吸收储蓄，再向企业或个人发放贷款以赚取利差，将许多客户企业的经营风险集中于一人之身。发展到今天，银行作为一种金融中介，除了吸储、放款、结算、清算外，为了牟利，还将金融市场中的许多

---

[1] 转引自胡怀邦《银行监管：国际经验与中国实践》，中国金融出版社2008年7月第1版，第105页。

不确定因素包装成各类产品进行销售，这都使银行具有明显的风险性。在一国的银行体系之中，风险的蔓延十分迅速。由于存在信息不对称的问题，有可能发生一家或多家银行挤兑的情况。不仅如此，一家银行的倒闭往往又将风险传递给与它存在资金往来关系或者债权债务关系的其他银行，这些原因都会导致银行体系的崩溃。银行体系发生问题，往往导致存款人遭受损失，实体经济货币供应不足，整个社会的支付、清算发生混乱，因此，各国都加强了对银行业金融机构的监管。

20 世纪 80 年代以来，主要发达国家掀起了金融创新的浪潮，银行的经营远远超出了传统的存贷款业务范围，出现了各种新的资产、负债和金融衍生工具。金融衍生工具具有高杠杆效应，可以将表外风险转化为表内损失，这使由于自身财务结构特点，抵御风险能力原本就很低的银行更加脆弱。英国的巴林银行因金融衍生产品方面的欺诈性操作倒闭，日本的大和银行也因为金融衍生工具投资失误而遭受重创。除了银行经营范围扩展、产品日趋复杂这一因素外，20 世纪发生的数次金融危机也是银行监管不断深化、不断调整的催化剂。不断发生的金融危机促使监管机构不断调整监管重点、改进监管技术。

现代经济需要市场也需要政府，加强对银行业金融机构的监管并不必然意味着反对自由的金融市场。就像我们前面所说的，银行业因为自身的行业特点需要受到严格的监管。监管机构拥有准立法权和行政执法权，既可以弥补法律的不完备，又能以高效的行政执法替代相对缓慢、成本高昂的司法诉讼程序。与政府管制自然垄断行业的价格与利润，消除完全竞争市场中的垄断不一样，银行监管的目标在于由政府为银行业金融机构画好"交通指示线"、编织"安全防护网"。金融市场应该是自由的，在这个自由的市场里，银行业金融机构必须是健康的、受投资者监督的、有秩序可守的。正是由于这个原因，在很多监管规章中，监管机构看起来更像银行的股东或者债权人，而不是挥舞大棒的执法者。从银行监管法的发展趋向来看，是更加注重发挥市场的作用，而不是相反。

四 完善银行监管立法是加强监管的重要手段

从各国的银行监管实践来看，银行监管通常由监管机构实施的外部监管、银行业金融机构自身的内控和行业协会推行的行业自律三个部分构成，其中外部监管是银行监管的关键。监管机构的重要职责之一就是制定并执行监管规章。银行监管法是随着银行业的发展和监管活动的不断加强而产生、完善起来的，有效银行监管的实现必须依赖完备的银行监管法。银行监管法作为公法与私法相融合的经济法，对监管权的行使有限制作用，从本质上讲是衡权法。银行监管法一方面从法律上保障银行业金融机构作为企业所应当享有的自主经营权；另一方面规制金融机构在法律限定的范围内合理行使权力（利）。

银行监管法最大的功用在于竭尽全力预防金融危机的发生。相比较而言，刑法、民商法更加关心对犯罪行为、违法违约行为事后的惩治，在很多场合，刑法、民商法还要根据当事人所遭受的损失给予赔偿。银行监管法在给予事后补偿方面显然不具有像刑法、民法等其他实体法那样的威力，银行监管法更侧重事先规定银行业金融机构的经营准则。银行监管法隶属于经济法，是政府在干预、管理银行市场的过程中形成的经济关系，一般不调整人身关系，它所调整的经济关系是一种非平等性的经济关系，即银行市场中的管理与被管理、监督与被监督关系。银行市场中政府对银行业金融机构实施监督主要是为了防止金融危机的发生。银行提供的服务还谈不上是公共产品，如果银行业不具有脆弱性、风险性和风险的传染性的话，国家对银行业金融机构的监管是没有必要的。

经济全球化的背景下，银行业务日趋国际化、复杂化，各国都改善了本国的银行监管，法律无疑是提高银行监管水平的有力武器，银行监管的许多方面都需要落实在相关法律、法规和规章之中。银行的市场准入、资本充足率水平、公司治理结构、信息披露、高管人员任职资格、市场退出等问题都需要在监管规章中体现。除了监管规章外，调整银行市场中平等经济主体之间的关系、对金融犯罪行为的惩治等问题则需要由相关法律、法规进行规定。我国已经初步形成了较为完备的银行监管法律体系，目前最重要的问题可能是比照国际监管准则进一步完善相关立法。笔者认为，比照国际监管准则和发达国家监管立法，完善我国银行监管立法应注意以下几个问题。

（一）研究国际监管文件和发达国家监管立法，学习先进的监管技术手段是一方面，还要把握其中体现出来的"监管市场化"的发展趋向

制定银行监管法应以规范市场秩序、激发市场活力为目的，而不是限制竞争，手把手地教银行业金融机构如何经营。

巴塞尔新资本协议规定了三大支柱（最低资本充足率、监管当局的监督检查、市场约束），其中最强调的依然是 1988 年巴塞尔资本协议提出的资本计量的国际标准，在这方面新资本协议消除了 88 年资本协议存在的很多问题。尽管市场约束在新资本协议中占的篇幅较少，但是整个新资本协议还是非常明显地体现出了"监管市场化"的趋向，而且巴塞尔委员会也打算就第三支柱发布更多的指引。除了第三支柱市场约束外，在其他两大支柱中"监管市场化"的趋向也是十分明显的。在第一支柱中，巴塞尔新资本协议建议在资本监管中使用银行自身的模型。在使用银行内部模型时，监管当局应该要求银行披露风险建模的方法、对资本占用的计算，要求银行对模型的使用负责，这体现出资本监管正朝着依靠市场的方向前进。在第二支柱——监管当局的监督检查中，这一趋势也是明显的。新资本协议鼓励监管机构积极、主动地参与银行风险管理体系的建立和评估，越来越注重采取市场化的方式和手段，当监管机构的监管有利于促进市场监督时，它才能发挥最大效用。

新资本协议要求银行披露资本结构、资产的风险状况、资本充足状况等关键信息，这些信息主要体现在银行报表之中，对于这些信息的要求，新资本协议在某些方面比国际会计准则的要求更高。目前，各个国家的会计准则存在很大差异，披露的信息因此缺乏统一的基础。我国银行业在信息披露方面还没有实施新资本协议的要求，但是至少有一点，就是已经汲取了新资本协议建议依靠信息披露和完善银行的公司治理结构来迫使银行有效、合理地分配资金和控制风险的观点，并将这一思想体现在《商业银行信息披露暂行办法》等监管规章之中。

过去 30 年里，银行监管已经从利率管制、信贷规模限制等较为僵化的直接干预转变为审慎监管。我国在制定银行监管法，特别是监管机构发布监管规章时，应牢牢把握国际监管规则体现出来的"监管市场化"的趋势，将提高银行的风险管控能力、促进公司治理结构的完善、要求银行定期披露核心信息和附加信息（详尽规定什么是核心信息，什么是附加信息）等内容作为监管立法的重要内容规定下来。同时也要认识到，加强监管并不等于赋予监管机构更多的权力，监管机构当然享有一定的自由裁量权，但行使自由裁量权应该严格依照法律的规定。

（二）在引入或设计某一项银行监管法律制度的时候，应该在经济领域先有充分的实证研究，以经济领域内的实证研究为依据，最终决定该如何拟定银行监管法律制度

需要申明的是，强调银行监管法要适合一国的国情，并不意味着笔者主张银行监管法只能扮演经济现实的"追从者"。很多情况下，出于防范金融风险的需要，或者基于对金融市场发展趋势的判断，立法者（这里的立法者主要指银行业监管机构）是可以发布一些引导性的，或者说前瞻性的法律文件的。确实，法律的产生可能不仅仅局限于"被经济基础决定"，在很多情况下，法律并不单纯是社会现实的被动反映，在历史上，有很多例子能够说明一项法律制度对经济和政治体制产生过重大影响。^① 在银行监管领域，有些法律规定是可以发挥很好的引导作用的。举例来说，1988 年的巴塞尔资本协议建议银行减少高风险权重的资产，购买低风险系数的资产，这一规定是资产证券化迅速发展的重要原因。就我国的金融实践而言，2004 年，在银行业金融机构特别是国有银行资本充足率普遍低于 8% 的情况下，《商业银行资本充足率管理办法》就明确规定"商业银行资本充足率不得低于百分之八，核心资本充足率不得低于百分之四"，这一规定促使银行采用剥离不良资产、引入战略投资者等办法千方百计提高了资本充足率。

银行监管有一个较为特殊的地方，就是这个领域已经形成了很多制度，这些制度缺少全球数据库大量而翔实的数据作为验证，也就是说，这些制度的实施效果到底如何到目前为止还没有定论，很多制度从经济学研究的角度尚存疑义，一项制度的实施效果到底如何则需要时间的检验。巴塞尔委员会发布的监管准则，是主要基于发达国家的监管实践总结出来的，是不是"最佳实践的总结"尚存疑问，能否适用于所有国家，特别是发展中国家到目前为止也是大有疑问的。因此，在各个国家监管规定日益趋同的情况下，对某一项制度的取舍应该立足本国国情，首先展开经济领域内的实证研究。这里说的实证研究是指对巴塞尔文件体系规定的准则的数据分析，以及对其他国家实施这项制度的背景、效果的研究。

以存款保险制度为例，实施这一制度的目的在于促进银行体

---

① 马克思在《黑格尔法哲学批判》里提出"市民社会决定法"，这一思想在后来的《哥达纲领批判》和与恩格斯的晚年通信里得到了进一步的发展，承认法律对经济基础也有能动的作用。与马克思主义法学家不同，制度经济学家认为制度（包括法制、习俗、家庭、股份公司、同业协会等，其中最主要的是法制）是经济制度进化的动力，强调法律制度的变化对于经济制度的变化所具有的作用。制度经济学家康芒斯就认为，法制居先于经济，正因为国家法律加强了对于私人企业活动的干预，自由资本主义发展成为管理的资本主义。他举了一个例子，认为美国 1848 年的公司法消除了旧的经济制度的缺点，产生了现代资本主义。

系的稳定，但是通过实证研究得出的结论却是，存款保险覆盖范围越宽泛的地区，银行体系越脆弱，而不是越稳定。美国在 1934 年建立了存款保险制度，在当时人们就担心这项制度会鼓励银行过度承担风险，"最近，Demirguc-Kunt 和 Huizinga（2000）研究发现，现实中市场的监督确实像理论所推断的那样减少了。他们发现，在建立明确存款保险制度的国家，处于快速成长期的银行平均资金成本增加很少或没有增加；在没有建立明确存款保险制度的国家，同样快速成长的银行资金成本会大幅增加。这项研究以及相关研究（请参阅世界银行，2001；Demirguc–Kunt 和 Kane，2002）表明，在脆弱的制度环境下，如在法治、信息环境和银行监管不完善的国家中，存款保险制度的代价特别高昂。然而，Barth（1991）、Kane（1989）和 White（1991）的研究却发现，即使在一个制度环境较好的国家，如美国，存款保险制度的代价也是非常高昂的"。① 显性存款保险对银行机构的股东明显有利，因此被认为容易引发道德风险，而储户在银行保险制度的庇护下，对银行经营状况进行关注和监督的动力会减弱，从而削弱了市场的约束力量。显性存款保险制度在高收入国家中比较普遍，低收入国家实行这一制度的较少，中国到目前为止还没有建立显性存款保险制度，这一制度是否需要实行，如果实行，可以采取哪些措施降低该制度的负面效应，是中国的立法者和银行监管者应当认真考虑的问题。

（三）研究国际监管文件的法律层级、效力，以及与国内监管立法的协调问题

传统上银行监管是一个国家主权范围内的事务，银行监管法也是国内法，但是随着跨国银行数量、规模、业务范围的不断扩张，银行监管也逐渐超越了一国的主权范围。银行监管的国际文件从性

---

① 詹姆斯·R.巴茨、杰瑞德·卡普里奥、罗斯·莱文：《反思银行监管》，黄毅、张晓朴译，中国金融出版社 2008 年版，第 50 页。

质上看应当属于国际习惯法，这些国际文件除了巴塞尔委员会发布的一系列文件外，还包括世界贸易组织发布的《服务贸易总协定》（GATS，1994 年）和《金融服务协议》（FSA，1997 年）。

世界贸易组织是一个拥有众多成员国的国际性组织，GATS 对加入该组织的成员具有法律约束力。这份法律文件在五个方面对银行监管做出了规定，包括市场准入、国民待遇、最惠国待遇、发展中国家特殊待遇和透明度，其中前三项最为重要。FSA 则将GATS 扩展至金融服务领域，以最惠国待遇为基础，把全球 95% 以上的银行、保险、证券和金融信息贸易业务纳入了世界贸易组织的争端解决机制之中。这两份法律文件推动了银行监管法律制度国际化的进程，有利于国际统一监管规则的形成。

GATS 和 FSA 对于世界贸易组织的成员国来说，具有法律约束力，法律效力在国内法之上，国内法的有关规定与其有冲突的，应当修订国内法有关规定。监管标准趋同、给予外资银行国民待遇已成为国际监管的两大发展潮流，在银行监管的国际文件之中已有很充分的体现。目前，我国关于外资银行的法律文件主要包括《外资金融机构管理条例》《关于外资金融机构在中国设立常驻代表机构的管理办法》《中外合资投资银行类机构管理暂行办法》《境外金融机构管理办法》等法规和规章。从这些法律文件的具体规定来看，虽然已经加入世界贸易组织，我国的银行监管法对于外资银行做出的限制规定依然比较多，还没有为进入中国市场的外资银行提供国民待遇。

巴塞尔文件体系因其科学性、权威性，在世界范围内具有广泛的影响力，对各国改进银行监管法发挥了不可估量的作用，它对于各国银行监管产生的影响应该还在 GATS 和 FSA 之上，但这些文件并不具有法律强制力。各国执行巴塞尔文件体系主要是通过制定相应的国内法上的监管规则来实现的。由于新资本协议允许采用高级建模方法的外资银行保持较低的资本充足率，执行新资本协议无疑会给中资银行带来竞争上的压力。对于监管机构而言，执行巴塞尔新资本协议要求监管机构掌握高级风险建模技巧，这对监管者也是一个不小的难题。中国的监管部门从 2010 年开始全面推行以新资本协议为基础的银行监管，中国银行业的经营活动已经直接受到巴塞尔文件体系的影响。从中国的监管实践来看，执行巴塞尔新资本协议，立法者要根据中国的国情，借鉴新资本协议的有关建议完善监管法律体系，同时，还会面临外资银行母国、东道国两套监管法律规则之间的协调问题，如果外资银行执行的是新资本协议中更高级的部分，那么这个问题会更加突出。

第一章
我国银行监管体制分析

　　银行是经营货币的企业，它除了具有工商企业的一般特征外，还有其特殊性。一方面，银行在国民经济中，特别是在资源分配方面起着重要的作用；另一方面，银行比一般的工商企业更容易遭受系统性风险的侵蚀。这就需要给予银行业特殊的关注，实施严密的监管。有效银行监管是防止系统性金融风险发生的前提条件，也是现代国家实现其经济管理职能的重要手段。如我们在本书的引言部分分析的那样，政府对银行进行监管的主要原因在于银行业的特性以及银行在一国经济中的重要作用。银行监管不仅包括监管当局对银行行为的限制或约束，还包括为防止银行危机而采取的事后处理措施。早在1997年，巴塞尔委员会在《有效银行监管的核心原则》中就指出有效银行监管的必要性在于：对银行组织的有效监管是稳健的经济环境的一个关键组成部分，这是因为银行体系在支付及组织分配储蓄方面发挥着重要的作用。监管的责任，是确保银行稳健经营并保持足够的资本和储备抵御业务风险。有效的银行监管，作为公共商品不能完全由市场提供，它与有效的宏观经济政策结合在一起构成了一个国家金融稳定的关键因素。虽然有效的银行监管成本很高，但监管不力的成本则更高。

　　近代意义上的银行监管最早可以追溯到1694年英格兰银行的设立。为了使监管遵循市场规律有序进行，银行监管实践提出了对于银行监管法律规范的立法需求。英国《英格兰银行条例》以及美国《国民通货法》的颁布标志着近代银行监管法在英美等资本主义国家的产生。有经济学家认为："作为一种法规，监管是产业所需要的并为其利益所设计的和主要操作的。"① 法学家对监管的研究主要集中在"监管者的判断对商业或市场判断的决然取代"方面。② 在各国，银行监管的具体目标一般体现在银行监管法之中，如《美国联邦储备法》就明确规定，银行监管要实现四个具体目标：维持公众对安全、稳定、高效的银行系统的信任；建立高效、具有竞争性的银行服务系统；保护消费者；允许银行根据外部环境的变化而调整战略，目的是建立美国境内最有效的银行监管制度。③ 银行监管法以维护社会利益为价值取向，以独立的、具有权威性的监管部门为核心监管主体，以银行业金融机构为监管对象，从性质上看，银行监管法与宏观调控法、市场主体法一样同属于经济法。

银行监管是金融监管的重要组成部分，对银行业金融机构进行监管是为了实现金融监管目标。"金融监管目标可以分为三个层次：一是保障金融机构的正常经营活动、保护存款人的利益和金融体系的安全；二是创造公平金融市场的环境，鼓励金融机构在竞争的基础上提高效率；三是确保金融机构的经营活动与监管当局的货币政策目标保持一致，优化金融结构，创造有效的货币金融环境。"④ 对银行业金融机构的监督管理简称银行监管，是指一国银行监管当局依法对该国银行业金融机构的经营活动进行监督

---

① 〔美〕G. J. 施蒂格勒：《产业组织和政府管制》，潘振民译，上海三联书店、上海人民出版社 1996 年版，第 2 页。

② 陈富良：《政府对商业企业规制研究》，经济管理出版社 1995 年版，第 5 页。

③ 裴桂芬：《银行监管的理论与模式——兼论日本的银行监管》，商务印书馆 2005 年 10 月第 1 版，第 33 页。

④ 赵霜茁主编《现代金融监管》，对外经济贸易大学出版社 2004 年 7 月第 1 版，第 27 页。

管理的行为，是该国金融监管体系的重要组成部分。广义的银行监管包括为实现银行的稳定性、安全性和效率性所采取的所有措施。狭义的银行监管仅指为维持银行体系的稳定与安全而采取的措施。① 笔者认为，现代银行监管主要是指，由具有独立性、权威性的专门监管机构，对商业银行等银行业金融机构的设立、经营、退出市场等活动实施的监督管理行为，在某些情况下，还可能包括行业协会、银行业金融机构内设机构实施的监管。随着跨国银行的产生，银行监管不再局限于一国主权范围之内，还扩展至本国银行在境外通过兼并、新设等方式设立的分支机构。在巴塞尔委员会等国际金融组织不断发布、更新的监管标准的推动下，各国的监管越来越趋同化，对于很多发展中国家来说，这些国际监管文件还具有引导银行业改革方向的作用。

在我国，中国银行业监督管理委员会成立之前，一直由中国人民银行担负对银行业实施金融监管的职责。成立银监会是完善我国金融业分业监管体制的重大举措，也是我国金融体制改革迈出的非常重要的一步，它标志着中国人民银行集宏观调控与银行监管于一身的管理模式的正式结束。纵观这些年来中国银行监管的发展历史，就会发现银行监管领域最大的变化不在于监管主体的变化，而在于监管理念的转变、监管水平的提高以及银行业监管法律体系的构建和完善。中国的监管机构借鉴国际惯例，实现了由单一的合规监管向风险监管为主、合规监管为辅的转变，在保障金融稳定的同时，更加注重保护银行业金融机构的企业自主经营权，而这些重大的转变都体现在银行业监管法律体系的确立和逐步完善之中。

---

① 裴桂芬：《银行监管的理论与模式——兼论日本的银行监管》，商务印书馆2005年10月第1版，第32~33页。

第一节 我国银行监管体制构建历程

一 第一阶段：大一统的银行经营管理阶段

1949 年到 1984 年是第一阶段。这一时期，中国人民银行既从事国家信贷政策的制定和金融管理，又从事存款、贷款、结算、现金出纳等具体业务。在高度集中的计划经济体制下，国家实行"大财政、小银行"的宏观经济管理体制，企业的生产、销售都由国家统一安排，基本建设投资规模和项目也由国家确定，银行主要负责按照国家计划安排资金及超定额、季节性、临时性的流动资金贷款投放，实际上起着会计出纳的作用。银行内部实行严格的计划管理，各分支机构的人财物由总行集中统一管理，统收统支、统一核算。实行统贷统存的信贷资金管理体制，各分支机构吸收的存款交总行统一调配，贷款按照总行信贷计划和指令发放。社会信用单一化，商业信用被取消，大多非银行金融机构和金融市场也就无从存在。当时的中国没有监管当局、没有监管对象，也没有监管法律法规，因此，这一阶段中国基本没有现代意义上的银行监管。

二 第二阶段：中央银行履行综合监管职能阶段

第二阶段从 1984 年至 1992 年。1983 年 9 月 17 日，国务院下发《关于中国人民银行专门行使中央银行职能的决定》，规定人民银行作为由国务院领导和管理全国金融业的国家机关，专门行使中央银行职能，不对企业和个人办理信贷业务。1979～1984 年，先后成立了中国农业银行、中国银行、中国建设银行、中国工商银行四大专业银行，自此，中国形成了中央银行与专业银行分立的二元银行体制。中国人民银行行使中央银行职能，履行对银行

业、证券业、保险业、信托业的综合监管。20 世纪 70 年代末到 80
年代初是我国金融体制改革的初期，受世界金融创新潮流的影响，
中国国际信托投资公司、中信实业银行、重新组建的交通银行尝
试过综合经营模式，业务范围十分广泛，涉及银行、信托、保险、
证券等多类业务。这一时期银行监管主要围绕市场准入进行，重
点是审批银行设立新的分支机构，监管的主要法律依据是 1986 年
国务院颁发的《银行管理暂行条例》。

三　第三阶段：综合监管向分业监管过渡阶段

第三阶段从 1992 年至 2003 年。金融体制改革过程中，由于法
律法规滞后，出现了金融秩序混乱的局面，我国政府因此确立了
分业经营、分业管理的原则。1995 年以后，我国银行法的立法速
度明显加快，先后公布了《中国人民银行法》《商业银行法》《票
据法》《保险法》《担保法》《关于惩治破坏金融秩序犯罪的决定》
《外资金融机构管理条例》《金融机构管理规定》等法律法规，这
些法律法规都体现了严格的分业经营原则。《商业银行法》规定，
商业银行在中华人民共和国境内不得从事信托投资和股票业务，
不得向非自用不动产投资或者向非银行金融机构和企业投资，但
国家另有规定的除外。这为银行业监管从行政管理转向合规性监
管创造了条件。合规性监管主要指监管机构对银行执行有关政策、
法律、法规情况的监管。东南亚金融危机爆发后，我国监管部门
意识到合规监管方式之下市场敏感度较低，不能及时、全面地反
映银行风险，于是加强了对商业银行资本充足程度、资产质量、
管理水平、盈利能力和流动性的监管，即风险监管。1999 年，中
国人民银行发布《关于全面推行贷款五级分类工作的通知》和
《贷款风险分类指导原则（试行）》，这意味着监管重心转移到以风
险监管为核心的监管。

（一）证券业监管的分离

1992 年 10 月，国务院证券委员会（简称国务院证券委）和中

国证券监督管理委员会（简称中国证监会）宣告成立，证券业的监管职能自此从中国人民银行分离出去，[①] 中国人民银行主要负责对银行、保险、信托业的监管。《证券法》规定，证券业和银行业、信托业、保险业分业经营、分业管理。其后，中国银行业体制发生了重大变化，一是国家专业银行的商业化改革步伐加快；二是成立了若干家股份制商业银行。同时，中国的保险业迅速发展，信托业则经历了发展、调整和重组阶段。

这期间的重大事件有：1993 年，银行业贯彻落实《中共中央、国务院关于当前经济情况和加强宏观调控的意见》，在整顿金融秩序、严肃金融纪律、推进金融改革和加强金融宏观调控方面采取了一系列措施。

1994 年，成立国家开发银行、中国进出口银行和农业发展银行等三家政策性银行，实行银行政策类业务和商业性业务分离，为专业银行商业化创造了条件。

1995 年，《中国人民银行法》和《商业银行法》颁布，从法律层面确立了中国人民银行对银行、保险、信托业的监管地位；随后，中国人民银行颁布《贷款通则》，召开银行业经营管理工作会议，把工作重心转移到以银行风险监管为核心的系统性监管和依法监管上来，并首次提出降低国有独资商业银行不良贷款的要求。

1996 年，开始查处商业银行违规经营和账外经营。

1997 年 11 月，为防范亚洲金融危机对中国的冲击，中央召开全国金融工作会议，对整顿金融秩序、防范金融风险做出了部署。

1998 年，撤销了中国人民银行 31 个省级分行，成立 9 家跨省区分行和 2 家总行营业管理部；国家发行了 2700 亿元特别国债，补充国有独资商业银行的资本金。

---

① 国务院证券委与中国证监会后于 1998 年 4 月合并。

（二）保险业监管的分离

1998 年 11 月，中国保险监督管理委员会（简称中国保监会）正式成立，专司对中国保险业的监管，将原来由中国人民银行履行的对保险业的监管职能分离出来，中国人民银行主要负责对银行、信托业的监管。从 1998 年到 2003 年，中国人民银行按照银行的产权性质分设监管部门（依照国有银行、股份制银行、信用合作社、非银行金融机构和外资银行来分别设立）。

这一期间的重大事件有：1999 年，成立华融、长城、东方、信达四家资产管理公司，剥离国有商业银行不良资产；清理整顿中小金融机构；颁布《金融违法行为处罚办法》。

2000 年，开展国有独资商业银行等 7 类金融机构贷款质量、盈亏状况等情况的真实性大检查；制定《国有独资商业银行考核评价办法》，首次对国有独资商业银行的经营业绩进行定量考核；加强对国有独资商业银行信息披露的监管；国务院向国有重点金融机构派驻监事会。

2001 年，首次实现国有独资商业银行不良贷款比例和余额下降目标；适应加入世贸组织的需要，颁布《外资金融机构管理条例》；顺利完成香港中银集团重组，中国银行（香港）有限公司正式挂牌营业。

2002 年 2 月，中共中央、国务院召开第二次全国金融工作会议，提出金融监管是金融工作重中之重；银行业全面实行贷款质量五级分类制度，并实施《商业银行中间业务暂行规定》《网上银行业务管理暂行办法》；对国有独资商业银行单笔大额贷款、表外资产、非信贷资产损失控制制度情况进行现场检查，不良贷款继续下降；人民银行牵头制定监管体制、国有独资商业银行综合改革、农村信用社改革等方案。

四　第四阶段：合规监管向风险监管转变阶段

第四阶段是从 2003 年至今。2003 年 3 月 6 日，国务院提请十届全国人大一次会议审议国务院机构改革方案，提出设立银监会，实现央行货币政策与银行监管职能的分离。2003 年 4 月 28 日，银行监督管理委员会（银监会）正式挂牌成立。银监会的成立，标志着中国人民银行集宏观调控与银行监管于一身的管理模式正式结束，我国的金融宏观调控和金融监管都进入了一个新的历史时期。这种金融宏观调控职能与银行监管职能相分立的体制，符合中国现阶段金融业的发展要求，有利于我国金融业的稳定发展和风险防范，有利于迅速提升货币政策和银行监管的专业化水平，有利于商业银行进一步加强自我约束和内部管理，提高资产质量和经营效益。

目前，我国在立法的法律层面上仍然比较明确地坚持"分业经营、分业监管"原则，但在金融实务中已经存在从事混业经营的金融集团，立法的监管规章层面也放松了对于资金的管制，银行、证券、保险三业的资金可以相互流动和渗透，资本市场和货币市场已经部分融通。

在我国，从事混业经营的金融集团主要包括这么几类：第一类，不受《商业银行法》等法律的调整，特批成立的金融集团，如中信控股公司、光大集团和平安保险（集团）公司。这些集团都采用了"集团管理，分业经营"的模式，集团公司本身不从事具体的经营业务，在投资决策、发展规划、风险控制等方面起领导作用，即集团层面混业，下属金融企业分业经营。第二类，国有银行或者股份制银行规避《商业银行法》禁止银行投资的规定，在海外注册或者经特批成立的非银行类子公司，以及四大资产管理公司因为债转股持有某些国有企业或者上市公司的股份，而这些公司参股了金融机构。国有银行成立非银行类子公司的主要有中国银行设立的中银国际、中国建设银行与摩根斯坦利合资成立的中金公司、工商银行下属的工商东亚等，这些非银行类子公司从事证券业务或者投资银行业务。第三类，民营资本控股金融机构形成的具有金融控股公司性质的集团，如东方系、农凯系等。

由于这类企业集团的投资没有受到像金融机构那样的严格监管，近年来，频频发生重大案件，使人们对于民营资本控股金融机构特别是控股银行存在的高风险有了一定的认识。第四类，地方政府对地方金融机构进行重组后组建的金融控股公司。

从法规、规章的层面来看，已经在很大程度上解除了各类金融机构运用资金和业务范围的限制。1998年，人民银行颁布《证券公司进入全国银行间同业拆借市场管理规定》和《基金管理公司进入全国银行间同业拆借市场管理规定》，允许证券公司和基金管理公司进入银行间市场。1999年，保监会和证监会允许保险基金进入股票市场。2000年，人民银行和证监会联合发布《证券公司股票质押贷款管理办法》，允许证券公司以自营的股票和证券投资基金获取抵押贷款。2004年，允许保险资金直接进入股票市场。目前，银行已经可以从事基金销售业务，而保险公司也可以从事贷款担保、投资股票等业务。

经过多年的摸索，中国银行业最终走上综合经营的道路已是业界的共识，大多数人认为采用金融控股公司的方式既可以提高金融资源的使用效率，又可以有效隔离风险。能否对金融控股公司实施有效监管取决于相关监管法律法规的制定是否完备。因此，如何监管金融控股公司已经成为需要立法者深入研究的一个重要问题。

第二节　我国银行监管的主要内容

1995年之后，我国银行监管法的立法步伐明显加快，出台了许多法律、法规、规章以及规范性文件，初步形成了银行业金融机构监管法律体系。目前，我国银行业监管法律体系包括三个层次：第一层次是法律，主要有《银行业监督管理法》《商业银行法》《信托法》《票据法》《物权法》《公司法》《合同法》《担保法》等；第二层次是行政法规，主要有《储蓄管理条例》《人民币

管理条例》《外汇管理条例》《金融资产管理公司条例》《国有重
点金融机构监事会暂行条例》《外资金融机构管理条例》《非法金
融机构和非法金融业务活动取缔办法》《金融机构撤销条例》《金
融违法行为处罚办法》等；第三层次是行政规章，主要有《关于
调整银行市场准入管理和程序的决定》《金融许可证管理办法》
《境外金融机构投资入股中资金融机构管理办法》《贷款通则》
《金融机构管理规定》《信托投资公司管理办法》《企业集团财务
公司管理办法》《金融租赁公司管理办法》《商业银行信息披露暂
行办法》《商业银行服务价格管理办法》《金融机构衍生产品交易
业务管理暂行办法》《商业银行与内部人和股东关联交易管理办
法》《客户大额授信统计制度和零售贷款违约情况统计制度》《商
业银行中间业务管理暂行规定》《银行卡业务管理办法》《网上银
行业务管理暂行办法》《商业银行资本充足率管理办法》《商业银
行内部控制指引》《商业银行市场风险管理指引》《商业银行表外
业务风险管理指引》《股份制商业银行风险评级体系》《商业银行
不良资产监测和考核暂行办法》《中国银行、中国建设银行公司治
理改革与监管指引》等。另外，最高人民法院发布的有关司法解
释，也是银行监管法的重要法律渊源，主要有：《担保法司法解
释》《关于人民法院审理借贷案件的若干意见》《关于审理存单纠
纷若干问题的意见》《关于审理融资租赁合同纠纷案件若干问题的
解释》等。银监会成立后，对已经实施生效的规章、规范性文件
进行了全面清理，还根据商业银行发展现状及趋势颁行了许多新
的规章和规范性文件。所有这些法律文件大致可以分为规范市场
准入、银行业务管理和银行内部管理三类。

从现有的这些法律、法规、规章来看，中国的银行业监管法
律体系（指行政法规、规章和规范性文件）从法律层面上可以进
行横向和纵向两个方向的划分。横向是按照监管对象的主体性质
进行区分，分为外资金融机构、境外金融机构、商业银行、信托
投资公司、企业集团财务公司、金融租赁公司等类别，分别发布

监管规章。纵向则是按照市场准入、运营管理（涉及风险管理、公司治理结构、内部控制、具体的银行业务等方面）、市场退出来划分的。总体看来，区分主体性质发布的监管规章在整个银行监管法中占有很大的比例，从银行监管立法的发展趋势去看，纵向立法的完善将是我国银行监管立法的重点所在。一般来说，按照银行监管法律体系的现行规定，我国银行监管的内容主要包括市场准入监管、市场运营监管和市场退出监管三个环节。

一　市场准入监管

市场准入监管是指银行监管当局根据法律、法规的规定，对经营银行产品的机构进入市场进行管制的一种行为。从长期来看，机构数量的变化对一个行业的发展有着重要影响，新机构的进入会使行业的平均盈利水平下降；同时，不符合市场准入标准的机构必然会增加行业风险。因此，市场准入监管可以使银行业的机构数量保持在一个相对合理的水平，把不符合市场准入条件的机构拒之门外，从而为银行业稳健经营、健康发展提供保障。市场准入监管的主要内容有以下几个方面。

（一）审批机构设立

进入银行业必须按照有关法律法规的要求，在具备相应条件的前提下，向银行监管当局提出申请。经银行监管当局许可后，领取业务经营许可证才能进行经营活动。对机构进行审批，一方面表明银行监管当局允许经营金融产品的机构进入市场，并将依法对其进行监督；另一方面也表明进入市场的银行机构将接受银行监管当局的监管，依法开展业务。

（二）审批注册资本

审批注册资本是指银行监管当局必须对进入市场的机构进行最低资产限制，并对资本金是否及时入账、股东资格、股东条件和股本构成进行监督审核。在市场经济条件下，金融机构必须以其资本来承担全部的风险和亏损。因此设立金融机构的首要条件之一，是必须保证一定数量的注册资本来承担可能的风险和亏损。这样才能使银行机构在出现财务困难时，具有一定的防范和化解风险的能力。

（三）审批任职资格

审批高级管理人员的任职资格是指在市场准入过程中，银行监管当局应当对银行机构的法定代表人及其他高级管理人员的任职资格进行审查。未经审查同意，其董事会不得进行聘任。人力资源是银行机构设立的绝对必要的因素。一定数量的合格专业人才是保证银行机构合法经营、稳健经营和健康发展的基本条件。对银行机构高级管理人员任职资格的审批，可以保证银行机构掌握在合适的人员手中。确定任职资格的标准主要有以下两个方面：一是必要的学识水平；二是对金融业务的熟悉程度。一般有严重劣迹的人员不应取得担任银行机构高级管理人员的任职资格。

（四）审批业务范围

审批业务范围是指银行监管当局对进入市场的机构必须进行业务范围的管制。不论是实行分业经营、分业监管体制的国家还是实行混业经营、集中监管的国家，对银行机构经营的业务范围都有一定程度的限制。只是限制的范围、程度和方式有所不同。相比较而言，实行分业经营、分业监管的国家的限制程度较强。审批业务范围是保证银行机构合法经营的需要。监管当局审批银行机构业务范围的主要依据是市场需求以及机构的实力、管理层的经验和能力，总的要求是银行必须对它所从事的所有业务活动有充分的控制能力。同时，也必须考虑到监管当局的监管能力及监管从业人员的素质等，监管当局要确信自己有能力对这些业务活动进行有效的监管。

在我国，根据《商业银行法》的规定，设立银行机构必须具备以下条件。

1. 有符合《商业银行法》和《公司法》规定的银行章程。以股份有限公司形式设立的银行机构为例，公司章程包括银行的名称、住所、经营范围；符合我国《公司法》规定的设立方式、股份总额、每股金额和注册资本；发起人的名称、认购的股份；股东的权利义务；董事会、监事会的组成、职权、任期和议事规则；公司的法定代表人；公司利润分配办法；公司的解散事由与清算办法等。

2. 有符合《商业银行法》规定的最低注册资本额。其中设立全国性商业银行的注册资本最低限额为 10 亿元人民币，城市商业银行的注册资本最低限额为 1 亿元人民币，农村商业银行注册资本的最低限额为 5000 万元人民币。注册资本应当是实缴资本。

3. 有具备任职专业知识和业务工作经验的董事长（行长）、总经理和其他高级管理人员。

4. 有健全的公司治理结构。以股份有限公司形式设立的银行为例，股东大会是最高权力机构，由所有股东构成；董事会是银行的经营决策机构，董事长为法定代表人；监事会是监督机构，对银行的经营决策过程进行监督。

5. 有符合要求的营业场所、安全防范措施和与业务有关的其他设施。

二　市场运营监管

市场运营监管是指对银行机构的日常经营进行监督管理的活动。虽然市场准入监管在准入控制环节进行了严格的审核，但并不能保证银行机构在日常经营中稳健运行，银行机构的风险是在日常经营中逐步形成的，因此，市场运营监管任务更重，责任更大。概括起来讲，市场运营监管的主要内容包括：银行机构资本适度和资本构成、资产质量状况、支付能力和盈利状况等。

（一）资本充足率

资本充足率是银行业金融机构持有的、符合规定的资本与风险加权资产之间的比率，用来衡量金融机构的资本充足程度。资本充足程度直接决定银行业金融机构抵御各类风险的能力和最终清偿能力,是银行审慎监管的核心。巴塞尔委员会发布的《有效银行监管的核心原则》规定了银行的最低资本充足率:银行的一级资本充足率不得低于4%,总资本(一级资本和二级资本之和)充足率不得低于8%。我国《商业银行法》借鉴这一规定也做出了同样规定,银行机构的资本充足率,即资本净额与表内、外风险加权资产期末总额之比不得低于8%。其中核心资本率,即核心资本与表内、外风险加权资产期末总额之比不得低于4%。

银监会2004年发布《商业银行资本充足率管理办法》,实施几年后,2006年底进行了修订。按照《商业银行资本充足率管理办法》的规定,在我国,银行机构的核心资本包括实收资本或普通股、资本公积、盈余公积、未分配利润和少数股权;附属资本包括重估储备、一般准备、优先股、可转换债券、混合资本债券和长期次级债务。计算资本充足率时,应从资本中扣除商誉、商业银行对未并表金融机构的资本投资、商业银行对非自用不动产和企业的资本投资。计算核心资本充足率时,应从核心资本中扣除商誉、商业银行对未并表金融机构资本投资的50%、商业银行对非自用不动产和企业资本投资的50%。银行的风险资产是指按照各种资产不同的风险权重比例计算的资产总量。银行机构的各类资产的风险因素是不同的,在衡量资本充足性时,必须对银行机构的各类资产的风险因素进行区分,才能正确评价资本的充足与否。

对资本充足率的监管主要有以下内容:① 监测银行机构资本充足率的水平变化,使之符合法定的规范标准。② 监测银行机构资本构成的变化,使核心资本、附属资本以及二者内部各部分的比例符合规定标准。③ 监测银行风险对银行资本侵蚀的潜在威胁。监管当局要根据衡量资本充足性的数值的变化,对银行机构提出核定资本、增补资本、削减投资、削减债务、调整资产结构和降低投资风险的要求或建议。

对资本充足率的监管具有重要作用：① 可以维护社会公众对银行机构的信心，稳定银行机构的股本构成和对社会公众的负债。避免资本过低导致的股本急剧变化，以及存款人挤提存款。② 弥补银行机构的经营亏损。在短期内，银行机构的资产收益可能无法弥补亏损，因此，短期内的经营亏损将通过资本予以抵补。③ 弥补不良资产损失。银行风险导致的不良资产，债务人可能无法全部或部分偿还，造成银行机构本金和利息的损失，资本将用于冲销不良资产及其他原因造成的损失。

（二）资产质量

衡量银行资产好坏程度的方法较多，以银行机构的传统业务贷款来讲，根据贷款风险发生的可能性，国际通行的做法是分为五类：即正常贷款、关注贷款、次级贷款、可疑贷款、损失贷款，通常认为后三类贷款为不良贷款。我国目前适用于资产质量的监管规章主要包括 2001 年的《关于全面推行贷款质量五级分类管理的通知》、2001 年的《贷款风险分类指导原则》、2001 年的《金融企业呆账准备提取及呆账核销管理办法》、2002 年的《银行贷款损失准备计提指引》和 2003 年的《关于推进和完善贷款风险分类工作的通知》。

资产质量监管的重点是银行机构风险的分布、资产集中程度和关系人贷款，具体内容主要有以下几个方面：① 分析各类资产占全部资产的比例，以及各类不良资产占全部资产的比例。目的是从静态的角度分析各类资产在全部资产中的风险分布状况，了解风险的程度、产生的原因。② 监测银行机构对单个借款人或者单个相关借款人集团的资产集中程度，又称为大额风险暴露。银行机构如果对某一借款人的贷款比重过大，银行承受的风险会过于集中，当借款人面临财务困境时，银行可能会被迫继续增加贷款。因此，监管当局必须规定资产集中的上限，并密切注意大额风险暴露的变化。③ 监测银行机构对关系人的贷款变化。关系人通常是指银行的高级管理人员及其亲属、自己的公司等。监管当局对这类贷款必须进行限制。④监测银行呆账准备金的变化。监管当局应当监督银行机构的呆账准备金是否及时提足,对损失类贷款是否进行了及时核销。

使用贷款风险分类法对贷款质量进行分类,实际上是判断借款人及时足额归还贷款本息的可能性,考虑的主要因素包括:借款人的还款能力;借款人的还款记录;借款人的还款意愿;贷款的担保;贷款偿还的法律责任;银行的信贷管理。借款人的还款能力是一个综合概念,包括借款人现金流量、财务状况、影响还款能力的非财务因素等。按照银监会《关于推进和完善贷款风险分类工作的通知》的规定,从2004年起,实施贷款五级分类的资产范围将从《贷款风险分类指导原则》规定的各类信贷资产,扩大到开出信用证、承兑、担保(含保函、备用信用证)和贷款承诺等表外业务,而且,实施范围扩大到所有的银行业金融机构。

(三) 流动性

流动性是指银行业金融机构为资产的增长筹集资金和履行合同承诺、支付到期债务的能力。银行机构的流动能力有两部分:一是可用于立即支付的现金头寸,包括库存现金和在中央银行的超额准备金存款,用于随时兑付存款和债权,或临时增加投资;二是在短期内可以兑现或出售的高质量的资产,包括国库券、公债和其他流动性有保证的低风险的金融证券,主要用于应付市场不测时的资金需要。对流动性进行监管是监管机构的主要监管内容之一,金融监管机构一般用存量比例、现金流量、潜在流动性、贷存比率、现金与同业存款来衡量与评价银行的流动性。在我国,银监会主要通过考核银行业金融机构资产负债的期限搭配和利率搭配是否合理对其流动性进行监管。

对银行机构的流动性监管主要有以下内容:①银行机构的流动性应当保持在适度水平。②监测银行资产负债的期限匹配。银行监管当局必须对银行机构的流动性资产、流动性负债,长期资产和长期负债以及资产负债的总体结构情况进行监督，使之保持在规范标准的水平。③监测银行机构的资产变化情况，包括对银行的长期投资、不良资产和盈亏变化的监督。

我国衡量银行机构流动性的指标主要包括以下几个方面。

（1）备付金比例指标（人民币），即在人民银行的备付金存款、库存现金期末余额与各项存款期末余额之比不得低于5％；外汇备付金比例指标，即外汇存放同业款项、库存现金期末余额与各项外汇存款期末余额之比不得低于5％。

（2）拆借资金比例指标，包括拆入资金比例指标，即拆入资金期末余额与各项存款期末余额之比不得高于4％；拆出资金比例指标，即拆出资金期末余额与各项存款期末余额之比不得高于8％。

（3）存贷款比率指标（人民币、外币合并），即各项贷款期末余额与各项存款期末余额之比不得高于75％；其中外汇存贷款比率指标，即外汇各项贷款期末余额与各项存款期末余额之比不得高于85％。

（4）人民币中长期贷款比例指标，即余期一年期以上（不含一年）中长期贷款期末余额与余期一年期以上（不含一年）存款期末余额之比不得高于120％；外汇中长期贷款比例指标，即余期一年期以上（不含一年）的中长期外汇贷款期末余额与外汇贷款期末余额之比不得高于60％。

（5）资产流动性指标（人民币、外币），即流动性资产期末余额与流动性负债期末余额之比不得低于25％，其中外汇资产流动性指标，即流动性外汇资产期末余额与流动性外汇负债期末余额之比不得低于60％。

（四）收益合理性

对银行机构的财务监管内容主要有：①对收入的来源和结构进行分析。收入是通过资产获得的，通过收入来源和结构的分析，可以了解收入的主要来源，以及生息资产、非生息资产的结构，从而判断银行的资产构成是否合理以及资产质量的优劣。② 对支出的去向和结构进行分析。支出主要包括利息支出和经营成本。通过对支出去向和结构的分析，可以了解银行利息支出、经营成本的高低，判断银行负债结构是否合理。③ 对收益的真实状况进行分析。主要包括应收利息、应收未收利息、应付利息、应付未付利息、呆账准备金的提取等。监管当局必须注意应收未收利息的实际情况，因为按照权责发生制的原则，在一定期限内的应收利息计入当年损益，比例过高会存在收益风险；同时应注意应付未付利息的提取情况，应付未付利息提取不足，潜在支出会影响银行未来收益；同时还应当注意呆账准备金的提取状况，其提取比例过低，会使财务状况失真，虚增银行利润。

我国衡量收益合理性的指标为监测指标，没有规定具体标准，而是由监管当局通过对该指标进行历史对比和横向比较，分析、评价商业银行的风险状况。包括以下几个方面。

（1）利息回收率指标，即本期实收利息总额与到期应收利息总额之比。

（2）资本利润率指标，即利润期末余额与资本期末余额之比。

（3）资产利润率指标，即利润期末余额与资产期末余额之比。

（4）呆账准备金提取比例，按照提取呆账准备金的资产的风险大小来确定，最高为100%，最低为1%。

（5）应收未收利息的核算年限为三个月，即三个月以内的应收利息可以计入当期损益，超过三个月的则不能计入损益，要在表外列账。

（6）收入增长率和支出增长率。

（五）内部控制

内部控制是商业银行通过制定和实施一系列制度、程序和方法，对风险进行事前防范、事中控制和事后评价的机制。目的是保障银行资产安全和信息及时可靠的传递，及时发现和纠正错误行为，提高经营效率，鼓励雇员遵守银行内部授权管理政策、国

家法律、法规以及其他合理的商业原则。完善的内控制度是银行
机构业务操作的有效性、财务成果的可靠性、行为准则的规范性
的保证。因此，内部控制制度是银行监管的一项重要内容。

2002 年，中国人民银行发布的《商业银行内部控制指引》对
商业银行内部控制的目标、原则、基本要求、主要内容都做出了
详细规定。2004 年，银监会发布了《商业银行内部控制评价试行
办法》以及《商业银行内部控制评价试行办法操作说明》。完善的
内部控制由五个相关部分组成：整个机构的控制环境、鉴别评估
风险的程序、防范化解风险的管理程序、信息报告体系以及对以
上体系的稽核监督。对银行机构内部控制的监管内容主要包括：
是否具有覆盖所有决策过程、操作过程的内控制度；是否所有的
岗位都受到制约；是否根据政策规定谨慎开展业务；是否根据管
理层一般或个别授权进行交易；是否具有完善的控制债务和资产
保全措施；是否能够遵循一般会计原则提供全面、准确和及时的
财务信息；是否能够恰当地确定和评估业务风险等。

（六）公司治理

"良好的公司治理是金融监管框架达到令人满意状态的一个关
键因素。"① 我国商业银行包括国有独资商业银行、股份制商业银
行、城市商业银行。目前规范商业银行公司治理的法律、法规主
要是《公司法》和《股份制商业银行公司治理指引》。随着国有独
资商业银行、城市商业银行股份制改造步伐的加快，《股份制商业
银行公司治理指引》所规定的原则和规范将广泛应用到各类商业
银行。与《股份制商业银行公司治理指引》同时颁布实施的配套
法规还有《股份制商业银行独立董事和外部监事制度指引》。这两
份指引在坚持公司治理一般原则的同时，强调以保护存款人利益

---

① 大卫·G. 梅斯等：《改进银行监管》，方文等译，中国人民大学出版社 2006 年
1 月第 1 版，第 110 页。

作为股份制商业银行公司治理的宗旨，体现出银行作为特殊的股份制公司的特性。它们的贯彻与实施将有助于改善商业银行的公司治理，促进商业银行防范风险，有利于商业银行的稳健经营与可持续发展。

（七）信息披露

为了加强对商业银行的市场约束，规范商业银行的信息披露行为，有效维护存款人和相关利益人的合法权益，促进商业银行安全、稳健、高效经营，2002 年 5 月中国人民银行颁布《商业银行信息披露暂行办法》。该办法明确规定："商业银行应遵循真实性、准确性、完整性和可比性的原则，规范地披露信息"，"商业银行应按照本办法规定披露财务会计报告、各类风险管理状况、公司治理、年度重大事项等信息"。这是在中华人民共和国境内依法设立的商业银行（包括中资商业银行、外资独资银行、中外合资银行、外国银行分行）披露信息所依据的主要法律文件。按照该办法的规定，资产总额低于 10 亿元人民币或存款余额低于 5 亿元人民币的商业银行，可免于披露信息；上市商业银行除应遵守该办法的规定披露信息外，还应遵守证券监督管理机关有关信息披露的规定。

三 市场退出监管

市场退出监管是在银行业金融机构已经发生或可能发生信用危机时，银行监管机构认为为保护存款人利益而有必要关闭该机构时，银行监管机构依法对该机构退出市场全过程实施的监管。在我国，银行机构退出市场可以采用这么几种方式：接管、重组、撤销、解散和破产。银行机构退出市场适用的法律法规包括《银行业监督管理法》《商业银行法》《公司法》《企业破产法》《金融机构撤销条例》。

《银行业监督管理法》第 38 条规定："银行业金融机构已经或者可能发生信用危机，严重影响存款人和其他客户合法权益的，国务院银行业监督管理机构可以依法对该银行业金融机构实行接管或者促成机构重组，接管和机构重组依照有关法律和国务院的规定执行。"第39条规定："银行业金融机构有违法经营、经营管理不善等情形，不予撤销将严重危害金融秩序、损害公众利益的，国务院银行业监督管理机构有权予以撤销。"这两条分别规定了有问题银行业金融机构的接管或重组，以及撤销。接管或促成机构重组（一般采取指令合并的方式）属于预防性拯救措施，是监管机构直接干预银行经营管理活动的行政行为。接管不改变被接管银行的债权债务关系，重组的目的则在于以一种对银行体系冲击较小的方式退出市场。接管期届满，有问题银行没有恢复经营能力的，或者重组失败的，中国银监会可以决定终止接管或重组，由法院依照法定程序宣告破产。

修改后的《商业银行法》第七章"接管和终止"以专门的一章对商业银行的接管和终止做了原则性规定。《商业银行法》第64~72条，共计9条，对接管做出了规定。第64条规定："商业银行已经或者可能发生信用危机，严重影响存款人的利益时，国务院银行业监督管理机构可以对该银行实行接管。"第66条规定："自接管开始之日起，由接管组织行使商业银行的经营管理权力。"第67条规定："接管期限届满，国务院银行业监督管理机构可以决定延期，但接管期限最长不得超过二年。"第68条规定："有下列情形之一的，接管终止：（一）接管决定规定的期限届满或者国务院银行业监督管理机构决定的接管延期届满；（二）接管期限届满前，该商业银行已恢复正常经营能力；（三）接管期限届满前，该商业银行被合并或者被依法宣告破产。"第69条对商业银行的解散做出了规定："商业银行因分立、合并或者出现公司章程规定的解散事由需要解散的，应当向国务院银行业监督管理委员会提出申请，并附解散的理由和支付存款的本金和利息等债务清偿计划。经国务院银行业监督管理委员会批准后解散。商业银行解散的，应当依法成立清算组，进行清算，按照清偿计划及时偿还存款本金和利息等债务。国务院银行业监督管理委员会监督清算过程。"① 第 70 条规定了商业银行的撤销："商业银行因吊销经营许可证被撤销的，国务院银行业监督管理委员会应当依法及时组织成立清算组，进行清算，按照清偿计划及时偿还存款本金和利息等债务。"② 第 71 条规定了商业银行的破产："商业银行不能支付到期债务，经国务院银行业监督管理委员会同意，由人民法院依法宣告其破产。商业银行被宣告破产的，由人民法院组织国务院银行业监督管理委员会等有关部门和有关人员成立清算组，进行清算。商业银行破产清算时，在支付清算费用、所欠职工工资和劳动保险费用后，应当优先支付个人储蓄存款的本金和利息。"第 72 条规定："商业银行因解散、被撤销和被宣告破产而终止。"

从上述归纳的法律规定我们可以看出，我国关于银行市场退出环节的监管存在较为明显的缺陷：（1）《银行业监督管理法》《商业银行法》对于银行业金融机构的市场退出仅做了原则性规定，对接管的规定仅限于行政干预层面，没有涉及法院的司法参与。在我国已发生的几例银行接管事件中也是由监管部门直接发布接管决定而实施行政接管的。这两部法律对于有问题银行的债务清偿原则、资产承接、债务重组、被关闭银行的托管等问题没有做出规定。还缺少关于针对不同风险、不同类型机构的退出标准、救助措施、救助程序、救助资金来源和使用等重要问题的规定。（2）风险预警机制不完善，不能对有问题银行及时做出反应，而且，一旦进入市场退出阶段，往往周期长、资产清收率低，敏感债务难以处理，导致市场退出成本极高。（3）《企业破产法》规定了企业破产的一般原则和程序，银行机构作为市场主体，发生信用风险时，也应当退出市场，但出于保护存款人利益、避免引发系统性风险的考虑，银行业金融机构退出市场较少采用破产的

---

① 清算组在清算期间的职权等问题适用《公司法》的规定。
② 商业银行被吊销经营许可证的事由有两类，一类是《商业银行法》第 23 条的规定，另一类是《商业银行法》第 74 条的规定。

方式，通常采用接管、重组的方式。在采用破产方式退出市场的
情况下，当然适用《企业破产法》，但该法对于金融机构的破产没
有做出专门规定，应当及时制定《银行业金融机构破产条例》。
《企业破产法》还引入了管理人、重整等新制度，这些制度是否适
用于银行破产也没有明确。（4）有问题银行退出市场是市场竞争
优胜劣汰的必然结果，为了保护存款者的利益，还应当建立与我
国国情相适应的存款保险制度。存款保险制度从各个国家的监管
实践看，存在容易引发道德风险的缺点，具体的规定也需要与一
国的实际国情相适应。（5）缺少事后追究相关责任人员法律责任
（应当包括行政责任、民事责任和刑事责任）的规定，不利于打击
金融犯罪，法律的缺位会在一定程度上滋长银行高管人员在经营
活动中的冒险举动。简言之，我国银行业金融机构市场退出监管
存在的最大问题就是立法空白太多，缺少分别针对各种退出方式
设定的细致而完备的法律条文，而且，这些规定之间应该相互衔
接、配合。

第三节　主要发达国家和地区
银行监管体制比较

金融自由化趋势出现以前，发达国家的银行监管主要采取三
种手段：法律手段、行业自律手段和行政手段，比较发达国家的
银行监管体制对于中国具有重要的借鉴意义。主要发达国家对立
法手段、行业自律和行政手段的运用各有侧重，形成了各具特色
的银行监管模式：美国长期以来一直采取以法律手段为主的方式
进行监管，非常注重监管的规范化和透明度；英国注重以行业自
律手段为主进行监管，英国的中央银行英格兰银行很少对金融机
构进行现场检查，没有形成一套正规的监管体制，出现问题时一
般通过道义劝说或君子协定的方式加以解决；日本虽然制定了各
种法律法规，但更加重视行政手段的运用。金融自由化后，各国

银行监管出现了趋同现象，各国的银行监管法也因为相互影响和借鉴而日趋接近。应该说，在经济全球化、金融自由化以及市场规则日益趋同的背景下，各国金融监管在技术、指标等方面相互借鉴、相互渗透是不可避免的，也是有益的。近年来，英、美等国家顺应国际金融监管的发展趋势对本国的金融监管体制进行了改革，这些改革在法律制度上取得了相应的成果，如美国出台了《金融服务现代法案》，英国成立了金融服务局、颁布了《金融服务与市场法》。这一节选取美国、英国、德国、日本和我国的香港特别行政区作为研究对象，正如我们前面分析的那样，英国、美国、日本在监管手段的运用上各有特色，研究德国实行的全能银行模式则对我国已经出现的综合经营发展趋势有一定的借鉴意义。

一 美国：功能监管重回分业监管

由众多机构实施功能监管是美国发生次贷危机之前银行监管的主要特点。美国实行的是二元银行制度，即联邦政府根据联邦银行法审批和监督国民银行，州政府审批和监督各州的银行。由此，形成了多头银行监管体制，货币监理署（OCC）、联邦储备委员会（FRS）、联邦存款保险公司（FDIC）、州政府银行署等多家机构共同行使银行监管的职能。国民银行和外国银行分支机构由货币监理署监管，国民银行必须加入联邦储备系统和联邦存款保险公司。在各州注册的联邦储备系统成员受各州和联邦储备银行（FRB）的双重监管。州立银行可以加入联邦储备系统，也可以加入联邦存款保险公司，还可以加入各州的存款保险公司。① 美国的银行监管从历史上看，一直非常重视通过发布监管法律文件实施监管。从银行监管法的形式上看，除了联邦和州的成文立法，秉承美国的判例法传统，还包括司法判例，以及建议草案等多种

---

① 赵霜茞主编《现代金融监管》，对外经济贸易大学出版社 2004 年 7 月第 1 版，第 41~44 页。

形式。

从 1864 年国民银行制度到 1914 年联邦储备体系的建立是美国银行监管制度的形成阶段，现代银行监管体系则形成于 20 世纪 30 年代经济大萧条时期。在 20 世纪 30 年代的经济危机中，股市、银行体系几乎全面崩溃，公众对银行行为表现出极度的愤怒和不信任，经济大萧条改变了人们对于自由市场的认识，也改变了对市场经济体制下政府作用的期望。在这样的背景下，美国国会通过了《1933 年银行法》，其中规范政府与银行业之间关系的条款被合称为《格拉斯－斯蒂格尔法》。该法规定：任何以吸收存款业务为主要资金来源的商业银行，不得同时经营证券投资等长期性资产业务；任何经营证券业务的银行，也不能经营吸收存款等商业银行业务；商业银行不准经营代理证券发行、证券包销、证券零售、证券经纪等业务；商业银行的员工不得在各种投资银行机构兼职；商业银行不得设立从事证券业务的分支银行或附属机构。这些规定使银行与证券公司在机构、人员、业务范围上严格区分开来。[①] 随后，美国国会又相继颁布了《证券交易法》（1934 年）、《投资公司法》（1940 年）、《威廉斯法》（1968 年）等法案，逐步形成了金融业分业经营制度的基本框架。

20 世纪 80 年代，外资银行大举进入美国，给美国的金融市场带来了前所未有的冲击，受到分业经营的限制，美国的金融企业在竞争中渐渐处于下风。美国金融监管当局开始进行改革，目的在于提高美国银行机构的竞争力，推动金融行业自由化发展。1980 年，通过《存款机构放松管制及货币控制法》（*the Depositary Institutions Deregulation and Monetary Control Act of 1980*），这部法案是一系列金融法规的汇集，也是自由化改革开始启动的标志。它允许银行持股公司采用子公司形式经营证券经纪业务。1982 年通

---

① 李早航：《现代金融监管——市场化国际化进程的探索》，中国金融出版社 1999 年 9 月第 1 版，第 214～215 页。

过《存款机构法》，实现了存款利率自由化。此后，一系列金融自由化法案相继出台，其中，1991年出台的《联邦存款保险公司改善法》是一部旨在提高美国银行体系稳定性的重要法案。

经过20世纪80年代的自由化改革，美国金融行业分业经营的壁垒逐渐消失，进入90年代后，金融业要求修改乃至废除《格拉斯－斯蒂格尔法》的呼声越来越高。与此同时，银行业的并购风潮大大改变了国际银行业的整体格局，并购的规模、金额不断扩大。在这些因素的刺激下，美联储于1997年初修改了《银行持股公司法》中的个别条例，建立了更有效率的银行兼并和银行机构开展非银行业务的申请、审批程序，取消了许多对银行从事非银行业务的限制。商业银行能广泛地从事财务和投资顾问业务、证券经纪业务、证券私募发行业务以及一些其他非银行业务。而且，美联储扩大了银行持股公司附属机构承销和交易证券的范围，还大大减少了可能降低这些业务业务收益的限制性规定。1999年，克林顿总统签署了《金融服务现代化法》，为消除银行、证券、信托等金融机构业务的界限彻底扫平了法律障碍，确立了全新的银行监管体制。

《金融服务现代化法》的颁布标志着美国的金融监管法已经从规范金融活动过渡到管理和防范金融风险。这部法典体系宏大、内容庞杂，涉及包括银行、证券和保险在内的整个金融行业及其市场活动，包括实体和程序两方面的法律规范，主要内容包括：（1）准许银行、证券和保险业之间的跨行业经营，以及机构之间的相互兼并，但是禁止非金融机构兼并银行、证券或保险公司，禁止非金融机构经营储蓄贷款业务，或收购参加联邦保险的储蓄贷款机构。（2）强调消费者保护。①规定银行在出售保险或证券产品之前，必须明确告知消费者此类金融产品不受联邦存款保险的保护，而且银行在核准发放贷款时，不得以要求客户购买保险或证券产品作为附加条件。②允许金融机构彼此交流消费者个人资料，但是消费者有权以书面方式限制其开户银行将个人资料出售给第三方。(3) 划分监管机构的监管职权,确立了功能监管模式。联邦储备委员会和货币监理署核准和规范新的金融财团的成立,联邦证券管理委员会监管银行从事的证券业务,各州级监管机构负责监管银行等机构从事保险业务。(4) 强调对小企业和农业企业提供金融服务。银行在向其他地区或跨州扩展业务时,必须在向低收入和少数民族社区发放贷款方面取得明显成效并获得联邦有关部门的认可。这些规定对其他国家的监管立法产生了不可估量的影响。[①]

2008 年,美国发生次贷危机,2009 年,美国实施金融监管全面改革。这是美国自罗斯福新政以来最为全面的一次金融市场监管改革。严重的金融危机暴露出美国金融系统存在的一些重大问题,如复杂的金融产品和金融创新缺乏有效的监管、受到金融监管的行业内外都存在高杠杆率的问题、金融活动的高额回报诱发大规模的欺诈、高额薪酬制度导致金融行业高级管理层忽视企业的长期发展而致力于追逐短期利益等。改革方案包括:解决系统性风险、保护消费者和投资人利益、弥补监管漏洞和促进国际监管规则的协调一致,其中最重要的内容是解决系统性风险。

改革方案就解决系统性风险问题提议采取以下措施:(1) 建立独立机构对系统重要性金融机构和关键支付结算系统进行监管。对所有的金融机构进行监管的同时,对系统重要性金融机构设定更高的监管标准 (资本和风险管理标准),专门针对其建立快速纠正机制。界定系统重要性金融机构的依据包括:公司与金融系统的关系;公司规模、杠杆比率 (包括表外风险敞口)、短期融资依赖度;该金融机构作为社会信贷来源和金融系统流动性来源的重要程度。系统重要性金融机构可以是任何金融机构,不限于银行和银行控股公司。(2) 要求所有超过一定规模的对冲基金向联邦监

---

① 《金融服务现代化法案》的主要规定引自辛子波《银行监管体系的国际比较》,中国财政经济出版社 2008 年版,第 70~71 页。

管部门——美国证券交易委员会——登记注册。所有登记的基金都要按照要求提交监管报告，披露交易对手和投资人的信息。在保密的前提下，基金应提供必要的信息，供监管部门判断基金规模是否过大、杠杆率是否过高、会否对金融稳定构成威胁。美国证券交易委员会与系统风险监管部门共享监管报告。（3）建立对场外衍生产品的市场监督和信息披露框架。明确政府对信用违约掉期和场外交易衍生品市场进行管理，将所有场外交易衍生品市场的交易商纳入监管。制定严格的监管制度，规定所有标准化场外交易衍生品合同必须通过中央结算对手清算，鼓励更多地使用场内交易工具。（4）加强对货币市场共同基金的管理，控制单个基金的信用风险和流动性风险，避免出现一家系统重要性金融机构倒闭给整个货币基金市场造成动荡。（5）建立更加有力的清算机制，抵御复杂机构破产带来的冲击。清算监管按照以下程序实施。①在下列情形下，启动紧急措施：有问题金融机构面临破产、该机构倒闭会对美国经济或者金融稳定造成严重负面影响、采取法律规定的紧急行动能够避免或降低负面影响。紧急措施的采取经向美联储或者联邦存款保险公司征求意见并与总统协商，由财政部启动。②启动程序后，提供财政援助或者破产清算。财政援助包括发放贷款、购买债务或资产、承接或担保债务、购买股份。破产清算包括出售或转让问题机构的资产或负债、重新商议或拒绝执行合同、重组机构。这些行动不需经过机构债权人或股东的批准。

这一次的金融监管改革扩大了财政部和美国证券交易委员会的金融监管权力。改革方案最重要的两项内容，一是建立一个专门机构，负责统一监管系统重要性金融机构、具有系统重要性的支付与结算系统及其活动；二是授权政府接管那些可能对经济体系造成系统性风险但并未受美国联邦存款保险公司监管的非银行金融机构。这将使美国对系统性风险监管的范围覆盖到包括银行、控股公司、经纪交易商的母公司、保险公司、期货交易商，以及任何对经济安全造成系统性风险的金融机构。经过改革，美国又开始实施严格的分业监管。

二 英国：从市场自律管理到单一监管

传统上英国的银行监管体制最明显的特点是自律，以"劝说"和"要求"为主，并不具备法律效力，建立在监管者与被监管者之间相互信任、共同合作的基础之上。[①] 在很长时期内（《1987年银行法》出台之前），英国银行体系的稳定主要靠商业银行的自我约束，如果英格兰银行发现某家商业银行的经营管理存在问题，只需要发送一封信函，要求其规范自己的业务活动即可。这种自律监管的优点在于很灵活、富有弹性，缺点是人为因素明显。随着金融机构的增多、业务的交叉以及市场和交易的扩大，仅仅依靠道义约束已经不能有效防范风险。

1979年10月，英国颁布了《1979年银行法》，这是英国银行监管形成正式制度的第一步，但这部法律的颁布没有从根本上改变英国的监管传统，主要表现为在处理具体事件时，银行法赋予了英格兰银行广泛的裁量权，允许它同各家银行的高级管理人员保持频繁的个人接触以及时进行劝说，在解释、评价和督导等方面带有很大的随意性，使监管活动在很大程度上要依赖于英格兰银行高级管理人员的个人素质和职业道德水准。《1979年银行法》对于银行机构进行了分类，只有符合英格兰银行非常严格要求的机构才能使用"银行"的名称（"承认银行"），达不到要求的机构被称为"许可接受存款人"。在这种自律监管体制下，英格兰银行将监管的重点放在了"许可接受存款人"上，忽视了对于"承认银行"的监管，最终导致了1984年"JMB事件"的发生。这次银行危机造成了很大损失，也促使英国当局收紧政府监管的缰绳，

---

① 李早航：《现代金融监管——市场化国际化进程的探索》，中国金融出版社1999年9月第1版，第233页。

修改了《1979 年银行法》。1987 年，银行法被修订，修改这部法律的主要目的在于加强银行监管。《1987 年银行法》取消了二级认可制度，规定所有的认可机构都必须符合法定的谨慎要求，从而在整体上提高了市场准入门槛；英格兰银行对于银行的收购与兼并有很大的决定权，例如，如果现有股东总裁打算取得 50% 或 75% 以上的股份，英格兰银行有权予以否决；对单一客户或超过资本金 10% 等大额贷款实施严密监视。

20 世纪 70 年代以后，英国的金融市场出现了混业经营的迹象。1986 年，英国政府出台了《金融服务法》，它允许银行从事证券及其他投资，没有业务界限，集投资银行和商业银行于一身的金融集团的出现，使英国的金融市场发生了重大变化。在监管体系上，英国政府依据该法案成立了证券投资委员会（SIB），对从事金融服务的企业和从事证券活动的"自我规范组织"进行监管，从而形成了市场自律管理与政府监管相结合的模式。但是，从总体上说，英国的金融监管还是没有跟上混业经营的步伐，英格兰银行仍仅保留了对"银行"的监管权，对那些拥有大量非银行业务的银行集团的监管特别薄弱，这是巴林银行倒闭的一个重要诱因。

英国政府在 1997 年将英格兰银行的监管权转移至证券投资委员会，同年还成立了金融服务局（FSA），负责对银行、证券、保险在内的整个金融行业实施全面监管，还负责监管金融市场行业准则、金融机构合同中的不公平条款以及律师事务所和会计师事务所等中介机构。1998 年通过新《英格兰银行法》，将英格兰银行的职能限定在执行货币政策、控制通货膨胀等领域。

2001 年，英国通过了《金融服务和市场法》，这部法典颠覆了英国长期以来实行的市场自律管理模式，从法律上确立了金融服务局全面监管金融业的地位。但英国银行机构自觉遵守行业商业准则的良好传统依然得以保持。并且，英国政府还设立了管辖金融服务和市场案件的特别法庭（Financial Service and Market Tribunal)，专门审理金融服务局与监管对象之间涉及监管政策，经双方协商仍然难以解决的问题。根据《金融服务和市场法》，英国的金融服务局是一个由董事会领导的、独立的监管机构，其监管职责范围覆盖银行业、证券业和保险业。目前，金融服务局采用风险为本的监管办法。金融服务局定期发布文件或者报告，对未来 18 个月可能面对的主要风险进行评析。在金融服务局看来，对冲基金对金融稳定不构成威胁，应该关心的是复杂信用衍生产品的经营问题和估价问题。金融服务局监管手段多样，既有一般性的劝告，也有针对个人或机构的强制措施，还可以实施专项监管行动或全面监管行动。英国的金融服务局非常重视个体的人（或监管小组）的主观判断，肯定他们有权做出甚至是"不采取任何措施"的监管决定。金融服务局认为，每一项监管决策都应以风险分析为前提，哪怕决策失败或者效果不佳，都可以得到高级管理层的支持，从而被认为是正当的。

三　德国：内部监管与外部监管结合

德国金融制度最大的特点就是长期以来一直坚持混业经营，并且实行内部监管（即银行的自我监管）与外部监管（即社会监管与监管机构的监管）相结合的形式。[1] 发展初期，德国的各类银行均有各自特定的重点业务领域，随着银行之间相互竞争的加剧，业务范围逐渐交叉，才发展成目前的综合经营局面。德国的混业制度下由全能银行为社会大众提供金融服务，再通过一系列的专业性银行和特殊信贷机构加以补充。虽然德国商业银行的业务领域各有侧重，但德国法律对他们从事何种业务却限制很少，银行可以随时开拓新的业务领域。根据德国《银行法》，全能银行的经营范围不仅包括存款业务、贷款业务、贴现业务，而且包括信托

---

[1]　赵霜茁主编《现代金融监管》，对外经济贸易大学出版社 2004 年 7 月第 1 版，第 67 页。

业务、证券业务、投资业务、担保业务、汇总业务、财务代理业务、金融租赁等所有金融业务，甚至还可以持有非金融企业的股份。这种全能银行制不仅便利了银行体系向工商企业提供多样、配套的金融服务，也有利于分散银行的风险，保证银行利润的稳定增长及银行稳健经营。

尽管德国也受到了 20 世纪 30 年代世界经济危机的冲击，但德国并没有与美国一样实施分业经营制度，反而更加注重完善统一金融监管。第二次世界大战以后，德国银行业一直运行平稳，其重要原因就在于其强大、有效的金融监管。1948 年德国进行了货币改革，之后颁布了《联邦银行法》《银行法》，使德国在战后迅速建立了一整套比较健全的货币制度和金融体系，制定了相对稳定的货币政策和有力的监管措施，为德国战后经济的恢复和发展奠定了良好的基础。1961 年联邦德国通过的《银行法》授权建立了银行监管局，它是一个专门的监管机构，直接隶属于财政部，多年来在德国银行监管中发挥着中心作用。根据《银行法》第 6条，银行监管局的首要任务是保护投资者和存款人的合法权益，负责制定和颁布联邦政府有关金融监管的规章制度，并采取措施消除各种风险因素。同时《银行法》第 7 条明确规定了联邦银行依法拥有对金融机构进行日常监管的职能。这样，银行监管局和联邦银行分别侧重于金融机构微观活动的监管和宏观金融市场的监管，共同负责德国银行业的监管。

20 世纪 90 年代，德国金融业在内外竞争的压力之下，也开始寻求改革之路，其金融市场的主要执法者是联邦金融市场监督局。它是在整合原联邦德国贷款监督局、联邦保险监督局和联邦证券交易监督局的基础上，于 2002 年根据《联邦金融市场监督法》成立的机构，履行对德国金融业实施统一监管的职能。金融市场监督局的监管目标主要包括：第一，确保德国金融业整体功能的发挥；第二，确保德国金融机构的偿付能力；第三，保护客户和投资人的利益，从而维护金融体系的稳定。它与德国联邦银行（德国中央银行）既分工又合作。联邦银行负责对各种金融机构呈递的报表进行审核，并检查其资本充足率和应对风险的能力。联邦金融市场监督局则负责颁发金融业务的营业执照，保障金融市场的正常秩序，并对涉案人员进行调查和取证。为全面加强对银行市场的监管，德国制定了许多相关的法律法规。2002 年颁布的《联邦银行法》在未改变联邦银行基本职能的前提下，确立了新的德国联邦银行体系。法律体系方面除了《德国联邦银行法》之外，还有《信贷法》《抵押银行法》《证券法》《住宅储蓄法》和各州的《储蓄银行法》等。[①]

四　日本：从行政指导到市场约束

"二战"后，为了恢复在战争中受到重创的经济，遏制恶性通货膨胀，同时也由于美国在政治、经济各方面的强力介入，日本建立起一种限制型金融体系，主要表现在两方面：一是银行业务与证券业务相互分离，1947 年《证券交易法》明确规定，严禁银行办理证券业务。二是对银行进行"长短分离"，将银行分为三类（以经营短期金融业务为主的普通商业银行、以提供长期资金为主的金融机构以及向中小企业提供贷款的中小金融机构），以实现银行与信托的分离。金融自由化以前，日本政府对银行业实施高度集中管理，大藏省管理所有的金融事务，日本银行在金融监管上接受大藏省的领导，形成了大藏省和中央银行共同负责的监管模式。日本银行的监管既包括法律、法规明文规定的各种监管措施，也包括各种随意性较强的通知、指令等由监管当局发布的行政指导。[②] 应该说，金融自由化之前，日本的银行体系非常稳定，几乎没有出现过银行破产，原因之一就是日本独特的银行监管方式起了重要作用。这一时期，日本银行的监管是通过限制竞争规则最

---

① 《德国：高效监管立足于法》，《经济日报》2006 年 10 月 16 日。
② 裴桂芬：《银行监管的理论与模式——兼论日本的银行监管》，商务印书馆 2005 年 10 月第 1 版，第 166 页。

大限度地防止银行风险的暴露，当事先预防措施失败、个别银行出现问题时，监管当局通过行政指导安排健全银行进行吸收合并，保证存款者、债权人以及股东免受银行破产的损失，安全网的保护可谓无所不包。①

20世纪80年代以来，在金融自由化和国际化浪潮的冲击下，日本的分业监管逐渐松绑，1981年修改银行法，允许银行经办有价证券。进入90年代后，随着日本泡沫经济的崩溃，银行危机频频发生，这暴露了战后建立起来的银行制度的弊端，主要体现在公司治理结构不完善以及政府行政权力越位方面，政府在监管政策上的失误又加剧了银行危机。1996年，日本政府开始实施金融改革。1997年出台的《日本银行法》和《金融监督厅设置法》是改革的重要成果。《日本银行法》明确了日本银行的独立性，《金融监督厅设置法》将大藏省的金融监管职能移交金融监督厅（后更名为金融厅）行使。这一次改革取得了两项重要成果：首先，强化了市场约束的作用。缩小了行政监管的范围，行政监管只关注金融制度的制定和金融稳定等宏观内容，不再干预金融机构的具体业务活动，通过加大会计师事务所等中介机构的社会监督力度，建立完备的金融机构信息披露制度以提高金融机构的透明度等多种方法，加强了对于金融机构运营状况的监管。其次，行业监管变更为职能监管。金融厅和日本银行，在机构设置方面均按照监管业务的性质而非行业性质对内部监管机构进行重组，成立了以不同监管职能为主的专业监管部门，在职能监管部门之下按行业细分课室，以发挥原专业监管人员的技术优势。

日本的金融法律主要包括《日本银行法》《普通银行法》《普通银行兼营法》《信托业法》《证券交易法》《外汇银行法》等法律。其中《日本银行法》和《普通银行法》居于核心地位，这两

---

① 裴桂芬：《银行监管的理论与模式——兼论日本的银行监管》，商务印书馆 2005年10月第1版，第151页。

部法律不仅明确了中央银行和普通银行的地位、业务范围，还规定了监管机构的监管内容和职责。日本金融体系 20 世纪末期遭受了很大的损失，这一方面是由于宏观经济长期滞胀；另一方面也与金融监管过分依赖行政手段有关，这是金融体制改革由行政指导走向自己的反面——市场约束——的发端。

五 中国香港：行业自律与外部监管结合

1841 年，英国的怡和洋行等四家洋行成立了香港第一家现代意义上的商业银行，经过 160 多年的发展，香港已成为世界著名金融中心，是亚洲金融政策最自由的地区，也是世界上银行密度最大的城市之一。1997 年，香港回归中国，《中英联合声明》和《香港特别行政区基本法》明确了香港回归后的金融制度：继续实行自由开放的货币金融政策；不实行外汇管制，继续开放外汇、黄金、证券与期货市场，一切资金流动和进出自由；金融企业与金融市场经营自由；港币发行制度基本不变，港币与外币自由兑换。香港特别行政区作为国际知名的金融中心，其联系汇率制、三级银行制、银行公会等制度都颇具特色，监管当局更是在借鉴国际惯例并结合本地区实践的过程中积累了丰富的监管经验。

在香港，银行业监管主要由金融管理局负责，该局成立于 1993 年，其前身是外汇基金和财政司下属的银行监理处。香港金融管理局的监管目标是，通过规范管理银行业务和接受存款业务，以及监管认可机构，促进银行体系的安全与稳定。香港金融管理局采用的监管模式是"持续监管"，希望通过"持续监管"及早发现问题，防患于未然，监管方式主要包括现场检查、非现场检查、审慎监管会议、与外聘审计师合作以及与其他监管机构交换资料五种方式，特别留意整个银行体系的运营情况。香港金融管理局还十分注重国际合作与交流，已经与中国大陆、美国、英国、泰国、印尼等许多国家和地区的监管当局签订了双边合作谅解备忘录。

　　香港银行公会是商业银行为了进行行业自律成立的组织，具有较高的权威性。根据 1980 年港府制订的《银行公会法案》，所有银行都必须参加银行公会。银行公会的主要职责是：为银行业务活动制订行为规则，在立法草案涉及银行利益时反映大多数银行的意愿等。银行公会下设的咨询委员会可以行使银行公会的一切权力，但它最重要的职责是制订银行最高港元存款利率，即协议利率，供各家银行遵守。"利率协议"规定，持牌银行向公众吸收存款时，给予客户的最高存款利率必须由银行公会定出，储蓄存款的利率是划一的，而 15 个月以下的定期存款则按级别分别订立最高利率限制，但下列存款不受利率协议的限制：期限 3 个月以下的大额港元存款（50 万元以上）、期限 15 个月以上的所有港元定期存款、外币存款、银行同业存款以及接受存款公司吸收的公众存款。协议利率的主要作用是防止银行之间进行恶性利率战，稳定客户与银行之间的存贷关系，同时还可以通过提高或降低协议利率来控制银行的信贷规模。

　　香港设立了由官方代表和行业代表共同参与的银行业务咨询委员会和接受存款公司咨询委员会，两个咨询委员会具有半官方色彩，其主要职责是就银行业立法及整体业务发展事宜和政策向政府提出意见和建议，并协助了解银行业情况。其中，银行业咨询委员会由财政司长任主席。官方成员中须有金融及银监专员，另有非官方成员若干名。委员中还要有汇丰银行、渣打银行和中国银行的主要行政人员各一名。

　　香港政府一贯奉行政府不干预市场的自由经济政策，但金融监管却极为审慎，形成了以金融管理局实施的政府监管为主体，同业公会和咨询机构为辅助的银行监管体制，特别是银行同业公会作为银行自律组织享有较高的权威，为实现银行业公平竞争发挥了良好作用，金融监管的各项法律规定严格遵循甚至严于国际惯例。经过多年发展，香港逐步建立起一套基本完备而且颇具特色的银行法体系，积累了很多值得借鉴的成功经验。可以说，香港银行业的高度发达在很大程度上得益于它的银行监管体制以及完备的法律制度。严格、缜密的立法对确保银行稳健经营、促进银行间的公平竞争、降低经营风险发挥了积极作用。

香港金融管理局行使监管职能的法律依据包括《银行业条例》《外汇基金条例》《票据条例》《公司条例》等，《银行业条例》是香港银行法的主体部分。《银行业条例》颁布于 1986 年，是在 1948 年和 1964 年两部《银行业条例》的基础上修订而来的。进入 20 世纪 90 年代后，香港政府又对《银行业条例》及其相关立法进行了持续修改，特别是 1999 年对《银行业条例》进行修订后，香港的银行监管制度已经完全符合巴塞尔委员会发布的《有效银行监管的核心原则》的各项要求。巴塞尔委员会规定，2006 年底实施新资本协议的大部分计算方法，2007 年底实施内部评级高级法，香港与欧盟一样，新资本协议将适用于所有在香港注册的银行机构。为实施新资本协议，2005 年《银行业条例》再一次修改，其中关于新资本协议的条款 2007 年 1 月生效。

《银行业条例》（2005 年）提高了银行须持有的最低资本充足率，根据条例第 101（1）条，金融管理局可以把持牌银行的最低资本最高提至 16%，这项规定赋予了金融管理局很大的灵活运用权力的空间，金融管理局还发布了评估单个银行机构资本充足率方法的指引。《银行业条例》除了规定金融管理局的监管权限范围外，还设立了制衡机制来制约金融管理局制订条例的权力：制订的条例必须广泛征询银行界的意见；制订的条例必须提交立法委进行审议；若银行机构不服金融管理局根据《资本条例》做出的决定，可要求资本充足事宜仲裁处（独立上诉机构）复核有关决定。由于根据《资本条例》做出的决定技术性很强，因此香港政府设立了专门的资本充足事宜仲裁处审议。目前银行机构的上诉权只限于有关选用资本充足率计算方法的问题，因为计算方法可能会对银行机构的最低资本要求造成重大影响。

为实施新资本协议，香港政府除了在 2005 年修订《银行业条例》外，还在制定《资本条例》和有关信息披露的条例。首先，银行机构必须按照金融管理局根据《银行业条例》制定的《资本条例》计算资本充足率。《资本条例》出台后，《银行业条例》中在现行架构下计算最低资本要求的附表3将被废除。其次，为实施新资本协议的第三支柱，根据《银行业条例》第60A条的要求，将制定有关信息披露的条例。信息披露条例适用于在香港注册的所有持牌银行、大型的有限持牌银行、接受存款公司及《银行业条例》第2条规定的"控权人"。近年来，信息披露方面的国际标准显著提高，金融管理局正力图使香港银行机构的信息披露要求符合国际最高标准。金融管理局要求银行机构在披露财务信息时，更多地披露以风险为基础的信息，还加大了不同类别风险的信息披露要求，包括定性和定量地披露信贷风险、市场风险、操作风险及利率风险。银行机构根据其业务复杂程度和风险大小，遵守不同的信息披露要求，因此，金融管理局对不同的银行机构按不同的信息披露要求分别实施基本法、标准法和内部评级法。①

为了实施新资本协议，金融管理局还开展了银行机构内部评级系统评估工作和与银行集团母国监管当局加强合作的工作。对于监管机构来说，验证银行机构的内部评级系统是一项全新的工作，要能够充分理解和掌握复杂的内部评级系统，还要有先进的技术上的支持。金融管理局已经开始着手这项工作。按照新资本协议的要求，如果银行机构是境外银行集团的下属公司，监管机构在评估其评级系统时，应与母国监管机构沟通、合作。为了提高工作效率，香港金融管理局规定，如果母国监管机构采用的标准达到香港金融管理局的要求，相关系统能充分反映银行机构业务组合的风险，并能充分考虑香港的特定环境，金融管理局将倚重母国监管当局的验证工作。

---

① 根据《银行业条例》第101条的规定，金融管理局有权要求银行机构持有超出8%最低要求的资本（如条例第98条所述），因此无须为在香港施行第二支柱另订条例。

第四节　我国银行监管体制评析

通过比较，我们可以发现，新中国成立以后直至 20 世纪 90 年代中期以前，我国注重行政指导的金融监管体制与日本颇为近似。"日本在 20 世纪 80 年代以前，大部分资金通过银行进行调剂，大企业主要与大银行建立稳定的借贷关系，经济高速增长时期，企业间接融资占企业外部融资比率的 80%，同时，日本政府对利率和汇率实施严格的管制。"[①] 这一时期，日本金融系统主要依靠行政指导进行监管，对有问题金融机构政府提供注资给予救助，竭力避免金融机构的破产。进入 20 世纪 90 年代后，日本经济持续恶化，严重影响了银行业的生存环境，银行体系内集聚了巨大的不良资产，金融机构开始倒闭。在此背景下，日本进行了金融体制改革。改革后的日本，实行二元银行监管体制，大藏省和中央银行共同行使监管权力。中央银行负责民间金融机构的管理，大藏省作为主要的监管机构直接管辖政府系统的金融机构。

纵览日本和其他国家银行监管体制的发展历程，有两点对我国银行监管体制的构建有借鉴意义：一是银行监管体制应当与该国的政治经济体制以及历史传统相适应，不能全盘照搬其他国家的监管体制和法律制度。以美国为例，美国的多元化银行监管体制很适应本国的联邦制政治体制，其他国家可以借鉴美国某些先进的法律规定，但要全盘照搬恐怕难免出现"水土不服"的情况。任何一种银行监管体制都是在特定的政治经济体制和历史条件下形成的，没有一种银行监管体制能够适用于所有国家。我国银行监管体制变革路径的选择必须充分考虑我国的政治经济体制以及银行业现有发展水平，不宜照搬其他国家的银行监管体制。二是

---

① 赵霜茁主编《现代金融监管》，对外经济贸易大学出版社 2004 年 7 月第 1 版，第 53～54 页。

必须随着经济环境和金融体制的变化适时调整监管制度。日本在战后很长一段时间内，银行监管体制是与经济、金融体制相适应的，但是随着泡沫经济的破灭，日本政府又没能对金融全球化趋势及时做出反应，银行监管体制严重滞后，最终导致银行业系统积淀的风险全面爆发，酿成了严重后果。目前，我国处于分业经营向综合经营转化的阶段，在这种新旧更替的过程中，政府应适应发展趋势逐步地、适度地调整现有监管体制，对于综合经营中出现的缺少法律依据的金融产品、新型金融机构（如金融控股公司）及时做出立法响应。

与其他国家相比较，我国的银行监管体制具有以下特点。

一　市场准入监管十分严格

从各个国家的银行监管立法看，对银行业金融机构的市场准入监管主要集中于资本金、业务范围、高管人员任职资格、所有权结构等方面。我国对银行的市场准入环节实施了严格的监管，这不仅是为了控制风险，还包含有避免过度竞争、保持银行业适度行业利润的目的在内。

（一）在注册资本金方面，我国规定的金额在国际上属于比较高的

根据《商业银行法》的规定，设立全国性商业银行注册资本的最低限额是 10 亿元人民币，城市商业银行注册资本的最低限额是 1 亿元人民币，农村商业银行的注册资本最低限额是 5000 万元人民币。其中，农村商业银行注册资本金最低，为 5000 万元。而且，"注册资本应当是实缴资本"。规定注册资本是实缴资本意味着实行法定资本制，即银行设立时，在公司章程中记载的注册资本额应当全部收足。从注册资本金的金额来说，我国的规定相对于美国、英国等国家来说要高得多。美国《国民银行法》规定，国民银行最低注册资本为 10 万美元。在实施过程中，美国货币监理署要求国民银行最低资本为 100 万美元。英国银行业的最低资本要求是 500 万欧元。

（二）在业务范围方面，我国的商业银行在业务实践中虽然产生了一些与证券业、保险业交叉的代理业务，但在立法层面上仍然坚持分业经营的原则，这与许多国家特别是英国有显著的区别

英国由于拥有伦敦这个国际金融中心，为鼓励资本进入伦敦金融市场，在资本金、资本结构和业务范围方面都做了很宽松的规定。在英国，从 1986 年开始，银行可以进入证券交易所进行交易，但是银行从事证券业务必须由附属子公司进行（子公司还可以从事保险业务）。美国虽然对银行设立时的资本金要求很低，但奉行较为严格的分业经营。

（三）我国对银行高管人员任职资格有正、反两方面的规定，较为严格

美国关于银行高管人员任职资格的规定在各个国家同类规定中可以称得上是最严格的。《国民银行法》规定，美国国民银行的每个董事在其服务期间应为美国居民，并且至少绝大多数董事在当选前 1 年以上须居住在银行办公地所在的州、领地或者特区，或者居住在银行办公室所在地方圆 100 公里内，并且在其任职期间必须是该州的居民或者居住在银行办公室所在地方圆 100 公里内。但货币监理署经过裁量可以放弃该要求。我国银监会出台的《金融机构高级管理人员任职资格管理办法》对高管人员的任职资格及其取消做了详细规定，虽然不像美国的规定那么严格，但与英国、日本、俄罗斯等仅做笼统规定的国家相比较，是相当严格的。

（四）我国对于商业银行的所有权结构有许多限制性规定

例如，《关于向金融机构投资入股的暂行规定》就规定，政策银行和国有商业银行以外的其他银行、信托投资公司、企业集团财务公司、融资租赁公司在资本充足率为 8% 并符合有关条件（投资累计金额不得超过资本金的 20%；投资来源限于超过 8% 以上的资本金部分，以及公积金、公益金节余）的前提下，可向金融机构投资。同一监管规章还对保险公司、证券公司对金融机构的投资累计金额占公司资本金的比例做出了规定。我国法律不禁止工

商企业向金融机构投资，但对工商企业投资金融机构有限制性规定。美国、英国对于银行业所有权结构的要求比较宽松，对于单个股东持股、关联方持股没有限制，对于非金融机构持股或者非银行金融机构持股也进行了限制。例如，美国对于金融资本与产业资本之间的流动持谨慎态度，规定非金融机构持有银行的普通股最高不超过 25%。

从上述规定以及与其他国家的比较可以看出，中国的银行监管法对于市场准入有严格的规定，这些规定对于银行之间的相互竞争有着直接影响，有助于保持金融稳定。广义上的市场准入监管除了包括对于新设机构的审查，还包括对于外资银行进入本国银行市场的审查，而且，通常情况下，外资银行准入监管比对新设机构的审查更加严格。市场准入监管是一国政府监管的重要职责，取消市场准入监管会导致过度竞争，所以，在奉行自由经济政策的国家，如对资本金、所有权结构监管（分业经营监管依然严格）宽松的美国，将市场准入监管的重心放在了银行高级管理人员任职资格的审查上，这也是一种保证银行健康运营的有效方式。对于市场准入是否应当实行严格的监管，经济学界有赞成与反对两种观点，中国的监管当局认为严格的市场准入监管有助于控制银行的数量，监管机构审批新设机构应考虑经济发展的需要和银行业的竞争状况，避免出现过度竞争的情况。《中国人民银行关于进一步规范股份制商业银行分支机构准入管理的通知》中有这样的规定：①人民银行审核股份制商业银行机构发展规划和筹建计划时，要进行市场环境调查，其机构的发展应与经济发展、市场需求相适应。要依据拟设机构所在地经济、金融发展水平及同业经营情况和竞争状况，判断拟设机构的发展空间。②对于多家银行申请在同一城市筹建分行的，要结合对当地经济发展、金融市场的分析，在对各家银行综合分析的基础上，提出设立分行的意见，避免出现过度竞争。"事实上，银行业存在一定的自然垄断是有益的。特别是，有垄断能力的银行有很强的激励去承担克服信息障碍所必需的成本，而这将有助于资金流向更有价值的企业。具有垄断权的银行享有可观的特许权价值（牌照价值），这会有助于其在从事风险活动时态度更为审慎。此外，还需要根据政府机构对银行的监督能力来决定对银行准入的限制。"①

二 市场运营监管环节，监管空白、监管过度的问题同时存在

应该在控制金融风险的前提下，尽可能地拓展银行机构自主经营的空间，以确保构建一个稳定而又充满活力的金融市场。而且，我国的市场运营监管在公司治理、信息披露、引导内控机制建设等方面还不尽完善，需要进一步提高，以建立完备、科学、适时更新的市场运营监管法律制度为最终目的。

（一）我国的市场运营监管已经开始由主要依靠合规监管向合规监管与风险监管并重转化，风险监管的内容与手段不断充实、提高，事前的风险提示已经成为监管机构的一个重要工作内容

我国市场运营监管过度主要表现为针对银行业务制定的部门规章、规范性文件数量较多，如，《商业银行中间业务暂行规定》《银行卡业务管理办法》《网上银行业务管理暂行办法》《金融机构衍生产品交易业务管理暂行办法（修订）》《个人定期存单质押贷款办法》《信托公司受托境外理财业务管理暂行办法》等，基本上都含有大量对于银行业务经营活动直接干预的内容。过度监管会导致市场主体守法成本过高，一旦超过临界点，市场主体就会减少甚至丧失守法的动力，最终破坏市场秩序。对银行的经营行为直接做出规定，立法者的目的在于限制银行的高风险行为，但是，监管者不可能对银行的信息有比经营管理者更加全面的了解，因此，也有可能造成抑制市场活动的负面后果。许多研究者已经意识到，对银行业金融机构具体的业务活动监管过度，会导致银

---

① 刘晓勇：《银行监管有效性研究》，社会科学文献出版社 2007 年版，第 137 页。

行体系效率降低、经营利润减少。

我国市场运营监管不足目前主要体现为风险监管法规规章不完备。与直接监管相对应，风险监管是一种对银行经营行为进行引导的间接监管。风险监管更加注重银行本身的风险控制程序和管理水平，理想的风险监管应当能够充分反映银行的经营状况，及时预测风险。我国关于风险监管方面的部门规章、规范性文件主要有：《商业银行市场风险管理指引》、《商业银行合规风险管理指引》、《关于加大防范操作风险工作力度的通知》（2005 年）、《商业银行操作风险管理指引》。这些银行业监管规章和规范性文件涵盖了信用风险、操作风险、市场风险等主要风险领域，对商业银行的资本充足状况、资产质量、流动性、赢利性等方面提出了要求。根据巴塞尔新资本协议第二支柱的要求，应当科学分类风险，尽可能做到准确识别、度量、评估、预测风险，及时跟进和管理风险。对于商业银行来说重要的是全面风险管理，对于监管机构来说，则是评价银行系统的稳定性，评估商业银行的内控制度，及时识别风险并发出风险提示。

目前，我国已经开始对中、外资商业银行实施风险评级制度，对所有的中外资商业银行的法人机构试行 CAMELS 评级体系，对外国银行分行试行 ROCA 评级体系和 SOSA 评级体系。具体来说，2004年，银监会发布《股份制商业银行风险评级体系（暂行）》，对股份制商业银行的资本充足状况、资产安全状况、管理状况、赢利状况、流动性状况和市场风险敏感状况进行考察，在此基础上对其进行加权汇总后再进行总体评价，并根据评级结果实施分类监管，确定现场检查的频率、范围和需要采取的监管措施。对于外国银行分行，银监会已决定将 ROCA 评级体系和 SOSA 评级体系纳入风险监管框架。ROCA 评级体系包括风险管理、营运控制和合规性三个部分，评估等级依次为资产质量良好、令人满意、尚可、较差、差五个等级。SOSA 评级体系主要分析外国银行的财务信息、管理信息、外部环境、外国银行对境内分行的支持能力及其内控管理的有效性，每年进行一次，由银监会和并表监管局共同承担。

除了上述监管文件的发布、风险评级制度的实施，我国的风险监管还拓展至事前的风险识别和提示，并取得了良好的控制风险的效果。例如，2003 年，银监会提示商业银行加强房地产业和汽车消费信贷等个人信贷业务的风险防范。2004 年，银监会引导银行业金融机构进一步加强和完善对房地产贷款（包括土地抵押贷款、开发区授信）、汽车消费信贷、信用卡和票据以及债券投资业务的管理，并对钢铁、电解铝、水泥、房地产、汽车等行业的融资风险管理情况进行了检查，采取措施防范长期信用风险和市场风险。2007 年，银监会多次提示银行资金违规进入股市和房地产市场的风险，随后对相关行为进行了严厉查处。

（二）进一步完善公司治理结构和信息披露方面的法律规定，以加强市场约束的力量

巴塞尔文件体系认为，审慎经营和控制风险的第一责任人是金融机构的所有者和管理者，良好的公司治理结构是防范风险的第一道防线，也是银行监管的先决条件，市场约束机制、社会监督（公众和中介机构的监督）是防范风险的第二道防线，监管当局的监管是最后一道防线。2002 年，银监会发布了《股份制商业银行公司治理指引》和《股份制商业银行独立董事和外部监事制度指引》，这两份指引是完善股份制商业银行公司治理的重要依据，明确指出商业银行公司治理是指建立以股东大会、董事会、监事会、高级管理层等机构为主体的组织架构和保证各机构独立运作、有效制衡的制度安排，以及建立科学、高效的决策、激励和约束机制。我国的监管规章已经为银行业金融机构提供了框架性的公司治理结构范本，应在此基础上，进一步细化各机构的职能范围、相互制衡机制等内容。

为了加强商业银行的市场约束，规范商业银行的信息披露行为，在中国境内依法设立的商业银行（中资商业银行、外资独资银行、中外合资银行、外国银行分行）应当依照《商业银行信息披露暂行办法》披露信息。商业银行应披露财务会计报告、各类风险管理状况、公司治理、年度重大事项等信息。银行业金融机构按照统一的会计准则，向监管当局报告真实数据，提高银行运作的透明度，使监管当局及时、准确地了解银行的经营状况和坏账情况，这是保持银行体系稳定的重要条件。上市银行还要按照证监会的有关要求披露信息，接受投资者、社会公众的监督。为严格要求股份制商业银行年度报告的披露，银监会发布了《关于规范股份制商业银行年度报告内容的通知》，其中有些规定甚至比对上市公司的要求更严格，不仅适用于非上市银行，还包括一些试点的城市商业银行。这说明监管当局从年度报告入手加强了对银行业信息披露的监管。下一步，监管当局将对统计制度、金融机构报表的质量予以规范，确保银行机构向监管机构和社会及时、准确地披露信息。

（三）监管机构应更加重视引导商业银行加强内部控制机制的建设

事实上，内部控制问题与我们前面所讲到的公司治理结构是紧密联系在一起的，良好的公司治理结构是强有力的内部控制的基础。从 20 世纪 90 年代中期开始，中国的监管当局开始重视银行内控问题，采取了很多措施评估和督导商业银行的内部控制机制。1997 年出台的《加强金融机构内部控制的指导原则》要求金融机构必须建立科学完善的内部控制制度。2002 年，根据巴塞尔委员会关于银行内部控制机制的原则和框架，修改为《商业银行内部控制指引》。到目前为止，已出台《商业银行集团客户授信业务风险管理指引》《商业银行授信工作指引》《商业银行不良资产监测和考核暂行办法》《商业银行房地产贷款风险管理指引》《股份制商业银行风险评级体系》《农村合作金融机构风险评价和预警指标体系》等多项规章和规范性文件指导银行机构加强内部控制。《商业银行内部控制评价试行办法》明确指出，商业银行内部控制体系是商业银行为实现经营管理目标，通过制定并实施系统化的政策、程序和方案，对风险进行有效识别、评估、控制、监测和改进的动态过程和机制。银监会负责评价商业银行内部控制体系，评价的内容包括内部控制环境（商业银行公司治理，董事会、监事会和高级管理层责任，内部控制政策，内部控制目标，组织结构，企业文化，人力资源）、风险识别与评估、内部控制措施、监督评价与纠正、信息交流与反馈。

在这些监管文件的引导下，我国商业银行的内部控制建设取得了明显的进展，但在某些方面仍然显得比较薄弱，例如，银行业金融机构的内部审计。尽管《商业银行内部控制指引》规定，"商业银行的内部审计部门应当有权获得商业银行的所有经营信息和管理信息，并对各个部门、岗位和各项业务实施全面的监控和评价"；"商业银行的内部审计应当具有充分的独立性，实行全行系统的垂直管理。下级机构内部审计负责人的聘任和解聘应当经上级机构内部审计部门同意，总行内部审计负责人的聘任和解聘应当经董事会或监事会同意"；"商业银行应当配备充足的、业务素质高、工作能力强的内部审计人员，并建立专业培训制度，每人每年确保一定的离岗或脱产培训时间。内部审计力量不足的，应当将审计任务委托社会中介机构进行"。这些规定吻合《有效银行监管的核心原则》，内审要独立地评价银行机构内控系统的完善程度、有效性和效率，实现内控的基本目标。但是，我国银行业金融机构内审人员的数量、地位、职权与国际银行业相比还有很大差距。我国银行业应致力于建设一支强大、独立的内部审计队伍，"从财务合规型审计转向以提高银行经营效益为中心的管理型审计，从内部检查与监督转向内部分析和评价，从事后审计转向事前防范与事中控制的全过程审计，从财务领域扩展到银行经营和管理的各个方面"。①

---

① 胡怀邦：《银行监管：国际经验与中国实践》，中国金融出版社 2008 年第 1 版，第 242 页。

三 与严格、细密的市场准入相反，我国的银行机构市场退出监管显得很不发达

到目前为止，我国的银行机构退出主要依赖行政手段解决，还没有采取市场化的退出方式。很多问题金融机构都是采用停业整顿这种方式消化风险，周期长、损失大、投入高。市场退出监管环节存在大量的立法空白，亟须填补，否则很快就会面临无法可依的窘境。

（一）由监管机构按照银行业金融机构退出市场的几种方式，分别制定规章，内容应包括标准（如，达到什么标准监管机构可以行政接管有问题银行）、程序、债权债务的清偿原则、存款人利益保护、监管部门的职权、责任人应负的法律责任等

应该说，在银行监管法中，即使是政府的外部监管也非常强调应有利于市场作用的发挥，所以各国普遍呈现出了市场准入监管放松的趋势，市场运营监管开始转向风险监管，监管机构意识到培养银行机构控制、管理风险的能力比逐事纠错更加重要，还引入了行业公会、社会公众、投资者、中介机构对银行机构的监督，所有这一切都流露出一种浓厚的市场意味。从监管机构的监管手段来说，发布监管规章是十分重要的手段，除了发布法律文件外，监管机构还可以根据法律的授权行使裁量权，这种裁量权在市场运营监管中运用得比较多，要求监管机构密切关注银行机构的经营状况，及早介入。尽管裁量权以依法行政为前提，但它毕竟在法律之下，有很大的进退空间。从银行监管的三个环节来说，市场准入和市场退出都应该有详尽的法律规定，特别是市场退出环节，涉及债权、债务清理，存款人利益保护，防止金融风险扩散，保持社会稳定等问题，是三个环节中最应当有法可依的环节，而我国现行的银行监管法恰恰在这个环节显得很薄弱。

我国关于银行业金融机构退出市场的法律规定，主要集中于

《商业银行法》《银行业监督管理法》《企业破产法》《民事诉讼法》《金融机构撤销条例》这几部法律法规。其中《商业银行法》规定了银行业金融机构退出市场的几种方式：接管、重组、解散、撤销、破产，这些规定都很原则，缺少具有操作性的细化规定，应当加以改进。笔者认为，除银行机构破产需制定行政法规外，可以按照市场退出的方式分别制定监管规章。这样可以为监管机构及时介入有问题银行的经营管理提供法律依据，有问题银行也可以有机会重新恢复经营能力。此外，颁布于2001年的《金融机构撤销条例》在适用过程中也暴露出一些不足，需要在适用范围和条件、债权人会议制度、高管人员法律责任等方面进行修订。

（二）以《企业破产法》为上位法，制定专门的行政法规规范金融机构破产

银行机构与普通工商企业相比有自己的特殊性，除使银行机构破产适用《企业破产法》的有关规定外，还应当制定专门适用于银行机构破产的行政法规——《金融机构破产条例》。从1994年开始，我国开始对金融市场进行清理整顿。从这一年开始，有很多金融机构被行政关闭退出市场，但采用破产方式退出市场的金融机构还很少。到目前为止，行政权力在我国金融机构退出市场的过程中一直扮演着很重要的角色，例如，2005年，南方证券股份有限公司出现违法违规经营后，被证监会和深圳市政府行政接管，证监会、深圳市政府、公安部、人民银行联合成立行政接管领导小组，由行政接管领导小组派出的接管组行使公司权力。行政关闭金融机构比按照司法程序进行重整、和解、破产、清算要高效，所需时间也较短。但行政关闭也有很明显的缺陷，财政资金投入巨大，敏感债权清理困难。因此，有问题金融机构采取市场化的破产方式退出市场势在必行。《企业破产法》没有针对金融机构做出专门的规定，而是提出由国务院另行规定。现在比较可行的做法是制定《金融机构破产条例》，其中的一个重要内容是，处理好监管机构和人民法院在金融机构破产案件中的职权划分、程序衔接和相互配合问题。包括：金融机构与普通工商企业不同，进入破产程序应当经监管机构批准后方可实施；金融机构的重整需要具有丰富专业知识的监管机构的介入，监管机构应在人民法院的监督下对金融机构进行重整；和解协议的签署、管理人的指派等问题，人民法院需要听取监管机构的意见；为审理专业性极强的金融机构破产案件，人民法院应设立专门的金融机构破产法庭。

（三）建立与市场退出相配套的事前风险预警系统和事后存款保险制度

与市场退出相配套，我国现行银行监管体制还缺少事前的风险预警系统和事后的存款保险制度。风险预警系统最大的作用在于让监管机构全面掌握银行机构的经营状况，及时介入，对于那些问题还不太严重，还有救助余地的银行机构，采用接管、促成重组的方式促使其恢复经营能力。存款保险制度则是与撤销、破产相配合的一项重要制度，目的在于保护存款人的利益。我国目前实施的实际上是一种由国家财政买单的隐性存款保险，可以考虑建立显性存款保险制度。设计合理、符合我国国情的存款保险制度能够促使银行业金融机构稳健经营、有效保护存款人利益。

目前，我国银行监管体制面临的最大挑战就是如何改革监管体制，以适应分业经营向综合经营的转型。随着金融自由化的进展和混业经营的实施，主要国家呈现出从分业监管机构向单一监管机构转变的趋势。"在世界范围内，银行监管体制具有如下发展趋势：（1）中央银行是重要的银行监管机关。无论在何种监管体制中，中央银行都是重要的监管机关。这是因为央行具有实施银行监管的特殊信息优势、技术优势和人才优势，拥有金融调控手段，居于一国银行体系中的特殊地位，能有效地履行监管职责。（2）重视银行业的自律。银行业自律组织比政府更熟悉银行业运作的实际情况，在执法检查和纪律检控方面具有更大的灵活性和预防性。因此，在监管方面具有很大的作用空间。（3）强调银行机构的内部监控。银行机构的内部控制可以防范和规避风险，实现稳健和审慎经营，理应是银行监管的重点。（4）逐渐从分业经营向混业经营转变。（5）建立健全银行监管的法律法规体系，这样可以实现监管的规范化和法制化。"①

金融自由化的主要表现是金融创新的涌现，而金融创新带来的一个重要变化就是金融机构间的界限越来越模糊。原来实行分业经营制度的各国都纷纷打破限制，许多金融机构一方面通过金融创新绕开管制；另一方面则通过子公司和控股公司从事非银行业务，这就要求金融监管也采取统一的、集中的管理模式。德国是最早建立独立的综合性金融监管机构的国家。1961 年，联邦德国就通过了《银行法》，授权建立联邦银行监督局。联邦银行监督局直接隶属于财政部，被授权在银行监管中发挥核心作用，由于德国的银行可以同时经营证券和保险，因此，联邦银行监督局实质上就是一个综合的、统一的金融监管当局。英国在 1980 年之前对金融业采取分业监管的方式，分别由英格兰银行、证券投资委员会和金融自律组织对不同的金融机构实施监管，1998 年，英国政府将上述组织合并，成立了金融服务局（FSA）。2000 年，英国通过了《金融市场与服务法案》，从法律上确认了单一金融监管组织的地位。这样，英国众多的监管机构统一为一个单一的金融监管机构，监管对象也从金融机构扩展至从事投资业务的企业、信用机构、保险市场、交易所及结算机构等。在建立统一监管机构的同时，各国的监管当局都相应地扩大了金融监管的范围，对各类"风险"实施全面管理。各国金融立法在数年内一而再、再而三地修改，一个重要目的也是为统一监管机构的设立及其权限提供法律依据。

我国实行的是较为严格的分业经营、分业监管金融体制。这

---

① 岳世忠：《对完善我国商业银行监管体系的法律思考》，《甘肃政法学院学报》
2005 年第 1 期。

种金融监管体制是伴随着中国人民银行的成立而逐步发展起来的，目前已形成了"一行三会"的监管格局。银监会的成立标志着我国货币政策的制定和执行职能与银行监管职能的分离，对银行业金融机构的监管主要由银监会承担，人民银行仅保留了必要的、与货币政策密切相关的监管权力。银监会与人民银行在金融监管方面的职责分工，遵循宏观调控与金融监管互相补充、互相促进和信息实时共享的原则，通过制定分工合作的工作制度，建立互相配合的机制。银监会承担日常的监管职能，目的是有效控制银行的各种经营风险，当银行业金融机构出现问题时，及时发出预警，由人民银行判断是否需要限期整改或关闭。人民银行承担金融稳定职能，当银行业金融机构出现流动性风险或资不抵债有可能引起系统性金融危机时，人民银行担任最后贷款人。2004年颁布实施的《银行业监督管理法》明确规定了银监会的权力和职责。中国银行业监督管理委员会根据授权，统一监督管理银行、金融资产管理公司、信托投资公司及其他存款类金融机构，维护银行业的合法、稳健运行。我国的银行监管体制已经实现了三个转变：一是从行政性银行管理向依法监管的转变；二是从注重市场准入监管向全面系统性监管的转变；三是从合规性监管向风险监管和内部控制的转变。

我国的分业监管体制对防范货币市场、保险市场和证券市场的风险相互渗透、扩散，防止系统性金融风险发挥了良好作用，现行银行监管体制基本符合我国金融市场风险控制的需要。近年来，随着经济全球化步伐的加快，资本跨境流动频繁，许多国家实施的金融市场开放政策以及西方发达国家实行的混业经营，对我国的分业经营体制形成了一定的冲击。中国的综合经营虽然仅是初露端倪，但已经对金融监管体制提出了改革的要求。至于具体的调整步骤和方式，有学者认为，我国应设立专门的金融监管机构，由其独立行使金融监管职能，对金融业实行统一监管。即在银监会、证监会和保监会的基础上组建直属国务院领导的中国金融监管委员会，对我国金融业行使集中、统一、全面的监管职能。[1] 笔者认为中国尚不具备建立单一监管机构的条件，目前的最佳做法应该是在维持现有监管格局的基础上，加强监管机构之间的协调、合作。设立单一监管机构并不是所有实行混业经营的国家必然或唯一的选择，也有混业经营国家实施的是分业监管。目前我国金融行业综合经营还处于起步阶段，宜在现有监管格局的基础上做适当调整，建立监管机构之间信息共享和协调的机制以形成监管合力，避免出现重复监管或者监管盲区，要特别重视对于连通不同金融行业的产品——如银证合作、银保合作、商业银行与信托业合作的产品——的合作监管。这主要是因为跨金融市场的产品可能会将一个市场中的风险引入另一个市场，而监管机构之间有可能相互推诿责任导致不能及时识别和控制金融风险。2004 年，银监会、保监会和证监会已经签署了分工合作备忘录，并以此为依据建立了监管机构之间的定期信息交流制度、经常联系机制和联席会议机制。除了我国自身监管机构之间的信息共享和协调之外，还应当加强与外资银行母国监管当局，以及我国金融机构海外分支的东道国监管当局的交流与合作，这样既有利于控制金融风险、遏制和打击国际金融犯罪，也有利于学习其他国家的有益经验。

---

[1] 吴思麒：《从分业经营到混业经营：对金融监管组织机构模式的研究》，《经济研究参考》2004 年第 35 期。

第二章
我国银行监管法法律原则

巴塞尔委员会成立伊始就与十国集团国家联系密切，巴塞尔文件体系（指巴塞尔委员会发布的以《旧资本协议》《新资本协议》《有效银行监管的核心原则》等文件为代表的一系列文件）提出的标准、建议常常被直接转化为欧盟的指令。在欧盟的带动下，日本、美国等国的银行法也在很大程度上借鉴了这些原则、标准，特别是美国的银行监管法，因其严密、科学的监管，常常成为其他国家借鉴的范本。目前，有许多国家和地区定期将其银行法与巴塞尔文件体系所倡导的原则、方法进行比对，以此审查和矫正本国或本地区的银行法。[①] 十国集团国家的立法与实践无疑对其他国家接纳巴塞尔委员会发布的文件起到了重要的示范作用。"从某种角度说，巴塞尔委员会最为人知晓的就是该委员会确立了资本充足率国际标准；有效银行监管的核心原则；以及跨境银行监管准则。"[②] 巴塞尔委员会的工作由四个主要下属委员会承担：标准完善委员会（The Standards Implementation Group，SIG）、决策委员会（The Policy Development Group，PDG）、会计任务委员会（The Accounting Task Force，ATF）、巴塞尔咨询委员会（The Basel Con-

---

① 例如我国的香港特别行政区，金融管理局自 1997 年开始，每年都发布《有效监管银行业的主要原则香港状况评估》，对香港的金融监管制度按照《有效银行监管的核心原则》进行逐条评估。

② About the Basel Committee, http://www.bis.org, 2010.

sulative Group，BCG)。[1] 目前，巴塞尔文件体系已被世界各国、各货币地区或多或少地研究、接受和吸纳，成为衡量各国银行体系稳健程度以及监管当局监管水平的标尺。

2006 年年底，巴塞尔新资本协议已在美国、欧盟和其他主要金融市场，如澳大利亚、中国香港、新加坡等国家和地区实施。当然，新资本协议即使在发达国家也在接受程度上各不相同。比如说美国，"10 家美国银行满足以上标准，被列为核心银行。根据我们的建议，它们必须采用内部评级法和高级计量法来分别计量其信用风险和操作风险。随着规模的扩大，其他银行也会在未来数年内达到以上标准，进入核心银行的行列。……大约有 10 家左右的大银行（现在暂不属于核心银行），会在不久的将来，自行选择采用巴塞尔新资本协议。……在美国所有银行中，以上这 20 家银行目前占海外资产的 99%，占全部资产的 2/3"。[2] 巴塞尔新资本协议实施后，如果某一国家或地区的监管当局没有做出实施新资本协议的承诺或行动，该国的银行在从事海外业务时，就可能受到来自合作者或竞争者的歧视，在竞争中处于不利地位，其监管当局在国际监管合作领域中也可能面临来自国际金融组织或其他国家的不信任。因此，巴塞尔新资本协议势必会对我国的银行监管法律体系产生深远影响。

巴塞尔文件体系对一国银行监管体制及其立法的借鉴意义主要体现在两个层次上，一是确立符合国际监管标准的监管原则，二是制定具体的银行监管法律规则。利用法律这种强有力的外部监管手段提高银行业金融机构资本充足率、推行全面风险管理制度、规范信息披露、督促银行业金融机构强化内控、明确行业协会行业自律组织的地位已成为我国立法机关完善银行监管法、监管当局实施有效银行监管的现实要求。新资本协议集中反映了国

---

[1]　About the Basel Committee，http://www. bis. org，2010.
[2]　罗平编著《巴塞尔新资本协议研究文献及评述》，中国金融出版社 2004 年 12 月第 1 版，第 128 页。

际化大银行在风险管理技术上的最新成果，又全面总结了发达国家银行监管方面的成功经验，考虑到目前我国商业银行公司治理、信息披露及风险管理等方面的现实处境，中国决定巴塞尔协议Ⅱ和巴塞尔协议Ⅲ同步实施，同时鼓励大银行开发内部评级法系统，在条件成熟时采用内部评级法实施资本监管。从国际金融业的发展趋势看来，努力创造条件实施巴塞尔新资本协议提出的一系列原则、建议已经不可逆转。为把新资本协议确立的目标和原则吸收、改造成符合中国国情需要的银行监管法律制度，中国银监会先后发布了《商业银行资本充足率管理办法》《商业银行市场风险管理指引》《商业银行内部控制评价试行办法》等。这些规章、指引在立足于旧资本协议的基础上，已经包括了新资本协议第二支柱和第三支柱的内容，由此构建起来的资本监管框架相对完整且基本符合我国银行业实际。

第一节 巴塞尔文件体系与银行监管立法

以德国赫斯塔特银行和美国富兰克林国民银行的倒闭为契机，1975 年 2 月，美国、日本、加拿大、英国、比利时、法国、德国、意大利、卢森堡、荷兰、瑞典、瑞士的央行行长在国际清算银行的支持下成立了巴塞尔银行监管委员会（Basel Committee On Banking Supervision），这标志着银行监管的国际合作从理论上升到了实践层面。巴塞尔文件体系是巴塞尔委员会自成立以来制定、发布的一系列原则、标准和建议所组成的文件体系。其实质是为了完善与补充单个国家商业银行监管体制的不足，减轻银行倒闭的风险与代价，同时也是对国际商业银行进行联合监管的主要依据。尽管巴塞尔委员会一再表示其发布的文件不具备法律强制力，但巴塞尔委员会发布的文件通常是对各金融发达国家最佳实践经验的总结，又经过多方征求意见反复锤炼而成，体现出高度的科学性、可行性、完备性以及一定的前瞻性，使其作为一种国际惯例为许多国家和地区的监管当局所接受。在强大的市场力量的驱动之下，巴塞尔文件体系具备了超越一般法律规范的实施效力，在世界范围内获得遵守。①

从 1975 年 9 月第一个巴塞尔协议的发布到 1999 年 6 月 "新巴塞尔协议" 第一个征求意见稿的出台，再到 2006 年底新协议的正式实施，时间跨度长达 30 多年。几十年来，巴塞尔文件体系的内容不断丰富，所体现的监管理念、监管方法不断发展和深化，在国际金融风险监管领域获得了很大的影响力。巴塞尔文件体系中影响最大的文件当推 1983 年的《对银行国外机构监管的原则》（*Principles for the Supervision of Bank's Foreign Establishments*）、1988 年的《统一资本计量和资本标准的国际协议》（*International Convergence of Capital Measurement and Capital Standards*，旧巴塞尔资本协议）及其后续修正案、1992 年的《国际银行集团及其跨境机构监管的最低标准》（*Minimum Standards for the Supervision of International Banking Groups and Their Cross-Border Establishments*）、1997 年的《有效银行监管的核心原则》（*Core Principles for Effective Banking Supervision*）以及 2006 年正式实施的《统一资本计量和资本标准的国际协议：修订框架》（*International Convergence of Capital Measurement and Capital Standards：A Revised Framework*，巴塞尔新资本协议）这几项文件。下面，我们简要介绍巴塞尔旧资本协议、《有效银行监管的核心原则》、巴塞尔新资本协议的主要内容，并对我国银行监管法律制度应吸收、借鉴新巴塞尔协议的有关内容进行分析。

一 巴塞尔旧资本协议（巴塞尔协议 I）

资本充足率监管是跨国银行审慎监管的关键环节。为了统一

---

① 毛晓威、巴曙松：《巴塞尔委员会资本协议的演变与国际银行业风险管理的新进展》，《国际金融研究》2001 年第 4 期。

对各国银行资本充足率的要求，1987年，美国银行监管当局（美联储、货币监理署、联邦存款保险公司）和英格兰银行共同向巴塞尔委员会递交了《关于资本基础和资本充足率评估的统一建议》，对巴塞尔委员会的其他成员施加压力，坚持国际银行必须采用英美的资本充足率标准，如果不采用，英美将不允许这些银行在英国和美国从事银行业务。1988年，巴塞尔委员会推出了第一份资本充足性国际文件：《统一资本计量和资本标准的国际协议》（以下简称旧资本协议），1992财政年度末正式生效。旧资本协议主要关注信用风险的防范和管理，在国际银行界建立了一套国际通用的、以加权方式衡量表内与表外资产风险的资本充足率标准，极大地影响了国际银行风险管理和监管的进程，具有划时代的意义。在实施过程中，旧资本协议确立的外在监管措施无助于激励银行改善自身风险管理系统以及对新出现的金融衍生产品缺乏必要的约束等缺陷逐渐暴露，旧资本协议又几经修订和完善。较重要的几次修订有1991年《关于巴塞尔资本协议总则及资本坏账准备金的修正案》、1994年《与特定表外业务有关的信用风险处置方案》、1995年《表外业务潜在风险敞口的处置方法》、1996年《资本协议关于市场风险的补充规定》。这些修订都是在旧资本协议框架下的修改。[①]

旧资本协议主要有四部分内容：资本的分类；风险权重的计算标准；目标标准比例和过渡期的实施安排；各国监管当局自由决定的范围。资本的分类和风险权重的计算标准是旧资本协议的核心内容。旧资本协议将银行资本分为核心资本（一级资本）和附属资本（二级资本）两类，核心资本包括股本和公开储备，附属资本包括非公开储备、资产重估储备、普通准备金和坏账准备金、带有债务性质的资本工具以及次级长期债务。旧资本协议规

---

① 蔡奕：《跨国银行监管的主要法律问题研究》，厦门大学出版社2004年10月第1版，第192页。

定附属资本总额不得超过核心资本总额的 100%，次级长期债务不得超过核心资本总额的 50%，坏账准备金最多不得超过风险资产的 1.25%。旧资本协议将银行面临的信用风险的风险权重分为五档：0%、10%、20%、50%、100%；将表外业务的风险权重根据业务类别划分为 0%、20%、50% 和 100% 四个档次。此外，旧资本协议还根据贷款对象及贷款是否设立担保等情况规定了不同的风险权重，以引导银行将贷款投入相对安全的国家、行业、企业，从而减少银行的信用风险。

在推进全球银行监管的一致化和可操作性方面，旧资本协议无疑具有划时代的作用，它首次确定了跨国银行的资本充足性要求，创建了一整套包括表外业务风险在内的风险权重体系，"有利于消除跨国经营的银行之间的不公平竞争"。旧资本协议具有以下积极意义。

第一，强调资本充足率的标准和意义。20 世纪七八十年代，国际上发生了几起商业银行资本金不足而又承担了过高经营风险，最终资不抵债不得不破产清算或者要求政府注资救援的事件，给众多存款人造成了损失。由此，许多国家的监管者开始认识到银行的稳健经营和资本充足水平之间也许有着某种内在的、密切的联系。在这种认识的推动下，出台了旧资本协议。反过来，旧资本协议的实施也使资本充足水平成为各国监管当局的首要目标。虽然旧资本协议是为大型国际活跃银行设计的，但各国监管当局将风险加权资本标准应用于所有银行，能够鼓励银行持有流动性好、风险低的资产。尽管许多经济学家认为，银行倒闭与资本充足水平之间没有必然联系，但无论如何，银行保持较高的资本充足水平能够给存款人以信心。而且，资本可以用于吸收没有预计到的损失，使银行安然度过偶然的贷款决策失误或者某些行业的低潮时期。

第二，确立全球统一的银行风险管理标准。旧资本协议统一了对资本构成的认识，同时根据资产负债表上不同种类资产以及表外业务项目，确定了不同的风险权重，规定了资本与风险资产的目标比例，这就为国际社会衡量银行的风险暴露状况提供了统一的标准。在旧资本协议推出以前，各国关于资本的定义、各类资产适用的风险权重有明显的差异。旧资本协议实施后，尽管各国监管当局有权自行解释协议的某些内容（如，哪些金融机构适用资本协议，关于附属资本的构成各国也有很大的自由解释空间，允许并入附属资本的项目越多，银行就越容易达到资本充足率标准），但在强大的市场竞争的压力下，各国对于协议的解释还是越来越趋于一致。同时，标准普尔、惠誉等国际知名信用评级公司已经普遍使用巴塞尔协议规定的标准来确定银行的信用评级等级。

在实施一段时间后，旧资本协议表现出以下不足。

第一，过分强调资本充足率的重要性，使许多监管当局在实践中忽视了其他风险因素对银行安全经营的威胁以及银行作为企业所应追求的营利性。特别强调银行的资本充足性与 20 世纪 70 年代发生于墨西哥等发展中国家的债务危机有直接关系，许多跨国银行在发展中国家的贷款成为呆账，由此引发的全球金融风波使跨国银行遭受了巨大损失。旧资本协议围绕资本充足性提出了很多具体的要求，这导致许多监管当局在监管实践中以单一的资本充足性作为衡量银行资产风险状况的标准。实际上，较高的资本充足率是银行稳健经营的前提条件，但仅仅满足资本充足性要求并不意味着银行从此可以高枕无忧，并且，畸高的、计算不科学的资本充足率只会使银行无利可图。因为，在资本金一定的情况下，较高的资本充足率会限制银行借入资金的数量，最终影响到银行的放款能力。监管当局必须综合风险管理、内部控制、盈利能力等诸多方面的信息和数据，才能对银行的总体风险状况做出全面、客观的评估。也正是因为已经认识到了这一点，新资本协议继续秉持以资本充足率为核心的监管思路，在维持资本计量不变的前提下，增加了外部监管和市场约束作为第二、第三支柱。

第二，风险权重的计算方法存在缺陷，不能十分准确地反映银行资产面临的真实风险状况。首先，发生于 20 世纪 70 年代的发展中国家债务危机，使如何防范国家风险成为跨国银行监管机构十分关注的问题。在确定银行风险资产的时候，旧资本协议过分强调国家风险的影响，明确规定对经合组织成员国家的授信风险权重低于非经合组织国家。在计算资本充足率时，确认资产（包括对政府、银行、企业的债权）风险权重的大小主要依据债务人所在国是否为经合组织成员国，成员国的主权风险为零，而非经合组织国家的主权风险为 20%，对于发展中国家来说，有关风险甚至可以达到 100%。其次，旧资本协议对某些类别贷款的加权风险规定了固定比例，其他资产的加权风险比例则允许各国监管当局根据本国的金融实践和自身的判断来确定。在某些方面有实施歧视性待遇的嫌疑，例如，对经合组织成员国中央政府贷款的风险权重是 0，对商业公司贷款的风险权重是 100%。这无疑限制了跨国银行向商业公司发放贷款的积极性。较为僵化的风险权重比例制度也不能准确地评估银行的风险资产组合状况。

第三，着重关注信用风险，忽略了对银行稳健经营影响越来越大的市场风险、操作风险以及其他风险。随着跨国银行金融创新速度的加快和表外业务（以金融衍生产品为代表）的不断增加，市场风险（是指在一段时间内由利率和汇率的变化造成的金融工具市场交易价格的下降）频频发生，已经成为威胁银行安全经营的重要风险，操作风险等其他风险也不容忽视。虽然 1995 年的修订加入了有关市场风险的条款，但是协议中突出强调的还是信用风险，对于市场风险的规定过于笼统，对于利率风险、操作风险、流动性风险、法律风险以及声誉风险等非信用风险，或言之不详或缺乏可操作性，甚至并未涉及。近 10 年以来，金融界发生的几起严重的银行倒闭或巨额亏损事件，如巴林银行倒闭，都不是信用风险引发的，旧资本协议针对单一信用风险的制度安排已经无法应对国际金融风险的现实。[①] 而且，旧资本协议将信用风险划分为 4 大类，虽然较过去的资本体制有很大的进步，但在信用风险的细分方面仍存在明显的不足，信用风险敏感度偏低抑制银行持有低风险资产，影响了银行的盈利水平。

第四，在一定程度上促使银行为规避监管当局的资本充足率监管，通过资产证券化等手段从事资本套利活动。"许多已有的监管约束推动了国际银行界的资本套利现象，但是 1988 年的巴塞尔协议难以有效约束这些现象。这主要包括：通过推进资产的证券化将信用风险转化为市场风险等其他风险来降低对资本金的要求、广泛采用控股公司的形式来逃避资本的约束等。"[②] 旧资本协议关于资本充足率的硬性要求，迫使资本充足率低的银行增加股本或/和减少资产。如果一组贷款的内部资本要求低于 8% 的标准，银行往往采用监管资本套利的方式将资产从资产负债表中剥离，资产证券化是许多银行进行资本套利的主要工具。事实上，资产证券化也只能解决部分问题，因为如果多家银行同时出售那些可以打包出售的资产将引起这类资产市场价格的下降，而且，购买了证券化资产的机构投资者往往不能购买同一家银行的股票，这又会导致银行增加股本的渠道堵塞。对于结构复杂的金融控股集团，理想的监管不仅要求持股公司有充足的资本，而且要求持股公司下属的金融机构也拥有充足的资本。旧资本协议对于金融集团内部机构之间通过人为交叉持有股权达到资本充足率要求显得缺少应对措施。

二　《有效银行监管的核心原则》

1997 年，巴塞尔委员会发布《有效银行监管的核心原则》

---

① 蔡奕：《跨国银行监管的主要法律问题研究》，厦门大学出版社 2004 年 10 月第 1 版，第 195 页。
② 巴曙松：《巴塞尔新资本协议研究》，中国金融出版社 2003 年 6 月第 1 版，第 11 页。

（以下简称《核心原则》），这是继旧资本协议后国际上有关银行业监管的又一纲领性和指导性文献。这些原则是世界各国近百年银行监管经验教训的系统总结，反映了国际银行业发展的新变化和银行监管的新趋势。如果说世界各国在实施新资本协议的问题上尚存争议的话，在借鉴《核心原则》方面则已达成共识。《核心原则》不仅为十国集团所遵循，也陆续得到非十国集团国家的认同，将其作为构建和完善本国银行监管体系的指导准则。① 许多国家都对照《核心原则》对其银行业监管体系进行了自我评估，国际货币基金组织和世界银行也将《核心原则》评估作为衡量成员国银行业体系稳健程度的主要标准。2004 年底，巴塞尔委员会开始对《核心原则》和《核心原则评价方法》（1999 年）进行修订，2006年 4 月，巴塞尔委员会在国际清算银行的网站上公布了征求意见稿，向全球征求对《核心原则》及《评价方法》的修订意见。② 修订后的《核心原则》没有做大幅改动，仍然侧重于银行监管，没有直接对银行提出要求，增加了银行监管当局独立性、问责性和透明性方面的内容，力图全面反映银行业跨境和跨部门发展的趋势，强调银行应注重防范利率风险、操作风险和流动性风险，此外，还更新了反洗钱和反恐怖融资的标准。修订后的《核心原则》更加灵活，有助于各国银行监管方法和准则的进一步统一。

《核心原则》共 25 条，可以划分为五个部分。

第一部分：有效银行监管的先决条件（原则 1）。先决条件包括：参与银行监管的各机构要有明确的目标及责任、监管机构享有工作上的自主权和充分的资源（包括人员、资金和技术）、适当的银行监管的法律框架是必要的、要建立监管者之间分享信息及为信息保密的各项安排。

---

① 刘明康：《大力借鉴〈核心原则〉全面推进我国有效银行监管体系建设》，《国际金融报》2004 年 12 月 8 日。

② 《巴塞尔委员会就修订银行监管核心原则征求意见》，《证券时报》2006 年 4 月19 日。

第二部分：发照程序和对机构变动的审批（原则 2~5）。它要求发照机关至少审查银行的所有权结构、董事和高级管理层、经营计划和内部控制以及包括资本金在内的预计财务状况，监管者有权审查和拒绝银行向其他方转让大笔股权或控制权的申请，监管者有权制定用以审查银行大笔收购和投资的标准。

第三部分：持续性银行监管的安排（原则 6~21）。这是《核心原则》的关键部分，包括三个方面的内容。

第一，审慎法规与要求的制定和实施（原则 6~15），可细分为资本充足率、信用风险管理、市场风险管理、其他风险管理和内部控制。监管者要规定能适用于所有银行的适当的最低资本充足率的审慎要求。监管者对银行信用风险管理的评估包括：评估信用审批标准和信用监测程序、评估资产质量和贷款损失准备金的充足性、监测风险集中和大额暴露、监测关联贷款、监测国家风险及转移风险。监管者要确保银行建立准确计量并充分控制市场风险的体系，有权针对市场风险暴露提出资本金要求。监管者应确保银行建立全面的风险管理程序（包括对董事和高级管理层的适当监管）以识别、计量、监测和控制各项重大风险（利率风险、流动性管理、操作风险），并在适当时为此设立资本金。监管者必须确定银行是否具备与其业务性质及规模相适应的完善的内部控制制度（组织结构、会计规则、"双人原则"、对资产和投资的实物控制），银行还应具有完善的政策、做法和程序，其中包括严格的"了解你的客户"的政策，防止银行被罪犯所利用。

第二，持续进行的银行监管手段（原则 16~20），包括非现场检查、现场检查和（或）聘用外部审计师、并表监管。银行监管体系应包括某种形式的现场和非现场监督。银行监管者必须与银行管理层保持经常性的接触，全面了解该机构的经营情况。监管者必须具备在单个和并表的基础上收集、审查和分析各家银行的审计报告和统计报表的手段。监管者必须有办法通过现场检查或利用外部审计师对监管信息进行核实。银行监管的一个关键要素是监管者要有能力对银行组织进行并表监管。

第三，银行机构的信息要求（原则21），包括会计准则、报告范围和频率、确认所提供信息的准确性、监管信息保密和信息披露。监管者应确保银行根据统一的会计准则（应建立在国际上通用的会计准则特别是针对银行组织的有关准则的基础上）和做法保持完备的会计记录，从而使监管者能真实公正地了解银行的财务状况和盈利水平。监管者有权决定报告的范围和频率，还应对一些敏感信息保密，信息披露是监管的必要补充，银行应当向公众发布其业务活动的信息，真实而公正地说明其财务状况。

第四部分：监管者的正规权力（原则22）。监管者必须掌握完善的监管手段，以便在银行未能满足审慎要求（如最低资本充足率）或当存款人的安全受到威胁时及时采取纠正措施。在紧急情况下，其中应包括撤销银行执照或者建议撤销其执照。

第五部分：跨境银行业（原则23~25）。包括母国监管者的责任（银行监管者必须实施全球性并表监管，对银行在世界各地的所有业务，特别是其外国分行、附属机构和合资机构的各项业务，进行充分的监测，并要求其遵守审慎经营的各项原则。并表监管的一项关键内容是与各有关监管者特别是东道国监管当局建立联系、交换信息）和东道国监管者的责任（监管者必须确保外国银行按东道国国内机构所同样遵循的高标准从事当地业务，而且从并表监管的目的出发，有权分享其母国监管当局所需的信息）。①

进入20世纪90年代后发生的几次金融危机都表现为不再由单一的信用风险引起，而往往是信用风险、市场风险等几种风险交互作用的结果，关于操作风险的量化也开始得到关注。在这种背景下，巴塞尔委员会发布了《核心原则》，这是继旧资本协议之后，委员会发布的一份非常重要的文件，它最大的贡献在于第一

---

① 参见巴塞尔银行监管委员会《巴塞尔银行监管委员会文献汇编》，中国金融出版社2002年版。

次系统提出了全面风险管理的思想。《核心原则》在旧资本协议的基础上，进一步发展了信用风险管理，提出监管者应对市场风险、利率风险、流动性风险提出资本金要求，初步探讨了操作风险的量化，明确提出银行应建立全面风险管理体系。而且，完全或基本遵守《核心原则》是向新资本协议过渡的基础。

2002 年我国进行了金融监管体制改革，随后，在起草《银行业监督管理法》以及修改《商业银行法》《人民银行法》的过程中，立法机关大量借鉴了《核心原则》所提出的银行监管的最佳做法，参阅了巴塞尔委员会发布的其他指导性文件以及美国、英国、德国、日本、韩国、新加坡、中国香港和中国台湾等国家或地区银行业的法律制度，遵循了国际银行业审慎监管的通行做法以及世界贸易组织的有关规则。其中，《银行业监督管理法》除"法律责任"和"附则"外共有41条，其中50%以上的条款都直接体现了《核心原则》的思想。[①] 在新资本协议征求意见时，我国政府曾表示将执行旧资本协议以及新资本协议的第二、第三支柱。新资本协议发布后，中国银监会致力于推行巴塞尔协议Ⅱ与巴塞尔协议Ⅲ同步实施。目前，部分商业银行已经开始按照巴塞尔协议Ⅲ的要求开发内部评级法系统。在10年以来的银行监管立法中，我国的立法者在相关法律条文中吸纳了许多巴塞尔文件体系提出的原则和建议，特别是《核心原则》的有关内容。然而，比对《核心原则》的要求，我国的银行监管仍然存在一定的差距。

一是先决条件方面。尽管这些年来我国银行业取得了很大发展，但到目前为止仍然存在公共金融基础设施比较薄弱的问题，覆盖全社会的信用体系尚未健全，各家银行还只能在本行内部积累、使用客户的信用资料，成本高、准确性差。二是银行发照方面。我国银行业市场准入相当严格，现在存在的问题主要是行政审批行为还不够规范、高效、透明，对银行所有权结构的审查还

---

① 《积极借鉴核心原则　推进有效银行监管》，《金融时报》2004 年 11 月 25 日。

不够完善。三是审慎法规和要求方面。我国已初步建立起结构完整、层次清晰的银行监管法律体系，但法律体系内部还没有实现连续、一致，对银行具体业务管束过多，对银行的内控和公司治理结构方面的规定仍不够完善，严重缺少关于有问题银行退出市场的法律规定，尚未建立针对系统性银行危机的保护机制。四是持续银行监管手段方面。现场检查的计划性、连续性、规范性、有效性不足，非现场监测的及时性、预警性和可靠性有待加强，还没有充分利用外部审计师的力量。五是监管信息要求方面。银行向公众披露的信息不够科学、全面，市场约束发挥的作用不明显，向监管机构披露的信息还不能支持监管机构及时、深入地分析银行风险状况。六是监管者的正规权力方面。在有问题银行退出市场时，监管机构应当有权采用多种方式进行处置。[①] 在监管者的正规权力方面，还存在监管机构对某些违法违规行为享有的处罚权力度不够的问题，例如，没有规定银行违反资本充足率的要求时，监管机构有权采取的措施。而且，我国银行监管法还缺少监管机构问责制的规定。七是跨境银行监管方面。中、外资银行的监管体系、指标设置和报告标准不统一，关于跨境银行的全球并表监管规定还有待进一步完善。

三 巴塞尔新资本协议（巴塞尔协议Ⅱ）

旧资本协议公布后，随着银行经营复杂程度的增加和风险管理水平的提高，旧资本协议开始逐渐不能满足风险监管的需要。1999 年 6 月，巴塞尔委员会公布了新资本协议第一次征求意见稿，

---

① 《核心原则》原则 22 就规定："监管者应当有权力限制银行当前开展的业务，并停止批准其开办新业务或收购活动。还应该有权力限制或暂停向股东支付红利或其他收入，禁止资产转让及回购自己的股权。监管者应具备有效的手段解决管理方面的问题，其中包括有权撤换控股方、管理层或董事，限制其手中的权力，并可在它认为适当的情况下将这批人永远逐出银行业。在极端的情况下，监管者应有能力对未达到审慎要求的银行进行接管。"这些规定在我国的有关法律法规中还没有体现出来。

希望以一个更具灵活性和风险敏感度更高的框架取代 1988 年发布的资本协议。2001 年 1 月，新资本协议第二次征求意见稿公布。2003 年 4 月，巴塞尔委员会公布第三次征求意见稿。经广泛征求各国监管当局、银行业金融机构以及理论界的意见，2004 年 6 月，新资本协议最终定稿。根据委员会的安排，新资本协议于 2006 年 12 月底开始在十国集团国家正式实施，同时，新协议中提出的风险计量的高级法（包括 IRB 和 AMA）增加了一年的时间进行定量影响分析，推迟至 2007 年末实施。欧盟作为一个整体全面实施新资本协议，其他一些发达国家和地区，如美国、日本、中国香港、新加坡、澳大利亚等也表示实施新资本协议，某些发展中国家，如印度，也选择了实施新资本协议。

（一）第一支柱——最低资本要求（Minimum Capital Requirement）

巴塞尔委员会继承了旧资本协议以资本充足率为核心的监管思路，将资本金要求视为最重要的支柱。当然，新资本协议的资本要求已经发生了极为重大的变化，具体体现在以下几个方面。一是风险范畴的拓展。新资本协议在银行最低资本要求的公式中，分母由原来单纯反映信用风险的加权资本加上了反映市场风险和操作风险的内容，即资本充足率 = 总资本/（信用风险 + 市场风险 + 操作风险）。二是计量方法的改进与创新。新资本协议根据银行业务错综复杂的现状，改造尤其是创新了一些计量风险和资本的方法，这些方法的推出在很大程度上解决了旧协议相关内容过于僵化、有失公允的问题，而且使新资本协议更具指导意义和可操作性。三是资本约束范围的扩大。针对各界对旧资本协议的批评，新资本协议对诸如组织形式、交易工具等的变动提出了相应的资本约束对策。对于单笔超过银行资本经营规模 15% 的对非银行机构的投资，或者这类投资的总规模超过银行资本的就要从银行资本中减除相同数额；对于以商业银行业务为主的金融控股公司以及证券化的资产，则重新制定了资本金要求，要求银行提全、提足各种类、各形式资产的最低资本金；此外，还充分考虑到了控股公司下不同机构的并表问题，并已着手推动与保险业监管机构的合作，拟制定新的相应规则来形成金融业联合监管的架构，以适应银行全能化发展的大趋势。

（二）第二支柱——监管部门的监督检查（Supervisory Review）

新资本协议明确规定了监督检查的四项主要原则：一是银行应具备一整套程序，用于评估与其风险轮廓相适应的总体资本水平，并制定保持资本水平的战略。二是监管当局应检查和评价银行内部资本充足率的评估情况和战略，以及它们监测并确保监管资本比率达标的能力。若对检查结果不满意，监管当局应采取适当的监管措施。三是监管当局应鼓励银行资本水平高于最低监管资本比率，应有能力要求银行持有超过最低资本的资本。四是监管当局应尽早采取干预措施，防止银行的资本水平降至防范风险所需的最低要求之下；如果银行未能保持或补充资本，监管当局应要求其迅速采取补救措施。新资本协议规定监管当局监督检查的具体问题包括：银行账户的利率风险[1]、信用风险（IRB 法的压力测试、违约定义、剩余风险、贷款集中风险）、操作风险以及对资产证券化的监督检查，提出监督检查应提高监管透明度和问责制，加强跨境交流与合作。[2]

（三）第三支柱——市场约束（Market Discipline）

新资本协议通过推进信息披露来确保市场对银行发挥强有力的约束。巴塞尔委员会相信，市场约束是对最低资本要求和监督检查的补充，特别是考虑到新资本协议建议银行采用内部评级法，使银行在评估资本方面有了更大的自主权，披露信息可以提供安

---

[1] 国际银行一般将账簿区分为银行账簿和交易账簿。巴塞尔委员会认为银行账簿下的利率风险是潜在的重要风险，而且不同的国际银行在银行账户利率风险的性质和监测管理程序方面存在明显的差异，各国监管当局应将银行内部系统作为计量银行账户利率风险的主要工具。

[2] 巴塞尔银行监管委员会 2004 年 6 月发布、中国银行业监督管理委员会翻译《统一资本计量和资本标准的国际协议：修订框架》，中国金融出版社 2004 年 9 月第 1 版，第 127～138 页。

全和稳健的银行环境。"新资本协议要求在新协议的适用范围、资本结构、资本充足状况、信用风险、市场风险、操作风险、银行账簿的股权投资和利率风险等多方面进行更详细的披露。"① 新资本协议要求银行公开披露适用新资本协议的银行集团范围，包括集团内全面并表的实体、按比例并表的实体、未并表但扣减资本的实体、既没有并表也没有扣减资本的实体、在未并表实体的盈余资本状况等。资本结构方面主要披露资本的构成项。资本充足状况方面主要披露银行应对信用风险、市场风险和操作风险需要的资本，核心资本充足率，资本充足率等。银行还需要披露信用风险、市场风险、操作风险、银行账簿的股权投资和利率风险等方面的信息。通过强化信息披露规则，促使银行提供真实、及时的信息，根据披露的信息，其他市场主体可以对银行的风险状况进行较为准确的判断，借助来自市场的压力迫使银行有效配置资金，保持金融体系的稳定。

与旧资本协议相比，新资本协议更加全面也更加复杂，它全面修订和补充了旧资本协议的资本充足衡量标准和风险资本要求，引进了新颖的资产评级和风险计量方法，是对跨国银行资本充足性监管规则的一次推陈出新。与旧资本协议一样，新资本协议虽不是国际法或国际公约，对各国政府、银行监管当局及商业银行并不具有强制约束力或法律效力，但它代表着国际银行业管理与监管的最佳实践（经大多数国家和地区认可，并形成国际性协议后，各国就要认真遵守），并将成为评价各国银行业资本充足水平和银行监管当局监管能力的国际标准。②

新资本协议规定的各种做法与传统的银行资本监管理论有很大的不同，在很多方面取得了突破。

第一，新资本协议提高了人的主观判断的重要性。按照新资

① 章彰：《解读巴塞尔新资本协议》，中国经济出版社 2005 年 1 月第 1 版，第 16 页。
② 陈卫东：《新巴塞尔协议评析》，《国际金融研究》2001 年第 3 期。

本协议，银行要对许多未知的假定因素进行计算，按照计算结果进行经济资本分配，对风险的识别、计量、管理在很多方面依赖于主观判断。监管部门对银行内部系统进行检查和评估，得出监管资本要求，在这一过程中，监管部门也要做出主观判断。这仿佛是对实施数字化资本要求之前的早期监管方法的一种回归与超越。

第二，依赖银行的内部评级系统来确定信用风险暴露的资本要求，无论是对银行的风险管理还是监管机构的监管来说，都是一个极大的飞跃。巴塞尔文件体系推出以来，银行信贷的亲经济周期性已经发生了变化，这主要是由于逐渐成熟起来的信贷决策定量分析风险管理技术开始取得成效。新资本协议的核心就是要鼓励银行投资和改善风险管理系统，提高资本要求的风险敏感度。新资本协议认为，风险敏感度高的资本管理制度将及时提供有关风险的信息，这样可以及早调整信贷政策，限制贷款行为大幅波动，减少贷款的过度膨胀或者过度萎缩。这一观点正确与否还有待检验。

第三，许多国家的银行和监管当局认为，操作风险是现实存在的，甚至在某些情况下是致命的，但是依靠现有的技术计量操作风险十分困难。尽管如此，新资本协议仍试图量化操作风险。新资本协议规定的高级计量法（AMA）允许银行使用自己开发的内部模型决定操作风险所需的资本，但必须报监管当局批准。使用高级计量法无论效果如何，都将促使人们更加认真地看待操作风险。

第四，与旧资本协议相比，新资本协议十分强调跨境合作的重要性。"2003年8月，巴塞尔委员会公布了跨境实施新资本协议的高级原则：一是各国监管当局的法律责任或现行的并表监管安排不变；二是母国监管当局负责监督银行在并表的基础上实施新资本协议；三是东道国监管当局的各项要求，应该得到理解和认同；四是母国监管当局应该牵头负责协调工作；五是各国监管当局应尽量避免重复性及缺乏协调的审批和审查工作，以减少银行的实施负担，并且节约监管资源；六是各国监管当局应向从事跨境业务的银行集团阐明母国和东道国监管当局各自的作用，母国监管当局应牵头负责协调与各东道国监管当局之间的合作。……这六条原则旨在为实施巴塞尔协议的银行发展海外业务铺平道路，是进行跨国境合作的基本原则，对于广泛实施新资本协议具有重要的意义。"①

四 《银行国际监管框架》（巴塞尔协议Ⅲ）

巴塞尔协议（*International Regulatory Framework for Banks*）Ⅲ是本轮全球性金融危机的产物。在这一次金融危机诱发的全球性经济衰退中，包括美国在内的许多国家，其金融系统即使已经受到巴塞尔协议Ⅱ的约束，依然暴露出许多问题。总结起来，主要包括资本质量不佳、全球尚未对对冲基金等高杠杆机构实行一致监管、金融体系亲周期性问题没有得到足够的重视，对单个、在整个金融体系中占据举足轻重地位的金融机构的监管显得乏力，对系统性风险考虑不足。2009 年，G20 伦敦峰会召开，此次峰会在很多方面达成了共同的意见。会议取得的成果中下述两点特别值得关注。一是成立金融稳定委员会（Financial Stability Board，FSB），作为金融稳定论坛（Financial Stability Forum，FSF）的继承性机构。其成员国包括 20 国集团所有成员国、FSF 成员国、西班牙和欧盟委员会成员国，将来会向金融稳定委员会委派更多的重要任务。二是扩大监管措施的适用范围，将所有对整个金融系统来说都十分重要的金融机构、金融工具和金融市场全部涵盖在内，首次覆盖了对冲基金等私募基金。金融稳定委员会是一个很重要的国际机构，预计下属于巴塞尔委员会的金融稳定委员会将和世

---

① 罗平编著《巴塞尔新资本协议研究文献及评述》，中国金融出版社 2004 年 12 月第 1 版，第 100 页。

界银行、国际货币基金组织一道，在全球发挥重大作用，实现全球金融体系的健康、稳定发展。[①]

2010年7月26日，巴塞尔委员会决策委员会就巴塞尔协议Ⅲ的框架内容达成一致，于9月12日发布了新的全球最低资本要求标准。由于出席G20峰会的各国领导人对于"系统重要性金融机构"的定义没有达成一致意见，巴塞尔协议Ⅲ的最终稿推迟至2011年11月正式发布。按照巴塞尔委员会发布的文件，"巴塞尔协议Ⅲ是一份全面而深入的文件，包括了一系列的改革措施，这些措施是由巴塞尔委员会摸索出来的，目的在于加强各国监管规则的制定、监管的实施以及银行业的风险管理。这些措施的目标确定在如下方面：（1）改进银行吸收金融、经济震荡压力的能力，而不论这种压力的来源是什么。（2）改进风险管理。（3）加强银行兼并和倒闭方面的规制"。[②] "此次改革目标如下：（1）关注银行杠杆率、微观审慎管理、监管规则的制定，帮助银行度过因个人银行业务引起的压力高峰时期。（2）关注宏观审慎管理、系统风险，逐步建立覆盖整个银行业的风险管理系统。……这些措施都是建立在新巴塞尔协议（巴塞尔协议Ⅱ）基础之上的。"[③]

下面这段话很好地体现了巴塞尔协议Ⅲ的主旨、新变化和国际监管规则的新趋向。"这些措施将实实在在地降低经济、金融压力。……诺特·威克灵先生（巴塞尔委员会主席、荷兰央行行长）说，各国中央银行和监管机构已经遵循巴塞尔委员会发布的文件，特别是新巴塞尔协议（the Basel Ⅱ framework）加强了微观审慎监管方面的立法。我们正致力于宏观审慎监管的介绍，包括逆周期资本缓冲、系统性重要银行以及这些相关联银行间风险控制的最

---

① 参见《G20伦敦峰会金融监管最新进展》，中国银监会网站，2009年4月2日。
② *International Regulatory Framework for Banks* （Basel Ⅲ），http://www.bis.org，12 Dec 2010.
③ *International Regulatory Framework for Banks* （Basel Ⅲ），http://www.bis.org，12 Dec 2010.

佳做法。"① 巴塞尔协议Ⅲ提出了新的全球资本标准。将普通股和留存收益构成的核心一级资本的最低比例要求从2%提高至4.5%。银行还需要计提2.5%的资本留存缓冲，资本留存缓冲由扣除递延税项及其他项目的普通股权益构成。这样，核心一级资本金的比例达到了7%。2015年1月，全球银行机构一级资本充足率的下限从现行的4%上调至6%，还要有0%~2.5%的逆周期资本缓冲，2016年1月至2019年1月之间实现资本留存缓冲要求。除了提出新的全球资本标准，巴塞尔协议Ⅲ还在以下方面进行了完善：加强资本框架并明确资本定义；扩大风险覆盖范围并加强交易对手信用风险管理；引入并更新整体杠杆比率；提出前瞻性的拨备、资本留存及逆周期缓冲资本；提出超额资本、应急资本以降低系统性风险；提出全球流动性标准。巴塞尔协议Ⅲ将迫使银行为更大规模的放贷和投资留出更多的资本拨备，缩减资产负债表规模，舍弃那些被认为具有过高风险的业务种类，将把更多的收益储备起来，以应对潜在风险。

巴塞尔协议Ⅲ对世界各国的影响程度不一，对中国而言，有人认为影响很微小。这主要是因为中国的金融行业经营模式传统、资本构成简单，中国的经济在30多年里发展态势良好，基本处于不间断的高速发展状态之中，而且，国有控股的几家大型上市银行（工、农、中、建、交）的资本充足率又普遍较高，已经超过巴塞尔协议Ⅲ关于资本充足率的最新要求。从内容上说，巴塞尔协议Ⅲ的主体内容之一是资本充足率问题，将其视为新巴塞尔协议支柱一的重大修订和发展完善可能更为妥当。实施时，协议Ⅱ和协议Ⅲ应该放在一起考虑。在这个意义上，巴塞尔协议Ⅲ及其相关文件对中国银行业还是有一定影响的。

关于巴塞尔协议Ⅲ，中国银监会的态度是"监管部门将督促

---

① Comprehensive Response to the Global Banking Crisis, http://www.bis.org, 7 Sep 2009.

商业银行建立与巴塞尔协议Ⅲ相适应的全面风险管理体系，逐步实现以流程管理和内控为主的定向管理，向以风险计量和资本管理为主的定量管理与定性管理相结合转变，推动我国商业银行更快融入国际银行体系，提升银行业整体竞争力"。[①] 巴塞尔协议Ⅲ发布后，中国银监会下发《新四大工具实施要求简表（讨论稿）》，就资本充足率、动态拨备率、流动性指标和杠杆率四大监管工具征求银行意见。这份文件引入了"杠杆率"这一监管指标，预设"核心资本/总资产达到 4%"。资本充足率的分母是风险资产，而杠杆率的分母是总资产，总资产包含表外的资产。杠杆率将作为资本充足率的补充。同时，中国银监会及时汲取了巴塞尔协议Ⅲ体现出来的新的监管焦点，准备将银行业金融机构分为系统重要性银行和非系统重要性银行，实施差异化监管。受巴塞尔协议Ⅲ的影响，中国的监管机构也开始关注"宏观审慎性监管"，将金融监管与整个金融体系的稳定联系在一起。

第二节　我国银行监管法法律原则

我们已经对巴塞尔文件体系的发展脉络和主要内容进行了一定的研究，应该说，巴塞尔文件体系不仅对一国银行监管的具体法律规则的形成有直接的借鉴作用，对于该国确立银行监管所应遵循的法律原则也有很强的可参照性。在一国法律体系中，法律原则和法律规则存在明显差别，"一方面，规则是以要么有效要么无效的方式适用的，如果它们适用于一种情况，它们就限定了它的价值。……当原则适用时，它们并不必然限定一种估价（evaluation）。……另一方面，因为原则不是以要么有效要么无效

---

① 潘竑：《跟进巴塞尔协议Ⅲ，实练全面风险管理内功》，《金融时报》2010 年
　　11 月 7 日。

的方式适用，并且原则可能相互冲突，所以，原则有'分量'
（weight）。就是说，互相冲突的原则必须互相衡量或平衡，有些原则比另一些原则有较大的分量"。① 法律原则对于法律体系的完善有着重要作用，它既是制定具体法律规则的依据，也是在没有法律规则可适用时，据以进行裁断的依据，具有弥补法律空白的作用。银行监管法法律原则是指，立法机构在制定银行监管法律规则时所依据的指导原则，还包括银行监管机构在行使监管权力时应遵循的法律原则。

有学者认为，市场监管法的基本原则应包括这么几个：公开、公平、公正监管原则，协调监管原则，审慎监管原则，有效监管原则，合法监管原则。② 同时，这两位学者又认为，我国金融监管法的原则包括维护金融体系安全与稳定，保护客户利益，分业经营、分业监管，发挥金融业自律与内控的作用。③ 也就是说，这两位学者与笔者持同样的观点，认为金融监管法作为市场监管法的一种，其法律原则较为具体，而不是更为抽象的公平、合法等原则。在笔者看来，银行监管法法律原则应该主要指法律原则中那些比较具体的原则，它们是对一国银行监管体制、监管内容、监管手段和方法的归纳，同时还要具有一定的前瞻性，指引该国银行监管未来的立法方向。银行监管法法律原则还具有一个非常重要的功能，它是监管机构行使自由裁量权时的主要依据。银行监管机构在很多场合下享有自由裁量权，如对外资银行市场准入的控制、判断是否需要介入有问题银行的经营活动，等等。在这些场合中，法律原则往往是监管机构及时做出正确决定的重要依据。

---

① 〔美〕迈克尔·D. 贝勒斯：《法律的原则——一个规范的分析》，张文显、宋金娜、朱卫国、黄文艺译，中国大百科全书出版社1996年1月第1版，第12~13页。
② 吴弘、胡伟：《市场监管法论——市场监管法的基础理论与基本制度》，北京大学出版社2006年1月第1版，第16~23页。
③ 同上，163~165页。

确立适当的银行监管法法律原则对于制定完备的银行监管法以控
制银行风险，确保金融体系稳健、高效运行，实现银行监管目标
具有重要意义。笔者认为，我国银行监管法法律原则应包括以下
几个。

一 监管目标：安全与效率并重

银行监管目标的确立是银行监管的核心问题，它决定具体的
监管制度和监管措施的制定和实施。银行监管一方面能够维护银
行业的稳定和安全，有利于减少金融体系的风险；另一方面也给
银行业的运行带来了成本，如果监管不当或过度，会降低银行业
金融机构的竞争能力，影响金融体系的效率。早期的银行监管理
论认为，银行监管的目标主要是提供一个稳定而富有弹性的货币
供给体系，防止银行挤提带来的消极影响。20 世纪 30 年代的经济
大危机之后，银行监管的目标逐渐转向维持银行体系的安全稳定。
进入 70 年代以后，过度严格的银行监管造成银行业发展缓慢和效
率下降等问题，这使银行监管的目标开始重新关注效率问题。[①] 90
年代以来，则发展到力图有效控制风险、兼顾安全与效率。各国
的监管当局积极应对这一趋势，调整监管目标，除了继续以市场
的不完全性为出发点研究银行监管问题之外，也开始越来越注重
银行自身的独特性。"90 年代以后强调的金融监管并非 70 年代以
前的严格管制，而是一种审慎性监管，它鼓励金融机构加强内控
制度建设，强化信息披露制度，重视通过市场机制来发挥对金融
机构的监督和制约作用。也就是说，新的金融监管理论并非是对
以往安全优先监管理念的简单回归，而是提高效率与加强安全两
者间相互融合与协调，监管的效率理念不仅没有被否认，恰恰相
反，其内涵有了全新的拓展。"[②]

---

① 何焰：《国际金融法晚近发展的若干特点》，《法学杂志》2005 年第 4 期。
② 程吉生：《银行监管效率理念的嬗变与启示——兼评巴塞尔新资本协议》，中华
　财会网 2003 年 8 月 7 日。

　　银行监管理论的嬗变对各国银行监管立法产生了直接影响。考察各国的银行监管法可以知道，维护金融体系的安全长期以来是各国银行法的主要目标甚至是唯一目标，但近年来，从发达国家到进行金融市场化改革的发展中国家，无不将提高效率作为金融立法和金融改革的主要目标。在美国，出台于经济大萧条时代，确立金融分业经营、分业监管格局的《格拉斯·斯蒂格尔法》（1933 年）处处体现了对金融安全的倚重，在运行了半个多世纪后，被《金融服务现代化法》（1999 年）所取代。《金融服务现代化法》确认混业经营，提出了功能监管，价值取向明显转向效率优先。由英国的《金融服务与市场法》（2000 年）提出的"有效监管"原则也充满了效率精神，包括使用监管资源的效率和经济原则、被监管机构的管理者应该承担相应责任的原则、权衡监管的收益和可能成本的原则、促进金融创新的原则、保持本国金融业的国际竞争力的原则、避免对竞争的不必要扭曲和破坏的原则。日本自 1994 年开始着手进行"金融大爆炸"改革，放弃了过去单纯以安全为主的监管目标，将确保金融体系的安全、活力和金融市场的公正与效率作为监管机构的任务。

　　长期以来，我国的资本市场与货币市场发展不均衡，商业银行特别是国有商业银行的资产在全国总金融资产中占了很大比例，间接融资是企业融资的主要渠道，银行业金融机构到目前为止仍然是我国金融市场的主要主体。在 20 世纪 90 年代中期以前，为了保持金融稳定、防范金融风险，我国对银行业金融机构一直采用严格限制商业银行业务范围的监管政策，发布的很多监管规章直接针对某一类具体的银行业务，侧重于市场准入的审批，通过限定商业银行的经营活动防范风险。这种侧重于市场准入环节的监管方式没有通过监测风险指标掌握银行的风险状况，也没有运用督促商业银行加强内控、完善公司治理结构、发挥行业协会自律作用等其他监管措施。这种限制商业银行业务经营的做法导致商业银行业务创新能力不足、赢利水平低下。完全市场经济条件下，商业银行作为市场主体，获取利润是其从事经营活动的首要目标，面临激烈的市场竞争，必须具有较高的市场敏感度，有能力及时调整资产结构、运用各种金融工具分散风险。相应地，银行业监管机构则需要秉持市场化的监管理念，树立安全与效率并重的监管目标，在积极配合货币政策的实施、保证金融稳定的前提下，允许和鼓励银行业金融机构进行业务创新。在这方面，世界各国大多以美国监管当局的做法为参照。美国的监管法规十分严密，以此为保障，监管当局尽量减少对商业银行的业务限制，这种做法使美国的金融监管相当严格和深入，同时，金融市场又极其富有活力。

将监管目标确定为安全与效率并重，银行监管法就必须处理好金融创新与金融监管之间的互动关系。现代社会里，行政机关除拥有由立法机关授予的立法权外，在执法过程中还享有广泛的自由裁量权。在我国，银行监管机构虽然是事业单位，但其性质属于执法机关，除了依照法定权限和法定程序制定监管规章外，对于银行业金融机构经营管理行为的监管，特别是对处于现有银行监管法律规则体系之外的金融创新是否具有合法性做出价值判断也是其重要职责之一。由于监管立法往往滞后于金融创新的速度，既有的法律、法规不可能对所有的金融创新行为做出明确的界定。在这种情况下，对金融创新持认可还是否定态度就有赖于监管人员根据监管目标以及对监管法规的理解而做出的自由裁量。这种判断的出发点在于金融创新是否滋生了市场风险，是否会影响到银行的安全经营，是否有利于保护消费者和投资者的利益。所以，为实现银行监管的效率目标，银行监管法要授权监管人员在法律许可的范围内实施广义上的合法监管。在目前阶段，我国的监管机构应从保护消费者利益、控制金融风险的角度出发，适时出台一些规范和鼓励银行业、保险业、证券业开展交叉业务合作的监管规章或者业务指引，对综合经营大趋势下的跨金融领域的业务创新应当持肯定态度，同时密切监测这类混业经营业务的风险，而不是简单地以缺少法律依据为理由禁止金融创新。

二　监管方式：风险监管为主合规监管为辅

所谓的合规监管是指监管当局对商业银行执行法律、法规、监管规章的情况所实施的监管。传统上，监管者认为制定好有关规则，市场参与者遵照执行就能实现监管目标。这种监管方式的缺点在于市场敏感度偏低，不能及时、全面地反映风险状态，导致监管措施的采用滞后于市场发展。风险监管是指银行监管当局对商业银行的资本充足程度、资产质量、流动性、赢利性和管理水平所实施的监管。它在识别和计量银行风险的基础上，按照审慎监管原则，提出防范和化解银行风险的监管措施。相对于合规监管，风险监管更加注重银行本身的风险控制和管理，能够较为及时地反映银行的经营状况，预测潜在风险。银行监管从合规监管走向风险监管是必然趋势。一些国家的银行监管当局以及国际银行监管组织陆续制定出了一系列以风险管理为核心的审慎规则，如巴塞尔委员会发布的《大额信用风险的衡量和管理》《银行国际信贷的管理》《银行外汇头寸的监管》《利率风险管理原则》《计量与管理流动性的框架》《计算机和电讯系统中的风险》《有效银行监管的核心原则》等。按照新资本协议的要求，监管当局必须在强化合规监管的同时，重视风险监管，逐步硬化商业银行的资本充足率约束。一是要按照新资本协议的要求制定相应的规章，强化对商业银行及金融控股集团的风险管理及资本充足要求。二是要对银行风险评估体系的合理性、准确性及信息披露的可信性进行监督，严格监管纪律，推动商业银行风险管理的科学化。三是要针对国有商业银行资本充足率偏低的问题制定综合配套政策，使商业银行的资本充足水平尽快达到巴塞尔协议的要求。四是要强化监管当局对银行风险监管的独立性与权威性，自主决定对风险管理不合规银行的处罚措施，提高监管水平，确保金融安全。金融监管当局实施的监督管理就是外部监管，通过外部监管提高银行风险管理水平、保障金融安全是新资本协议的重要内容。长期以来，在金融管制政策十分严格的背景下，我国监管当局一直习惯于设定一系列规定，据此检查银行业金融机构的合规性，将合规审查作为监管的重点，银行风险监测、资本充足水平监测等关系银行稳定的重要方面一直从属于合规监管，导致商业银行资本充足率要求弱化。而风险导向的监管更强调动态性的监管，强调对商业银行的资本充足程度、资产质量、流动性、赢利性和管理水平实施监管。截至目前，我国的银行监管已经迈入了合规监管与风险监管并重的阶段。

三 监管内容：全面风险管理

过去的银行侧重于传统的经营职能，信用风险被视为最重要的风险因素，随着国际金融市场的发展，银行的交易对手未来能否履约（即信用风险）越来越表现为内生性风险和外生性风险共同作用的结果，而且，各种风险之间的界限不再分明，呈现杂糅在一起的状态，单纯按照风险的种类设置部门进行归口管理已经不能满足风险管理的需要，对各种风险实施全面风险管理已经成为世界各国银行风险管理的一个重要趋势。从 20 世纪 80 年代后期开始，国际监管组织和各国监管当局对金融创新产品及其风险都给予了高度关注。1986 年，巴塞尔委员会发表了《银行表外风险管理的监管透视》，对表外业务的风险种类，风险评估以及管理、控制等提出了初步的意见；随着金融衍生交易产品的发展，又颁布了《衍生产品风险管理准则》《关于银行和证券公司衍生产品业务的监管信息框架》；针对金融衍生产品风险对资本的潜在威胁，他们还发表了"补充规定"等原则。此后，风险的范围在巴塞尔新资本协议中得到了进一步扩充：从信用风险到市场风险，进而又涵盖了操作风险、法律风险、流动性风险以及声誉风险等其他风险。而且，从技术上说，风险计量工具的进步使全面风险计量成为可能。1994 年 JP 摩根发明了风险价值（Value at Risk，VaR）

工具，将其运用到市场风险的计量之中，此后，其他国际活跃银行又将 VaR 运用到市场风险和操作风险上，三大风险在风险计量工具上的统一使全面风险管理在技术上成为可能。

我国的银行风险管理框架是以 1988 年旧资本协议为基础建立的，定量管理还停留在资产负债指标管理与头寸管理的简单匹配上。新资本协议的一个关键创新就是从原来单一的信用风险管理转向全面风险管理，并在有关风险资产的计量方法（特别是信用风险内部评级高级法和操作风险高级计量法）的选择上设置了一套严格的资本标准和评价程序，以此鼓励银行改善自身的风险管理制度。无论是全面风险管理理念的提出还是风险计量方法的改进，都意味着我国商业银行原有的那种孤立、片面、静止的风险管理方法和技术越来越不适应现代银行风险管理的需要。逐步融入国际金融大环境的中国银行业，面临的风险也不再仅限于信用风险，市场风险、操作风险等其他风险已经受到了银行业金融机构的关注。因此，监管机构在制定监管指标时应具有预见性，充分考虑到现阶段及今后一段时期内银行可能面临的各种风险，为未来银行业经营环境的变化留出足够空间，不至于使监管法规陷入被动的境地。为实现全面风险管理而进行的监管应包括以下内容：一是规定风险管理范围全面化。要将公司客户、零售客户、同业客户等不同类型的客户，公司产品、零售产品、结算产品、资金交易产品等所有产品，资产业务、负债业务、中间业务等所有业务所承担的信用风险、市场风险、操作风险等各种风险全部纳入管理的范围。二是规定风险管理过程全程化。风险管理应贯穿于任何业务的每一个环节。三是规定风险计量全额化。在计量风险时，要计算信用风险的加权资产，也要计算应对市场风险和操作风险的资本，倒算出市场风险和操作风险的风险加权资产。目前，我国的银行监管还没有对商业银行应对操作风险的资本做出规定，将来势必会完善这方面的规定。

四 健全信息披露制度以强化市场约束

长期以来，监管一直被看作一种政府干预行为，基本没有考虑市场机制的作用，结果是政府监管的范围越来越大，监管的负担越来越重。而事实上，市场机制作用的发挥可以减轻政府干预的压力和负担。20 世纪 80 年代以前，世界各国的银行监管大多采用压制市场的行政管制，限制了市场机制作用发挥的广度和深度。80 年代以后，西方国家普遍加强了银行业金融机构信息披露方面的要求，目的在于使市场、公众获得更多关于银行业金融机构财务、风险状况方面的信息，便于市场对银行业金融机构做出更为及时、正确的评价，促使管理者更为有效地进行经营活动。巴塞尔委员会发布的《加强对银行组织的公司治理》和新资本协议等文件也强调了市场约束在银行监管中的重要作用。还有一些发达国家将信用评级运用于银行监管之中，目的在于利用信用评级限制被监管机构的经营范围，根据信用评级决定银行业金融机构的资本充足率。

监管当局对银行的外部监管只是监管体系的一部分，经营商业信用的银行业金融机构必然十分重视市场评价。经济合作与发展组织（OECD）于 2002 年提出一份报告，《OECD 国家的监管政策：从干预到监管治理》，指出监管政策必须推动市场的有效运转，必须尽可能利用市场激励机制来实施社会政策和保护措施，至少要尽可能避免对市场运行的压制和扭曲。巴塞尔委员会的新资本协议也将市场约束列为银行风险管理的第三支柱，反映出对于市场约束力量的重视。

我国国有商业银行资产质量较为低下的问题，通过不良资产处置、国家注资、引入战略投资者等方式已经得到了很大程度的改善，但是银行业金融机构的风险管理尤其是资产风险评估制度尚未完善，信息披露制度一直不够健全，曾经多次受到国际金融组织的强烈批评。在很长一段时期内，我国金融市场对银行业金融机构发挥出来的市场约束力量是很微弱的，这种状况在近些年已经得到明显改善。过去，我国一直将银行经营信息作为国家机密加以保护，从不进行披露。2003 年，依据《商业银行法》有关信息披露的规定，中国银行首次对外公布年报。银监会 2004 年发布的《商业银行资本充足率管理办法》第四章就银行信息披露的主体、内容、频度、地点等做出了较为明确的规定。但由于我国信息披露制度起步晚，立法不完备，风险暴露与评估的信息缺乏数据支持，技术支持水平不足产生的银行信息披露成本高等问题，使银行在信息披露的内容、深度和及时性方面远未达到新资本协议的要求，而一些专有信息和保密信息又缺乏明确的法律规定予以保护。为规范信息披露工作，监管当局应进一步完善信息披露规定，加快推进信息披露的规范化。

银监会已经明确表示虽然中国暂不执行新资本协议，但是在执行旧资本协议的基础上，将采纳新资本协议第二和第三支柱的有关内容，也就是说，我国将按照新资本协议的要求完善信息披露制度。完善我的的银行信息披露制度应注意以下几个问题：一是要按照新资本协议要求，对银行风险管理制度与程序、资本构成、风险披露的评估和管理程序、资本充足率等领域的关键信息进行准确核算，按照由内到外、逐步公开的原则，稳步推动我国商业银行的信息披露工作。二是要结合银行股份制改造工作，推动会计制度的国际化，提高会计信息的一致性和可比性。在条件成熟时，要引进权威会计师事务所对重点业务部门、区域进行审计，银行内部稽核部门也要进一步严明纪律，发挥审计检查职能，提高经营、会计信息的准确性。三是在完善风险管理制度，逐步采用风险评估的标准法、内部评级初级法、内部评级高级法的同时，要相应提高信息披露标准，严格披露程序，提高信息披露质量。

五　加强银行内控建设和行业自律

加强内控建设的目的是实现银行的自我约束，即要求银行业金融机构强化其内部风险控制制度。以美国为例，监管机构只集中对法人机构进行监管（对银行总行进行集中监管），对分行的监管则主要通过对总行的内控机制是否健全进行评估来实现，监管机构明确规定分行在每个工作日结束时将有关数据上报总行。通过加强银行内部控制建设，监管机构可以集中精力监管那些综合性金融集团和大型金融控股公司，提高工作效率，最终实现金融体系的稳定。美国联邦储备委员会认为，"成功的风险管理应满足四项原则：（1）金融机构的董事会和高级管理层应重视和参与风险管理；（2）银行需建立可靠的风险识别方法和风险管理系统；（3）应建立完善的内部管理架构，使交易、结算与稽核等各司其责；（4）应建立一套风险限额架构"。[①] 从发达国家已经取得的成功经验看来，有效的银行监管必须注重外在约束和自我约束的有机统一。这已经成为国际银行业有效监管的又一重要趋势。我国《商业银行法》第 59 条规定："商业银行应当按照（中国人民银行的）有关规定，制定本行的业务规则，建立、健全本行的业务管理、现金管理和安全防范制度。"接下来的第 60 条、第 61 条要求商业银行健全稽核和检查制度，要求商业银行对分支机构进行经常性的稽核和检查监督，并定期向人民银行报送财物会计报表和资料。这些关于商业银行内控机制的条文过于简单，需要对定期报告的内容及程序进行细化，还需要对内部审计做出规定。

在监管当局的外部监管和金融机构的自我约束之外，还应特别加强行业公会或协会实施的行业自律。对于银行业日常经营中出现的问题可以由行业协会按照市场规则解决，并由行业协会对于监管权力的不当行使进行沟通和协调。充分发挥行业协会的监管作用，还有利于遏制银行之间的恶性竞争，促使银行业实现良性竞争。目前，许多国家和地区都比较重视银行同业组织在行业自律方面的作用，香港的银行公会就是一个成功的例子。1981 年

---

① 陆泽峰：《金融创新与法律变革》，法律出版社 2000 年 1 月第 1 版，第 187 页。

通过的《银行公会法案》不仅明确了香港银行公会的法定地位，还要求所有持牌银行必须加入银行公会。我国已经建立了全国性的银行业协会，但是尚未在法律层面对银行业协会的地位、职责给予肯定。

六　重视跨国银行监管的国际合作

欧盟和北美自由贸易区的形成为金融市场一体化提供了良好的经济环境，国际金融市场上涌现出大量跨境经营的金融集团。一些知名的跨国金融机构，例如汇丰银行和花旗银行等，其海外业务收入已经接近甚至超过其总收入的一半。20 世纪 80 年代以来，资本的国际流动愈加频繁，发达国家相继放松了外汇管制，并在国内推行"自由化"金融改革：利率自由化，普遍取消了银行存贷款利率的限制；业务自由化，相继放松或取消了对商业银行、证券公司交叉经营业务的限制；市场自由化，开放国内市场、设立离岸金融市场，国内和国际金融市场高度融合。金融市场一体化、自由化进程的加快使各国的金融市场越来越紧密地联系在一起，一国范围内的金融动荡很可能迅速引起其他国家乃至世界范围内的金融危机甚至经济危机的发生。在这样的背景下，国际金融监管的协调与合作开始受到重视。

从世界范围来看，跨国银行监管所面临的主要问题有：首先，跨国银行的业务操作和风险管理日趋全球化，但是现有的监管机构设置仍然立足于主权国家范围之内。在国内监管机制下采用国际标准势必产生矛盾，母国和东道国之前的关系不论对银行还是对监管者，都是一个挑战，解决这一问题较为妥当的方式就是建立恰当的跨境信息交流机制。巴塞尔委员会的新协议实施小组（AIG）正努力增强各国银行监管机构间的信息共享，充分而又恰当的跨境信息交流可以避免重复监管或者出现监管空白，在实现有效监管的同时，降低监管成本、减轻银行的负担。其次，母国和东道国监管当局采用的监管标准、规则往往不一致，影响了跨境监管合作的效率。如果各国的会计标准和制度安排趋同，母国和东道国之间相互承认彼此的监督检查工作就不存在障碍，可以避免重复工作和资源的浪费，也比较容易实现公平竞争。为此，国际会计准则理事会（IASB）开展了会计标准趋同的协调工作，国际财务报告标准（IFRS）已经产生，并从2005年1月1日起适用于所有欧盟国家的上市公司。采取统一的财务报告标准是提高国际金融市场效率的关键措施。标准统一后，信息披露的质量能够极大提高，宏观调控机构和监管机构将直接受益，投资者可以获得更加可靠的财务数据来做出投资决定，审计公司也可以在此基础上提高审计质量。最后，跨国银行一旦发生危机，危机的管理和处置十分棘手。跨国银行的经营范围遍及众多国家，但救助责任却归属于母国。跨国银行母国监管当局是否对其施以救助、救助力度如何，往往仅从本国的利益出发加以考虑，而不关心其他国家消费者、投资者的利益，在银行发生倒闭的情况下，对债权人的保护一般也只适用母国有关的法律及程序。因此，有必要通过国际监管合作解决前述问题，建立跨国银行危机应对机制。变革的方向应该是要求跨国银行在不同国家的分支机构分别遵守所在国监管当局的流动性要求，跨国银行对各国分支机构的管理应当更像持股公司式的管理，而不是单一集中式管理，一旦发生危机，各分支机构所在国也负有一定的救助义务。

为了解决跨国银行国际监管所面临的这些问题，世界银行、国际货币基金组织、国际清算银行、离岸银行监管者组织等国际金融组织进行了一些有益的尝试，但其影响力远远不及巴塞尔委员会发布的一系列文件（巴塞尔文件体系）。旧资本协议确立了母国和东道国监管外资银行的基本原则：在监管外资银行子行方面，东道国监管当局起着非常重要的作用；在监管外资银行分行的稳健性时，东道国监管当局一定要非常重视母国监管当局的工作。这两条原则构成了现有跨国银行监管制度的基石。2003年发布的《跨境实施新协议的高级原则》（6条原则）明确指出，实施新协议不会改变母国和东道国监管当局现行的监管责任，强调监管当局应实施更加紧密的合作，在《核心原则》的基础上明确母国在并表监管方面的责任，以及东道国监管当局在监管辖区内单家外资子行方面所起的重要作用。根据这些监管文件的要求，对国际银行集团的监管应建立在并表基础上，并覆盖国内外所有业务。对国际银行集团的并表监管要求母国和东道国监管当局进行有效合作和信息交流。2006年，巴塞尔委员会发布《有效实施新资本协议：母国与东道国信息共享》，对共享信息的范围、类型，母国和东道国可能需要对方提供的信息等问题进行了详细的规定。

以这些重要的国际监管文件为标准，我国银行业监管机构在跨国银行国际监管方面已经取得了相当的成果：首先，与其他国家和地区的金融监管当局签署监管合作文件。截至2007年底，银监会已经与29个国家和地区的金融监管当局签署了30个双边监管合作谅解备忘录或监管合作协议，其中美国2个。这些国家和地区包括美国、英国、加拿大、德国、韩国、新加坡、卡塔尔、迪拜、吉尔吉斯共和国、巴基斯坦、中国香港、中国澳门，等等。谅解备忘录的内容通常包括信息交换、市场准入和现场检查中的合作、人员交流和培训、监管信息保密、监管工作会谈等多项内容。其次，制定有关跨境监管的监管规章或指引，如《银行并表监管指引（试行）》《跨境银行监管合作工作规程》。在银监会发布《银行并表监管指引（试行）》之前，我国对商业银行的并表监管要求散见于相关监管规定之中，如《资本充足率管理办法》对商业银行资本充足率的计算提出了并表要求；银监会非现场监管报表体系对合并报表报送的频率、指标、计算方法等进行了规范。《银行并表监管指引（试行）》解决了两个问题，一是银行集团附属机构的并表监管，二是跨境并表监管。按照《银行并表监管指引（试行）》的规定，跨境并表监管的内容主要包括：（1）与境外相关监管机构以签订双边监管备忘录的形式或其他形式开展监管合作，如采取访问、现场检查交流、重大监管信息互相告知等方式加强与境外相关监管机构的沟通与合作，强化对银行集团境外附属机构的并表监管。（2）将东道国的并表监管能力作为市场准入和日常持续监管的一个重要依据。银监会将定期或不定期评估东道国的监管环境。如果东道国监管机构监管不充分，银监会将根据跨境监管合作框架的有关规定，对相关银行集团采取适当的监管措施。（3）银监会将定期获得银行集团中境外附属机构的相关信息，并确定东道国的管理规定是否存在信息传递障碍。银监会可视情况禁止或限制银行集团及其附属机构在这些国家和地区设立机构并开展业务。

第三章
市场运营监管法

　　作为金融体系的重要组成部分，我国的银行业在近些年来的改革发展中取得了令人瞩目的成就，有力地支持了国民经济的持续、健康、稳定发展。银行业的迅猛发展与银行法给予的有力法制保障有着密不可分的关系。银行监管法是银行法的一个分支法律部门，我国现行银行监管法律体系已基本涵盖市场准入、持续运营、市场退出的各个环节。正如我们在第一章探讨过的那样，我国市场准入监管法已经比较完备，与风险防范和控制更加密切相关的运营监管法和有问题银行市场退出法律机制还需要丰富、改进。尽管巴塞尔委员会等国际金融组织一再指出，按照国际监管文件制定出形式完备的监管法律文件，并不必然意味着该国银行业金融机构风险管控严密，也不意味着该国监管机构实施的监管有效，监管机构应重视监管的灵活性和实际效果，而不是躺在监管法律文件上睡大觉。但是无论如何，一个国家银行监管法律体系的完备对该国银行监管的有效性有着直接影响，这是不容否认的事实。市场运营监管法的内容十分丰富，笔者无意将本书写成一部包罗万象的百科全书，只想选取市场运营监管法中某些尚未完备或者存在立法空白的领域进行一番探讨。因此，在本书中，笔者主要对我国的商业银行信息披露法律制度、外资银行监管法律制度、金融控股公司监管法律制度进行研究，以期为这些法律制度的进一步完善提出一点可资借鉴的建议。

第一节　商业银行信息披露法律制度

一　建立信息披露法律制度的必要性

商业银行信息披露是指商业银行依法将反映其经营状况的主要信息，如财务会计报告、各类风险管理状况、公司治理、年度重大事项等信息，真实、准确、完整、可比、规范地向监管者、投资人、存款人及相关利益人予以公开的活动。这里所讲的信息披露是一种市场主体个体信息的披露，与政府信息的公开以及公共机构采集并无偿提供信息（如市场行情）不同。信息披露法律制度是指规定信息披露的内容、范围、时间、程序、监管等问题的法律制度。信息披露法律制度最早见于 1844 年的英国《公司法》，旨在通过公司信息的公开，防止欺诈或者架空公司的行为发生，防止公司经营不当或者财务混乱，从而维护股东和投资者的利益。后来，这项法律制度被美国等其他国家广泛采用并取得了良好效果。在一个发达的金融市场中，通常情况下，证券市场信息披露的法律规定最为详细、周密。银行市场信息披露受到关注得力于监管需要和消费者权益保护的需要，在国际上主要以《有效银行监管的核心原则》的发布为界点。在我国，银行经营信息过去是作为国家机密不予公开的，加入世界贸易组织后，我国银行市场逐步对外放开，银行监管标准也相应向国际标准靠拢。很多金融危机的发生与银行透明度不高、信息披露不充分有关，甚至有学者断言，金融危机首先是信息披露危机。① 近几年，随着巴塞尔新资本协议在全球范围内的铺开，业界也开始热烈讨论银行业金融机构的信息披露问题。

建立信息披露法律制度的必要性主要体现在以下几个方面。

---

① Joseph Bisignano, Precarious Credit Equillibria: Reflection on the Asian Financial Crisis, BIS Working Paper, No. 64, March 1999, p. 27.

（一）信息披露法律制度能够让投资者、存款人、债权人及时了解银行的资产质量和风险状况，做出理性的投资决定

由于存在信息不对称，银行可能利用其信息优势，从事高风险经营活动，或者掩盖储备不足以及资产质量低下的问题。为了保证市场参与者准确判断某一银行的资本充足情况、风险控制情况，从而决定是否与之交易，建立信息披露法律制度十分必要。信息披露可以保护市场参与者尤其是存款人的知情权，也可以促使银行采用安全、稳健的经营策略，或者在市场的监督下，采用各种风险缓释技术分散风险。

（二）信息披露法律制度是外部监管有益和必要的补充

近些年来，伴随着经济全球化的步伐，大型银行的国际业务迅猛发展，很多银行除了提供传统的银行业务外，还开展证券和保险业务，这些银行所从事的交易在管理和法律结构上都十分复杂，这对市场参与者和监管者形成了双重挑战。一方面，监管者需要信息进行持续评估；另一方面，市场参与者也需要信息进行判断和决策。市场参与者的决策可以激励银行审慎地开展业务，使市场约束发挥作用，最终实现审慎监管和市场约束的相互促进。

（三）信息披露法律制度有利于促进银行市场的公平竞争

所有银行真实披露资本状况，有利于资产质量较好的金融机构树立市场声誉。在信息封闭的情况下，市场对一家银行信心不足很有可能波及其他银行，而在持续、充分披露信息的市场环境中，发生这种传染效应的可能性就小得多。这样，信息披露法律制度有助于解除经营状况良好的银行承担其他银行高风险行为造成的成本，有助于遏制银行的违规操作，促使银行的管理层把精力转移到加强内部管理、提高资金使用效益上，实现在市场规范下的公平竞争。

二 信息披露与巴塞尔文件体系

从 1997 年 9 月的《有效银行监管的核心原则》开始，巴塞尔

委员会发布了一系列涉及信息披露问题的文件，主要有《有效银行监管的核心原则》、1998 年 9 月的《增强银行透明度》、1999 年 10 月的《银行和证券公司交易及衍生业务公开披露建议》和巴塞尔新资本协议。从这些文件的内容来看，信息披露问题在巴塞尔委员会那里，经历了从粗糙到详尽、再到逐步受到重视的发展过程，到了新资本协议，信息披露（市场纪律）被作为三大支柱之一列举出来，被赋予了前所未有的重要作用。巴塞尔委员会发布的这些文件为国际银行业进行信息披露提供了一整套标准，可供各国银行用以对比自己的信息披露现状，并依此做出改进，也为各国银行监管当局提供了一个良好的立法参照物，各国可根据本国银行业的发展水平制定适合本国国情的信息披露法律制度。

在《有效银行监管的核心原则》中，被规定在"银行机构的信息要求"部分的原则 21 规定，银行监管者应确保银行根据统一的会计准则和做法保持完备的会计记录，从而使监管者能真实公正地了解银行的财务状况和盈利水平。这一部分已经提出了信息披露使用统一的会计准则、监管当局有权决定报告的范围和频率、聘用外部审计确保信息的可靠等重要做法，指出了信息披露是监管的必要补充，但还没有涉及信息的分类和内容、哪些信息可以免于披露等问题。

到了 1998 年，《增强银行透明度》这份文件就很深入地分析了信息披露的作用以及公开披露可能存在的缺点，将透明度定义为能够让使用者准确评价银行财务状况和业绩、业务活动以及与之有关的风险的及时、可靠的信息的公开披露，有助于提高银行透明度的信息应具备全面性、相关性和及时性、可靠性、可比性、实质性这样一些定性特征。《增强银行透明度》的核心部分提出了提高银行透明度的建议，建议银行应在定期公布的财务报告及其他公开披露事项中提供及时的信息，有六类信息应该清楚详尽地披露，这些信息是财务业绩、财务状况（包括资本金、偿付能力和流动性）、风险管理战略及措施、风险暴露（包括信用风险、市场风险、流动性风险、操作风险、法律风险及其他风险）、会计政策，以及业务、管理和公司治理的基本信息。这份报告还提出了一个很有价值的观点，对于金融市场欠发达国家的监管者而言，首要任务是必须建立一套完备的监管报告制度，因为如果银行很少或根本不依靠交易活跃、竞争充分的市场，市场约束只能发挥非常有限的作用。

1999 年，巴塞尔委员会和证监会国际组织联合发布了一份专门针对交易和衍生业务信息披露问题的文件——《银行和证券公司交易及衍生业务公开披露建议》。"交易和衍生业务"包括交易业务（现货和衍生工具的交易）和非交易衍生业务。这份文件指出这类披露主要包括两方面内容，"第一，金融机构应该向财务报表使用者清晰地披露其交易和衍生业务。应该就定性、定量的交易和衍生业务的范围和性质提供有效的简要信息；并明确说明这些业务如何影响金融机构的盈利状况。金融机构还应披露与上述业务相关的主要风险，及其管理这些风险的收效。第二，金融机构应该披露从其内部风险计量和管理系统获得的风险暴露情况以及这些系统对这些风险的控制效果。将内部风险管理过程与公开披露联系起来有助于确保信息披露与风险计量和管理技术创新的同步"。[1]《银行和证券公司交易及衍生业务公开披露建议》为从事大量交易和衍生业务的大型银行和证券公司提供了进行良好披露的指引，对信息的定性与定量披露进行了划分，而且注意到了信息披露的一些例外，如保密信息和专有信息（如银行的技术模型和专有假设）。

新资本协议首次规定市场纪律是对最低资本要求和监督检查的补充，将信息披露提升到了一个非常重要的地位。新资本协议在过去几份文件的基础上取得的进展和突破是明显的：（1）指出

---

[1] 巴塞尔银行监管委员会：《巴塞尔银行监管委员会文献汇编》，中国金融出版社2002 年版，第 353 页。

银行应根据重要性（Materiality）决定哪些信息予以披露。信息的重要性是指，如果信息缺乏或信息虚假会改变或影响信息使用者的评估或决策。这一定义与国际会计准则和许多国家的会计标准相一致。（2）指出信息披露适用的例外主要包括专有信息和保密信息。专有信息包括与产品或系统有关的信息，如果银行与竞争者共享这些信息，会导致银行在这些产品和系统的投资价值下降，进而削弱其竞争力。有关客户的信息通常都是保密信息，这类信息由法律协议进行约定。委员会认为，在特定情况下，第三支柱要求披露的某些项目，如果事关专有或保密信息，对外披露会严重损害银行的利益，银行可以不披露具体的项目，但必须对这些项目进行一般性披露，并解释不予披露的原因。这些内容直接影响到银行应对其客户资料、内部安排（如所采用的方法、参数估算、数据等信息）公开披露到什么程度。（3）规定银行在适用范围、资本、风险暴露和评估、资本充足率四个方面进行披露，每一方面都按照定性披露和定量披露制定了具体、详细的披露要求和披露格式。核心信息披露的建议适用于所有银行机构，采用内部评级法、信用缓解技术和资产证券化的银行必须披露有关信息。补充信息披露是核心信息披露的补充，主要取决于该银行风险的性质、资本充足状况和计算资本的方法等。区分核心信息和补充信息可以适当减轻银行披露信息的负担，为各国监管当局制定披露规则预留了空间。新资本协议在信息披露范围上明确规定使用银行集团最高层次的并表，包括集团内全体并表的实体、按比例并表的实体、未并表但扣减资本的实体、既没有并表也没有扣减资本的实体、在未并表实体的盈余资本状况等，这是过去几份文件所没有涉及的内容。

目前，世界上许多国家和地区都已建立了较为完备的银行信息披露法律制度。如美国货币监理署于 1987 年发布了第 12 号联邦管理条例（12CFR），对美国的国民银行、外国银行在美分行的信息披露提出了法定最低要求。该条例要求银行必须披露财务报告、审计报告、风险管理、重要经营活动、货币监理署对其采取的强制监管措施等信息。该条例还要求银行必须在每年的 3 月 31 日之前将披露内容编制成年度披露报告，以便于投资者、存款人和相关利益人能及时获取。又如我国香港特别行政区金融管理局也对本地注册银行和海外注册银行在香港的分行的信息披露分别制定了强制和非强制性的规定，要求披露的内容与美国货币监理署基本一致，并要求银行在报刊上发出中英文新闻稿，公布其年度账目及补充财务资料的部分内容。再如新西兰在 1996 年实行了信息披露制度改革并取得了显著成效，废除了原来对银行进行定期审查的制度，取而代之的是建立在信息披露要求上的一个新体系。在这个体系下，最大限度地利用市场纪律来规范和约束银行的行为。按照规定，新西兰的所有银行都必须上交一份全面的季度财务报告，报告内容包括资产质量、资本充足程度、借贷活动和获利能力的等级评定，这些财务报告一年审计两次，财务报告不仅要上报中央银行还要向社会大众公开，银行经理必须证实报告的内容，并公开宣布银行的风险管理体系充分、有效。这一体系的特别之处在于如果银行经理被发现做出错误的或误导性的报告，当银行破产时，银行经理必须承担无限责任。事实证明，新西兰的信息披露法律制度对其银行业的发展起到了有力的推动作用。

三　我国现行银行信息披露法律制度及其完善

目前，我国已经颁布了一系列规范银行业金融机构信息披露的法律法规，包括《银行业监督管理法》、《商业银行法》、《公司法（修订）》、《证券法（修订）》、《商业银行信息披露办法》、《商业银行信息披露特别规定》（中国证监会）、《商业银行资本充足率管理办法（修订）》、《信托投资公司信息披露管理暂行办法》、《上市公司信息披露管理办法》（中国证监会）、《关于银行业金融机构全面执行〈企业会计准则〉的通知》等。《商业银行法》第56 条规定，商业银行应当于每一会计年度终了三个月内，按照国务院银行业监督管理机构的规定，公布其上一年度的经营业绩和审计报告。《银行业监督管理法》第36条规定，银行业监督管理机构应当责令银行业金融机构按照规定，如实向社会公众披露财务会计报告、风险管理状况、董事和高级管理人员变更以及其他重大事项等信息。

中国银监会2007年发布的《商业银行信息披露办法》（以下简称《信息披露办法》）是一部专门规范商业银行信息披露的行政规章，是在银监会2004年发布的《商业银行信息披露暂行办法》的基础上修改而成的。《信息披露办法》对商业银行信息披露的适用范围、原则、内容等问题进行了详细规定：（1）规定该办法适用于在我国境内设立的商业银行，包括中资商业银行、外资独资银行、中外合资银行、外国银行分行，对商业银行的规定适用于农村合作银行、农村信用社、村镇银行、贷款公司、城市信用社。（2）规定该办法为商业银行信息披露的最低要求，商业银行可在遵守本办法规定的基础上自行决定披露更多信息。（3）规定商业银行应遵循真实性、准确性、完整性和可比性的原则，规范地披露信息。（4）规定商业银行披露的年度财务会计报告须经具有相应资质的会计师事务所审计。（5）规定商业银行应披露财务会计报告、各类风险管理状况、公司治理、年度重大事项等信息。①财务会计报告由会计报表、会计报表附注和财务情况说明书组成。会计报表应包括资产负债表、利润表（损益表）、现金流量表、所有者权益变动表及其他有关附表。该办法对会计报表附注应说明或披露的情况进行了详细规定，如商业银行应在会计报表附注中披露资本充足状况，包括风险资产总额、资本净额的数量和结构、核心资本充足率、资本充足率。财务情况说明书应当对本行经营的基本情况、利润实现和分配情况以及对本行财务状况、经营成果有重大影响的其他事项进行说明。②商业银行应披露的风险和风险管理情况包括：信用风险状况，流动性风险状况，市场风险状况，操作风险状况，其他风险状况。③商业银行应披露下列公司治理信息：年度内召开股东大会的情况；董事会的构成及其工作情况；监事会的构成及其工作情况；高级管理层成员构成及其基本情况；银行部门与分支机构设置情况；商业银行应对独立董事的工作情况单独进行披露。④商业银行披露的本行年度重要事项，至少应包括下列内容：最大十名股东的名称及报告期内的变动情况；增加或减少注册资本、分立合并事项；其他有必要让公众了解的重要信息。

2006年12月，银监会对《商业银行资本充足率管理办法》（以下简称《资本充足率管理办法》）进行了修订，第四章集中规定了商业银行资本充足率的信息披露。该办法规定，商业银行董事会负责本行资本充足率的信息披露，未设立董事会的，由行长负责，信息披露的内容须经董事会或行长批准。资本充足率的信息披露主要包括以下五个方面的内容：风险管理目标和政策、并表范围、资本、资本充足率、信用风险和市场风险。对于涉及商业机密无法披露的项目，商业银行可披露项目的总体情况，并解释特殊项目无法披露的原因。

2008年，中国证监会发布《公开发行证券的公司信息披露编报规则第26号——商业银行信息披露特别规定》（以下简称《信息披露特别规定》），要求上市商业银行扩大信息披露范围，2003年3月发布的《公开发行证券的公司信息披露内容与格式准则第18号——商业银行信息披露特别规定》同时废止。《信息披露特别规定》规定上市银行除应遵循中国证监会有关定期报告和临时报告等信息披露的一般规定外，还应遵循本规定的要求，包括：（1）规定商业银行应对财务状况在定期报告中进行披露。①应披露的主要会计数据包括资产总额及结构、负债总额及结构、存款总额及结构、贷款总额及结构、同业拆入、资本净额及结构（包括核心资本和附属资本）、加权风险资产净额、贷款损失准备。②应披露的主要财务指标包括资产利润率、资本利润率、资本充足率、核心资本充足率、不良贷款率、存贷比、流动性比例、单一最大客户贷款比率、最大十家客户贷款比率、正常类贷款迁徙率、关注类贷款迁徙率、次级类贷款迁徙率、可疑类贷款迁徙率、拨备覆盖率、成本收入比。③应按五级分类披露贷款资产质量、客户贷款结构及贷款比例，以及应收利息的增减变动情况等。（2）规定商业银行应对各类风险和风险管理情况在定期报告中进行披露。商业银行应对其信用风险状况、流动性风险状况、市场风险状况、操作风险状况等予以披露。其中，须披露其对承担的各类市场风险的识别、计量和控制方法；有关市场价格的敏感性分析，包括利率、汇率、股票及其他价格变动对商业银行经济价值或财务状况和盈利能力的影响。（3）规定了商业银行应及时公告的事项。①商业银行的对外担保事项，单笔担保金额超过经审计的上一年度净资产金额5%或单笔担保金额超过20亿元的；②商业银行涉及的诉讼事项，单笔金额超过经审计的上一年度净资产金额1%的；③商业银行发生的投资、收购和出售资产等事项，单笔金额超过经审计的上一年度净资产金额5%或单笔金额超过20亿元的；④商业银行发生的资产和设备采购事项，单笔金额超过经审计的上一年度净资产金额1%的；⑤商业银行发生重大突发事件（包括但不限于银行挤兑、重大诈骗、分支机构和个人的重大违规事件），涉及金额达到最近一期经审计净利润1%以上的；⑥商业银行的信用风险状况、流动性风险状况、市场风险状况、操作风险状况和其他风险状况发生变动，对公司的经营或赢利能力造成重大影响的，都须及时予以公告。（4）规定了商业银行应及时披露的关联交易。商业银行与关联自然人发生的交易金额在30万元以上的关联交易，与关联法人发生的交易金额占商业银行最近一期经审计净资产的0.5%以上的关联交易，应当及时披露。对交易金额在3000万元以上且占最近一期经审计净资产1%以上的关联交易，除应当及时披露外，还应当提交董事会审议。对交易金额占商业银行最近一期经审计净资产5%以上的关联交易，除应当及时披露外，还应当将该交易提交股东大会审议。商业银行的独立董事应当对关联交易的公允性以及内部审批程序履行情况发表书面意见。

2006 年 2 月，财政部颁布了新的《企业会计准则》（以下简称新会计准则），要求自 2007 年 1 月 1 日起在上市公司范围内施行，同时鼓励其他企业执行。2007 年 9 月，中国银监会下发《关于银行业金融机构全面执行〈企业会计准则〉的通知》，决定银行业金融机构全面执行新会计准则。该通知规定了银行业金融机构分层次实施新会计准则的时间表，要求银行业金融机构逐步建立适应新会计准则要求的内部管理流程和信息处理系统。按照该通知，银行业金融机构按以下时间表执行新会计准则：已经上市的银行业金融机构要全面执行新会计准则，继续完善内部管理制度和业务流程，提高执行新会计准则的质量。政策性银行、中国农业银行、非上市的股份制银行、中国邮政储蓄银行、城市商业银行、信托公司、财务公司、金融租赁公司、汽车金融公司、货币经纪公司、外资银行等从 2008 年起按照新会计准则编制财务报告。农村商业银行、农村合作银行、农村信用社、城市信用社、三类新型农村金融机构等从 2009 年起按照新会计准则编制财务报告，具备条件的可以提前执行。金融资产管理公司待转制完成后的次年按新会计准则编制财务报告，但不得晚于 2009 年。我国的新会计准则引入了公允价值计量、金融资产分类等新的概念和方法，与国际会计准则趋同，银监会决定银行业金融机构全面执行新会计准则对于提高银行业金融机构会计信息的质量和可比性、促进风险管理、提高监管水平有积极意义。除了对不同类型的银行机构提出信息披露要求，我国的监管部门还专门针对某些具体的银行业务提出了信息披露的要求。如 2007 年，中国人民银行发布公告，专门规范信贷资产证券化业务的信息披露，要求发起机构、受托机构等就基础资产池加强相关信息披露，银监会也要求银行加强理财产品（特别是集合理财产品）的信息披露。

从前述法律法规、监管规章和规范性文件来看，我国在过去短短十几年里已经制定了很多银行机构信息披露方面的法律规则，这些法律规则为银行业金融机构披露信息提供了法律依据，市场纪律的约束作用，特别是对上市银行的正面约束效应已经开始显现出来。但是，受制于现阶段金融市场发育程度和银行业经营管理水平，我国银行信息披露法律制度与新资本协议等国际监管文件确立的标准相比还存在一定的差距，导致银行业信息披露整体水平不高。不同类型的银行信息披露不平衡，各家银行披露的信息在内容上存在较大差距，信息的国际可比性差，信息披露不够及时，也不够充分，尤其是关于风险和风险管理的披露还很不充分。比照巴塞尔委员会提出的银行信息披露相关原则以及发达国家商业银行信息披露法律规定，本书对我国银行机构信息披露法律制度的进一步完善提出以下建议。

（一）我国银行机构的信息披露水平较过去有了很大提高，但是无论在内容上，还是在形式上，都还需要进一步完善，而且，现有的某些规定与国际通行的做法不符，应在未来进行调整

1. 信息披露的内容仍显简单，不利于监管机构和社会公众掌握银行的真实状况，需要增加或完善某些内容，如关于风险和风险管理、表外业务的信息披露等。

银监会 2007 年发布的《商业银行信息披露办法》在之前的《商业银行信息披露暂行办法》（2002 年）基础上进行了改动，内容上丰富了一些，例如，在应披露的会计报表中增加了现金流量表一项，对市场风险状况的披露进行了完善。证监会发布的《商业银行信息披露特别规定》对于上市银行的规定就更加细化，对定期报告的内容、需要公告的事项、应当予以披露的关联交易等，都做出了较为细致的规定。除了这两部规章，还有《商业银行资本充足率管理办法》专章规定了资本充足率的信息披露问题。相比较而言，新资本协议将适用范围确定于银行集团最高层次的并表，而且，资本、风险暴露和评估项下的信息披露又分为定性披露和定量披露两方面，每一方面都有具体、详细的要求。对照新资本协议的有关规定，从整体上看，我国银行机构信息披露不充分的问题依然较为突出。

我国现行立法要求商业银行应披露财务会计报告（包括会计报表，会计报表附注和财务情况说明书）、各类风险管理状况、公司治理信息、年度重大事项，要求披露的项目已经涵盖了商业银行财务状况、经营管理、风险管理等主要信息。但从各商业银行实际披露的情况来看，披露以财务信息为主，对于反映其资产质量、风险管理效果的信息没有足够的揭示，风险披露是我国商业银行信息披露最为薄弱的部分。根据《商业银行资本充足率管理办法》的规定，资本充足率的信息披露主要包括风险管理目标和政策、并表范围、资本、资本充足率、信用风险和市场风险。按照现有规定披露资本充足率，只披露资本充足率指标，缺少核心资本、补充资本及其扣减量等指标，缺少市场风险权重、不同风险资产对应的资本要求等重要信息的披露。比照新资本协议的规定，我国现有的法律文件基本没有对资产证券化、股权、银行账户的利率风险、操作风险等信息的披露做出要求，而这些业务或风险在我国银行的经营中已经有很充分的发展或暴露，需要有法律对它们进行规范。除了风险和风险管理信息披露不充分外，我国对于表外业务的披露也是不够的。从上市银行的信息披露情况看，大多只披露了表外业务的种类、到期日及期初期末余额等方面的信息，而对表外业务的风险管理未做出具体的披露。表外业务信息披露普遍存在高估资本充足率和利息收入的现象，缺乏非财务信息和公允价值等方面的披露，应在立法上予以完善。

2. 在披露的形式上可以考虑增加补充报表披露信息。补充报表是会计报表的附属资料，它以各类明细表为主，同时包括一些主表中无法体现的信息。西方国家对财务报告中的补充报表规范得比较完善，而我国的《会计法》及有关法律制度中对此没有规定。实践表明，补充报表在西方国家的会计信息披露中有着十分重要的作用，我们应该借鉴西方国家的有益经验，对于会计报表附注中没有披露的内容在必要的情况下可采取补充报表的形式予以披露。

3. 对于某些重要或者复杂的事项（例如或有事项）的披露规定不符合国际惯例，需要在未来进行调整。或有事项是指，过去的交易或事项所形成的一种不确定的状态，其结果须通过未来某一事项的发生或不发生予以确定。或有事项包括或有资产和或有负债，如对外担保、未决诉讼。财政部 2002 年颁布的《金融企业会计制度》首次对或有事项的信息披露进行了规范，明确指出"金融企业不应当确认或有负债和或有资产"，要求金融企业在会计报表附注中对其进行披露。按照 2007 年颁布的《商业银行信息披露办法》，或有事项应仍然放在会计报表附注中披露，即进行表外披露。但是，按照巴塞尔委员会以及国际会计准则委员会的规定，应将或有事项特别是风险较大的或有事项（如金融衍生产品）在表内进行确认，并在当期损益中确认公允价值的变化，这应该是对或有事项进行会计核算的发展方向。由于或有事项本身的复杂性，对其进行确认和计量十分困难，我国银行机构对或有事项的管理目前还处于起步阶段，如果在现阶段放在表内确认会带来风险。可等到我国银行机构管理或有事项经验较为丰富的时候，再按照国际惯例修改相关法律规定，将其纳入表内披露。

（二）现有法律规定还没有采用严格明晰的信息分类，没有对核心信息和补充信息、强制披露的信息和自愿披露的信息、向监管机构披露的信息和向社会公众披露的信息等进行区分，缺少对保密信息和专有信息的法律保护，因此，银行的信息披露还不够科学。下一步应区分各类信息，使信息的披露更加科学

1. 应从立法上鼓励银行披露更多的信息，增加银行经营的透明度。新资本协议十分强调根据信息的"重要性"决定是否予以披露以及披露程度。我国的《商业银行信息披露办法》规定，该办法是银行机构披露信息的最低要求，银行可以自行决定披露更多信息，该办法规定的信息为"关键性项目"。这可以被视为对强制披露信息和自愿披露信息、核心信息和补充信息的划分。目前，业界还没有形成哪些信息属于自愿披露范围、哪些信息属于"非关键性项目"的惯常做法,可以由监管部门发布指引或者由银行业协会发布指导性文件,规定自愿披露的内容、格式和程序,鼓励银行披露更多社会公众可能感兴趣的其他信息。

2. 应保护银行的专有信息和保密信息,鼓励银行全面披露包括负面信息在内的重要信息,同时,在立法上采用提高披露频率等方式控制负面信息可能产生的市场波动。新资本协议注重对于专有信息和保密信息的保护,按照新资本协议的规定,专有信息是指如果与竞争者分享,有可能削弱银行竞争地位的信息,如关于产品和系统的信息,保密信息则通常指由法律协议加以规定的客户信息。我国现行信息披露法律制度,只是很原则地规定了对于某些事项经监管部门批准,可以免于披露,还没有明确提出应保护银行的专有信息和保密信息。另外,新资本协议还注意到了负面信息的披露问题,在某些情况下,银行如实披露负面信息可能引发市场的过度反应。巴塞尔委员会认为,这个问题可以通过持续、真实地披露负面信息加以解决,市场的波动可以控制。我国的信息披露法律制度还没有涉及负面信息披露问题,而且,为了缓解负面信息带来的冲击,应该增加信息披露的次数。

3. 应在法律上明确银行向监管机构和社会公众披露的信息的范围有所不同。银行机构披露信息的对象包括两类,监管机构和社会公众。我国法律对向监管机构和向社会公众披露的信息要求是一样的,就是商业银行的年度报告。这样的法律规定不利于保护商业银行的专有信息,而且,社会公众对负面消息的理解也不可能与专业的监管者相比,容易做出过度反应,甚至引发系统性风险。为了避免这种情况的出现,许多国家的法律规定银行向监管机构全面披露信息,对于向公众披露的信息则进行了限定。我国的信息披露法律制度也应区分向监管机构披露的信息和向社会公众披露的信息,向社会公众披露的信息应该真实、准确、及时,而且明白易懂,披露的重心放在资本充足率、风险管控、业务经营上。

（三）我国的新会计准则与国际会计准则还存在一定的差异，而且，新资本协议在会计处理上的很多要求还高于国际会计准则的要求。因此，我国银行机构目前提供的信息还存在国际可比性差的问题，在一定程度上削弱了我国银行机构的国际竞争力

商业银行信息披露需要借助会计体系予以实现，会计标准直接制约着信息披露的质量，执行新的会计准则能真实、公允地反映财务状况和经营成果，意味着会计信息质量的提高。在新的《企业会计准则》实施前，银行业金融机构执行的会计制度存在较大差异，不同类型机构的相同业务、同一类型的不同机构采用不同的会计处理方法，损害了会计信息的可比性、有用性，不利于社会公众分析、评价银行的财务和风险状况，也不利于银行监管工作的开展。新会计准则的实施在很大程度上改善了这一问题。"在39项新会计准则中，与商业银行有关的主要有四项：《企业会计准则第22号——金融工具确认和计量》、《企业会计准则第23号——金融资产转移》、《企业会计准则第24号——套期保值》、《企业会计准则第37号——金融工具列报》等准则。在这些准则中，22号准则对商业银行报表的影响最大。该准则共分为7章48条，对金融资产和金融负债的分类、嵌入衍生金融工具、金融工具的确认和计量、金融资产减值、公允价值确定等做了详细的规定。新会计准则给商业银行报表带来的变化主要体现在以下三个方面：一是要求对交易性、可供出售金融资产按公允价值计量；对持有至到期投资、贷款以及应收款项按实际利率法以摊余成本计量。二是要求采用未来现金流量折现法提取金融资产减值准备，并且金融资产减值准备一经提取，即不得转回。三是要求将衍生金融工具纳入交易性金融资产，按公允价值计量，并且将公允价值变动形成的利得和损失计入当前损益"。[1] 新会计准则运用公允

① 郝爱群、张显球：《新会计准则主要特点及其对银行业的影响》，《金融时报》2007年5月28日。

价值计量部分金融工具，这是我国会计准则与国际会计准则接轨的重要一步。但由于我国金融市场与发达国家金融市场的发育程度还有一定差距，公允价值的获得、可靠性等还不能与发达金融市场处于同一水平上，在实施新会计准则的通知中，银监会特别要求银行业金融机构审慎使用公允价值，逐步建立稳定可靠的内部模型对有关的金融工具进行估值，要建立运用公允价值计量的内部控制制度，记录公允价值计量的依据和过程，确保公允价值计量的准确性、可靠性。这样的要求是基于现实做出的合理要求，但考虑到实施新资本协议的国家——如欧盟、美国等——遵循的会计准则甚至高于国际会计准则的要求，我国银行机构在会计处理上与国际活跃银行相比，差距是相当明显的，直接影响到我国银行机构信息的国际可比性，削弱了我国银行的国际竞争力。

（四）关于银行机构违反信息披露法律义务所应当承担的法律责任，现有规定过于原则、简单，需要进一步细化。只有加重银行管理层相应的法律责任，才能使法律的规定具有刚性的约束力

《银行业监督管理法》第46条规定，银行业金融机构不按照规定提供报表、报告等文件、资料的，由银行业监督管理机构责令改正，逾期不改正的，处十万元以上三十万元以下罚款。《商业银行信息披露办法》第29条规定，对在信息披露中提供虚假的或者隐瞒重要事实的财务会计报告的商业银行，由中国银行业监督管理委员会按照《中华人民共和国商业银行法》第75条给予行政处罚，对有关责任人按照《中华人民共和国银行业监督管理法》第48条采取相应措施。对出具虚假审计报告的会计师事务所及有关责任人员，按照有关法律、法规采取相应措施。《上市公司信息披露管理办法》第6章规定了"监督管理与法律责任"，规定证监会对上市银行及其董事、监事、高级管理人员，上市公司的股东、实际控制人、收购人及其董事、监事、高级管理人员违反信息披露义务的，可以采取责令改正，监管谈话，出具警示函，将其违法违规、不履行公开承诺等情况记入诚信档案并公布，认定为不适当人选等措施。该办法还规定，信息披露义务人未在规定期限内履行信息披露义务，或者所披露的信息有虚假记载、误导性陈述或者重大遗漏的，中国证监会按照《证券法》第193条进行处罚。[1] 归纳起来，证监会对于上市银行及其管理层违反信息披露义务的，主要处罚措施包括警告、罚款、责令改正、监管谈话、认定为不适当人选。总的看来，这些法律文件对于银行或银行管理层违反信息披露义务所应当承担的法律责任，规定得还是较为原则、处罚较轻，不能将法律的约束落实为一种刚性约束，应当进一步加重银行机构和银行管理层的法律责任，特别应规定虚假信息披露和欺诈型信息披露的责任人须承担刑事法律责任。而且，我国的现有规定侧重于惩戒虚假和欺诈型信息披露行为，某些银行钻法律的空子，选择对其有利的信息进行披露，故意拖延披露或者隐瞒负面信息，对这一类行为法律也应当做出规定并明确相应的法律责任。

银行业金融机构的信息披露对于有效监管的作用是显而易见的，它既是外部监管的重要补充，也是市场纪律原则的集中体现。银行信息披露法律制度的发展和完善受到市场本身的制约，应与一国银行市场的市场化程度相适应。这一精神在新资本协议中体现为以下两个原则：一是采用核心披露与补充披露相结合的方式；二是区分不同发展水平的银行，提出不同的披露要求。现阶段，我国与信息披露密切相关的会计制度与国际会计准则存有一定的

---

[1] 《证券法》第193条规定，发行人、上市公司或者其他信息披露义务人未按照规定披露信息，或者所披露的信息有虚假记载、误导性陈述或者重大遗漏的，由证券监督管理机构责令改正，给予警告，处以三十万元以上六十万元以下的罚款。对直接负责的主管人员和其他直接责任人员给予警告，并处以三万元以上三十万元以下的罚款。发行人、上市公司或者其他信息披露义务人未按照规定报送有关报告，或者报送的报告有虚假记载、误导性陈述或者重大遗漏的，责令改正，给予警告，并处以三十万元以上六十万元以下的罚款。对直接负责的主管人员和其他直接责任人员给予警告，并处以三万元以上三十万元以下的罚款。发行人、上市公司或者其他信息披露义务人的控股股东、实际控制人指使从事前两款违法行为的，依照前两款的规定处罚。

差异，而且，在我国银行业经营水平与国际活跃银行相比还有相当差距的情况下，完全采用新资本协议建议的披露标准，很有可能导致我国的银行机构在国际竞争中处于劣势，因此，与我国银行业的发展步调保持一致，逐步但是尽可能快地向新资本协议确立的标准靠拢是比较现实的选择。

第二节　外资银行监管法律制度

自 1979 年日本输出入银行在中国设立第一家外国银行代表处以来，30 多年来我国的银行市场对外国资本经历了一个从封闭到基本放开的发展过程。"到 2007 年 10 月末，在华外商独资银行 20 家，下设分行 95 家；合资银行有 3 家，下设 5 家分行和 1 家附属机构；外商独资财务公司有 3 家。另外有 22 个国家和地区的 72 家外国银行在华设立了 130 家分行。另外有 46 个国家和地区的 191 家银行在我国 25 个城市开设了 241 家代表处。"① 目前，外资银行在中国已经具有相当的规模，对外资银行的监管也成为银行监管工作的一个重要方面。银监会自成立以来，逐步完善对外资银行的监管：一是强化以风险监管为核心，坚持审慎性、持续性监管，建立了外资法人机构评价体系（CAMELs）和外国银行分行及其母行支持度的评价体系（ROCA & SOSA），进一步完善了风险监管手段；二是修订《外资金融机构管理条例实施细则》并制定《外资银行并表监管管理办法》《外资银行分类监管办法》等法规和部门规章，进一步规范监管工作；三是加大现场检查力度并完善非现场监管系统。此外，银监会还在简化准入审批程序、完善审慎监管标准和措施、加强同国际金融组织合作等方面做了大量工作。随着中国银行业加入世贸组织过渡期的结束，我国按照承诺对于外资银行子行给予国民待遇，除了列入承诺表中的限制条件外，

---

① 《银监会谈"中国银行业全面开放一周年"》，中国政府网，2007 年 12 月 18 日。

对外资银行子行实行与中资银行一样的监管，而对于外资银行分行，我国也在承诺的基础上，根据其风险特点实施与中资银行和外资银行子行不一样的审慎监管措施。通过完善外资银行监管法律制度加强对外资银行的监管已成为立法者的一项重要任务。①

一　跨国银行国际监管与巴塞尔文件体系

巴塞尔委员会自成立以来一直致力于跨国银行国际监管领域的研究，并取得了令人瞩目的成果，相继发布了《对银行国外机构的审批程序》（1983 年）、《对银行国外机构的监管原则（巴塞尔协定）》（1975 年发布，1983 年修订）、《银行监管当局之间的信息交流（巴塞尔补充协定）》（1990 年）、《对国际银行集团及其境外机构的最低监管标准》（1992 年）、《跨境银行监管》（1996 年）、《有效银行监管的核心原则》（1997 年），新资本协议也用了一定篇幅阐述"加强跨境交流与合作"。2006 年 6 月，为有效实施新资本协议，巴塞尔委员会发布《有效实施新资本协议：母国与东道国的信息共享》。这些文件提出的跨国银行国际监管方面的原则、标准伴随着国际银行业的发展还在不断地丰富、更新。

（一）《对银行国外机构的监管原则（巴塞尔协定）》（1975 年发布，1983 年修订）、《银行监管当局之间的信息交流（巴塞尔补充协定）》（1990 年）

1975 年发布的《对银行国外机构的监管原则（巴塞尔协定）》针对当时跨国银行监管主体缺位的现实，指明了两点：一是任何银行的国外机构都不能逃避监管；二是母国和东道国应共同承担监管责任。《巴塞尔协定》（*the Basel Concordat*）以促进成员国监

① 外资银行、跨国银行、国际银行是三个经常被混用的概念，国际银行通常与跨国银行表达相同的含义，两者之中更为常用的是跨国银行，跨国银行一般被视为跨国公司的一种。而外资银行是站在东道国立场上对同时在多个国家营业的银行的称谓，实际上指的就是跨国银行。因此，本书第一节的标题使用了跨国银行的概念，第二节、第三节使用了外资银行的概念。

管当局之间的协商和合作为目标，是国际监管发展历史上的一份重要文件，其主要缺陷在于对母国和东道国之间的责任划分不够明确。1978 年，巴塞尔委员会颁布了《综合资产负债表原则》，首次将并表监管确定为银行监管的一项重要原则。该文件建议将跨国银行的总行、海外分行及附属机构视为一个整体，综合考察其资本充足性、流动性、清偿能力、贷款集中度、外汇风险与国家风险。1983 年，委员会发布《对银行国外机构的审批程序》，指出对新的外国银行机构的审批程序是对银行国外机构实施充分监管的基础，规定了境内审批程序和境外审批程序的一般原则。

以上述研究成果为基础，巴塞尔委员会 1983 年修改了《巴塞尔协定》，深化、完善了 1975 年《巴塞尔协定》的有关内容。协定首先划分了银行国外机构的类型，分行、附属机构、合资银行或国际财团，讨论了对银行国外机构进行监管的一般原则。委员会认为，一般原则有两个：第一，任何银行外国机构不得逃避监管；第二，监管应当是充分的，为此，东道国当局应确保母国当局能迅速知晓其所辖银行国外机构产生的任何严重问题，母国当局在母银行发生问题并可能影响其国外机构时应通知东道国当局。以"确定股权原则为主，当地市场原则为辅；母国综合监督为主，东道国个别监督为辅"为总体思路，要求母国当局对银行或银行集团实施并表监管，东道国当局负责对在其领土范围内从事经营的单个机构进行监管。《巴塞尔协定（修订）》强调指出，对银行国外机构的充分监管，不但要求在母国和东道国监管当局之间适当地划分责任，而且要求在二者之间进行联系与合作。《巴塞尔协定（修订）》的不足之处在于：侧重对银行或银行集团的综合资产负债进行监管，跨国银行依然可以利用资金的调拨逃避监管或从事投机；要求母国和总行承担国外机构的一切风险，客观上放任了东道国为了吸引外国资金而放松监管；一些国家特别是离岸金融中心的银行保密法禁止母国进行现场检查，使综合监管难以充分实施；没有涉及最后贷款人的问题。

1990 年，委员会发布《银行监管当局之间的信息交流（巴塞尔补充协定）》，作为《巴塞尔协定》的附件予以发行，是协定的发展和补充。《补充协定》认为为了确保银行监管当局之间充分的信息流动，应从五个方面着手：第一，审批。第二，母国当局对信息的需要。母国监管者的主要要求是确保设置一套例行程序，使信息定期流向母银行，再从母银行以并表形式流向母国当局。第三，东道国当局的信息需要。补充协定指出，在下列情况下，东道国当局的监管会更有效，① 东道国监管者在实施监管时，能了解母国监管者对外国机构的监管能力以及母国银行或整个银行集团所受到的审慎性约束；② 东道国当局能不断地就影响在其领土上设立机构的特定银行的事态得到通报。第四，取消保密约束，在满足有关条件的前提下，修改保护银行客户合法利益的国家保密法。第五，外部审计可以为监管者提供进一步的保证。当外国机构处于母国监管覆盖范围之外，也没有纳入东道国检查系统时，可以采用外部审计。

（二）《对国际银行集团及其境外机构的最低监管标准》（1992 年）

《对国际银行集团及其境外机构的最低监管标准》（以下简称《最低监管标准》），在强调母国与东道国在监管方面密切合作的前提下，要求在监督跨国银行时应当坚持以下标准：第一，所有的国际银行应当由执行并表监管职能的母国监管当局监管，母国监管当局有权禁止妨碍监管的公司组织结构。第二，跨境设立银行应当首先征得东道国和母国监管当局的同意。第三，母国监管当局应当有权获得跨境银行的信息。第四，如果东道国监管当局认定未满足上述三条标准中的任何一条时，可以采取限制性措施，或制止其设立银行机构。《最低监管标准》是各国监管当局采取必要步骤确保自身的监管安排能够满足监管需要的最低标准。

（三）《跨境银行监管》（1996 年）

《对国际银行集团及其境外机构的最低监管标准》发布后，在实施中遇到了一些问题，如，母国监管当局为实行有效并表监管所必需的信息可能会遭遇东道国银行保密法的限制，母国监管当局的跨境现场检查也可能会存在法律障碍。还有一个很重要的问题是，东道国应对母国监管当局是否具有并表监管能力做出判断，而这种判断缺乏可以依据的一般标准，等等。为了解决这些难题，巴塞尔委员会 1996 年出台了一份报告——《跨境银行监管》。这份工作报告对跨境银行监管的很多方面，特别是母国监管当局与东道国监管当局责任的划分，以及现实存在的一些问题，如空壳机构、平行所有权银行的监管等，提出了最佳做法。关于母国监管当局与东道国监管当局责任的划分，工作报告规定："母国和东道国监管责任的划分原则：① 所有跨国银行必须得到母国和东道国的有效监管；② 提高母国为保证并表监管而获得信息的能力；③ 提高东道国为保证有效监管而获取信息的能力。东道国的责任包括：① 提供信息义务；协助向母国提供必要信息；对任何引起关注的方面通知母国；② 协助或代表母国进行现场检查；③ 检查修改阻碍母国收集存款者信息的立法；④ 有权监管空壳分行。母国的责任包括：① 要求总行提供监管信息；② 确保信息的准确性；③ 实施现场检查；④ 银行违反母国法时，通知东道国；⑤ 母行经营有问题时，立即通知东道国；⑥ 对消除空壳分行的监管漏洞负有最终责任。"① 《跨境银行监管》还为 "跨境检查的标准程序"、东道国如何判断母国具有并表监管能力等提供了建议。

（四）《有效银行监管的核心原则》（1997 年）

《有效银行监管的核心原则》与跨国银行国际监管有关的内容可以概括如下：第一，明确了母国监管者的责任。强调对跨国银行实施全球性并表监管。母国监管当局必须对银行在世界各地的所有业务，特别是外国分行、附属机构和合资机构的各项业务，进行充分监测，并要求其遵守审慎经营的各项原则。为了实施并

---

① 杨松：《跨国银行境外机构母国监管制度的发展》，2009 年 7 月 13 日，中国法学会官方网站。

表监管，母国监管者应与东道国监管当局建立联系、交换信息。第二，明确了东道国监管者的责任。要求东道国监管当局给予外国银行国民待遇，对境内的外国银行适用与国内银行同样的监管标准。从并表监管的目的出发，东道国监管者有权与母国监管当局分享信息。

（五）新资本协议与《有效实施新资本协议：母国与东道国的信息共享》（2006 年）

新资本协议中的"加强跨境交流与合作"重申了过去已提出的原则和建议，指出新协议没有改变属地监管当局对本国银行机构进行监管的法律责任，也没有改变巴塞尔委员会现有的并表监管原则。为有效实施新资本协议，2006 年 6 月，巴塞尔委员会与核心原则联络小组联合发布《有效实施新资本协议：母国与东道国的信息共享》。这份文件指出，在强调母国和东道国监管当局进行信息共享的同时，银行应向母国和东道国监管当局提供充分的信息，以便于监管当局的监管。《母国与东道国的信息共享》的主要内容包括：第一，在坚持母国监管当局对跨国银行实施全球性并表监管的前提下，加重了东道国监管当局在监管合作中的分量。文件指出，对国际银行的有效监管取决于当地和集团并表两个层面的有效监管。东道国监管当局对当地市场情况很了解，可以采取直接的监管措施，并可与辖区内的当地银行直接沟通。东道国监管当局掌握的信息有助于母国监管当局对银行集团的评估，可以帮助母国监管当局更有效地监测、评估和处置银行集团所面临的当地风险。反过来，母国监管当局对银行集团的并表监管有时也能帮助东道国对当地银行进行有效监管。文件进一步指出，东道国监管当局有责任向母国监管当局提供用于并表监管的信息，同样，东道国监管当局有权根据相关性、重要性和适当性的原则获得对境内子行有重大影响的银行集团的相关信息，尤其是银行风险轮廓及其风险管理能力方面的信息。第二，不完全列举了东道国监管当局为有效实施新资本协议监管可能需要的信息,[1] 以及为有效实施新资本协议和有效监管,母国监管当局需要从东道国监管当局获取的信息。第三,信息共享的重点应放在与监管当局监管职责相关的信息上,此类信息应及时提供。东道国监管当局所需的信息应有助于监测、评估和处置境内银行的重大风险。母国监管当局所需的信息通常应有助于关注对银行集团产生重大影响的风险。任何一方监管当局在提出信息需求时,都应做好准备解释为什么需要这些信息,以便对方提供恰当的信息。文件指出,事实型信息和主观判断型信息是不同的,主观判断型信息如监督检查报告和评级系统的评估报告等只能由监管当局来提供,主观判断型信息是信息交换的重要部分。第四,子行的管理层应了解和管理银行的风险轮廓,并确保子行持有与风险组合相适应的充足资本。因此,子行应能够获取与其业务直接相关的新协议实施信息(这种信息可能子行有,也可能母行有,也可能子行、母行都有,这主要取决于所采用的方法)。子行应做好准备在东道国监管当局提出要求时在一定时限内提供信息。第五,确立跨境实施新协议的高级原则。① 新协议并不改变各国监管当局负责监管其国内的银行的法律责任,也不会改变根据巴塞尔银行监管委员会制定的并表监管原则做出的制度安排。② 母国监管当局负责监督银行集团在并表的基础上实施新协议。③ 东道国监管当局(特别是外资银行子行所在地的东道国监管当局)所提出的各项要求,应该得到理解和认可。④ 法律上有共同利益的监管当局应加强务实的合作。母国监管当局应牵头负责协调工作。⑤ 必要时,监管当局应避免实施重复的、不协调的审批和验证工作,以减少银行的实施负担,节约监管资源。⑥ 实施新协议时,母国和东道国监管当局应就各自的职责充分沟通,尽可能地明确各自对在多国从

---

① 包括两类:由银行向东道国监管当局提供的信息;特殊情况下,可由母国监管当局向东道国监管当局提供的信息。

事重大跨境业务的银行集团的监管职责。母国监管当局应牵头负责协调与各东道国监管当局之间的合作。

巴塞尔文件体系提出的关于跨国银行国际监管的原则、标准和建议，在国际监管和各国（包括非十国集团成员国）的外资银行立法领域产生了巨大影响，概括起来，这些原则、标准和建议的主要内容如下。

第一，母国监管当局应对跨国银行实施综合并表监管。跨国银行国际监管的一个基本原则就是综合并表监管，巴塞尔文件体系要求跨国银行总行和母国监管当局除了根据银行全球业务规模控制其资本充足率外，还对其风险集中和资产质量进行管理。简单说，就是监管机构对银行或银行集团的整体经营进行监管。尽管推行综合并表监管原则会延伸母国的监管权力触角，但这并不意味着东道国对其境内外国银行机构的监管责任的降低或减少。这一点，委员会在强调母国监管当局对跨国银行的监管承担主要责任的同时，也在不断提升东道国在监管合作中的地位，包括根据"最低监管标准"判断境内外国银行是否受到了母国的有效监管，如果没有，有权禁止其在境内设立机构。而且，东道国在获取境内外国银行机构以及母行经营状况的信息方面，权力范围也在不断扩充。

第二，母国监管当局和东道国监管当局之间监管责任的划分。1983年的《巴塞尔协定》对跨国银行业务监管的责任进行了划分：① 清偿能力。对于分行，东道国当局对于监测外国银行分行的财务稳健性负有整体责任，但对清偿能力的监管主要是母国当局的责任。对附属机构，监管责任由母国和东道国共同承担。对合资银行，在一般情况下，主要由注册国当局承担。② 流动性，东道国当局有责任对境内的外国银行机构的流动性进行监测，而母国当局有责任监督银行集团的整体流动性。对分行，一般情况下由东道国当局承担主要责任，特殊情况下，双方可以就此问题进行协商。对附属机构而言，主要责任应由东道国当局承担。对合资

135

银行来说，对流动性进行监管的责任主要在于注册国当局。③外汇业务和头寸，母国当局和东道国监管当局应共同承担责任。母银行应设置监测本银行集团全部外汇头寸的监测系统，而母国当局应对这些系统进行监测。东道国当局则应对境内外国机构的外汇头寸实行监督，并应了解母国当局对这些机构实行监管的内容及其实施的程度。

第三，母国监管当局与东道国监管当局还应加强合作和信息共享。委员会认为，为了实施有效监管，母国和东道国之间的合作是十分必要的。例如，东道国应配合母国监管当局对银行海外机构的现场检查，委员会还提供了专门的"跨境现场检查标准程序"。关于信息共享，巴塞尔文件体系指出信息共享有助于开展有效监管，务实、充分的信息共享能够减轻银行的负担。委员会还提出了许多有益的建议，这些建议非常细致和深入，包括母国在实施并表监管时可能需要的信息，东道国可以要求银行或母国监管当局提供的信息，等等。这些建议既是对国际银行监管最佳做法的总结，也为许多国家开展国际监管合作提供了指导性的意见。

第四，确立最低监管标准。巴塞尔委员会指出，东道国监管当局在考虑是否批准外国银行或银行集团设立营业机构或其他需经监管当局批准的事项时，必须明确该银行或银行集团是否受到了综合监管，以及母国监管当局是否具备了最低标准要求的监管能力。如果某个银行或银行集团未能满足最低标准，其母国当局亦无意或无法做出努力以满足这些要求，那么原则上东道国当局不应准许该银行或银行集团在其管辖范围内设立跨国机构。1996年，委员会为解决实施上述标准所遇到的一些问题，设计了进一步的方案，包括改进母国监管当局为实施有效并表监管而获取必要信息的渠道、改进东道国监管当局为实施有效并表监管而获取必要信息的渠道、确保所有的跨国银行经营都能受到母国与东道国的有效监管。

第五，关注监管实践中出现的一些问题，并提出解决方案，供各国改进监管使用。委员会注意到了很多大型国际银行具有非常复杂的股权结构，在监管中可能涉及多个国家的监管当局，为了解决这一问题，相关监管文件明确提出，母国监管当局有权禁止为了逃避监管而精细设计的公司结构。对于空壳银行机构、平行银行机构，委员会也提出了相应的监管建议。在多份文件中，委员会还探讨了母国实施并表监管可能与东道国银行保密法之间发生冲突的问题。委员会建议东道国修改有关立法，同时指出，在获取并表监管所需的信息时，除了打击犯罪的需要外，要注重保护银行客户的信息和银行的专有信息。

二 我国外资银行监管法律制度

1994 年，我国颁布规范外资银行的第一部法规——《外资金融机构管理条例》，规定了外资银行在中国的市场准入条件和监管标准。目前已有不少涉及或专属于外资银行监管方面的法律法规和部门规章、规范性法律文件，主要有《银行业监督管理法》《商业银行法》《行政许可法》《外资银行管理条例》《外资银行管理条例实施细则》《关于〈中华人民共和国外资银行管理条例实施细则〉公布后有关问题的公告》《外资银行并表监管管理办法》《境外金融机构投资入股中资金融机构管理办法》《外资银行法人机构风险评级体系》《外国银行分行 SOSA、ROCA 评级体系》《委托注册会计师对外资金融机构进行审计管理办法》《外资银行外部审计指导意见》《商业银行服务价格管理暂行办法》《商业银行集团客户授信业务风险管理指引》《金融机构衍生产品交易业务管理暂行办法》《商业银行资本充足率管理办法》《商业银行与内部人和股东关联交易管理办法》《电子银行业务管理办法》《商业银行外部营销业务指导意见》《商业银行个人理财业务管理暂行办法》《商业银行开办代客境外理财业务管理暂行办法》《中国银行业监督管理委员会关于向外资金融机构进一步开放人民币业务有关事项的通知》《中国银行业监督管理委员会关于外资银行开办保险外汇资金境外运用托管业务的通知》《中国银行业监督管理委员会关于调减外国银行分行和外资独、合资银行分行营运资金标准的通知》，等等。我国的外资银行监管法是随着银行业的对外开放，以及外资银行在中国业务范围、经营地域的不断扩大而逐步发展起来的。近几年颁布的几项重要立法对外资银行监管的以下几个方面做出了调整。

（一）出台《外资银行管理条例》《外资银行管理条例实施细则》，确立法人银行导向原则，进一步统一中、外资银行监管标准，为外资银行监管提供了基本法律依据

2006 年 12 月开始实施的《外资银行管理条例》（以下简称《条例》）、《外资银行管理条例实施细则》（以下简称《实施细则》）是在原《外资金融机构管理条例》及其实施细则的基础上修改而成的，是中国为了兑现加入世界贸易组织的承诺，2006 年全面对外开放银行业，在保证金融稳定的前提下，促进中、外资银行公平竞争，在立法上采取的积极举措。2014 年 11 月，《外资银行管理条例》进行了修订，进一步放宽了外资银行的设立条件。《外资银行管理条例》及其实施细则以下几个方面的规定对外资银行在华开展业务、实施审慎监管有重要作用。

1. 借鉴国际惯例，确立外资银行法人银行导向原则

我国在修改《条例》时，借鉴了国际惯例，对境内具有独立法人资格的外资银行，允许其全面经营人民币业务。世界上很多国家在审批外国银行进入本国银行市场时，为了防范风险，都限定仅允许外资法人银行全面经营本国货币业务。这是因为，法人银行有单独的注册资金要求，能够独立承担民事责任，母公司对子银行的控制远没有对海外分行的控制那么深，有助于在银行与其海外机构之间建立防火墙，有效隔离风险。目前，对外资银行采用法人银行立法导向原则的国家很多，如，英国和加拿大。①

————————

① 加拿大只允许开设子银行，因为子银行是在加拿大注册的法人，有独立于母公司的资本金，独立承担经营风险，金融监管当局能够对其进行完全的监管。参见张忠军《金融监管法论——以银行法为中心的研究》，法律出版社 1998 年 7月第 1 版，第 329 页。

《条例》借鉴国际惯例，通过很多规定确立了外资银行的法人银行导向原则，即通过对法人银行和外国银行分行的业务范围进行区分性规定，鼓励外国投资者在我国设立外资法人银行（外商独资银行和中外合资银行）。《条例》规定，外国银行根据在华经营战略，可按照自愿的原则选择商业存在形态，在中国没有注册法人银行的外国银行如有发展中国公民人民币业务的意愿，可以申请将分行转为在中国注册的法人银行。《条例》还允许进行法人银行转制的外资银行，保留一家经营外汇批发业务的分行，这条规定为外资银行向大型跨国公司发放大额贷款提供了便利。与此同时，为了控制风险，《条例》规定，设立外商独资银行、中外合资银行，其唯一股东或者控股股东必须是商业银行，而且中国银监会有权确认母国监管当局能够实施有效监管，该机构的设立经过母国监管当局的审批。这条规定借鉴了巴塞尔文件体系中的某些内容，立法目的在于确保在我国设立外资法人银行的公司具有良好的股东资质，设立的外资法人银行具有良好的风险管控能力和良好的公司治理结构，这条规定还能够有效地控制股东和银行机构之间的关联交易。

2. 调整适用范围，规定《外资银行管理条例》及其实施细则适用于外商独资银行、中外合资银行、外国银行分行和外国银行代表处四类机构

《条例》第 2 条规定，外资银行是指在中国境内依法设立的"1 家外国银行单独出资或者 1 家外国银行与其他外国金融机构共同出资设立的外商独资银行；外国金融机构与中国的公司、企业共同出资设立的中外合资银行；外国银行分行；外国银行代表处"。《外资金融机构管理条例实施细则》（2004 年）规范的是外商独资银行、中外合资银行、外国银行分行和外资财务公司，《条例》对此做了两项调整：① 从调整对象中删除了外资财务公司。由于法规的变化，已经取消了非企业集团内部的、为社会服务的外资财务公司这种机构形式，外资财务公司属于集团财务公司性

质，由适用于中、外资财务公司的《企业集团财务公司管理办法》统一规范。②增加了对外国银行代表处的规范。外国银行代表处过去是由《外资金融机构驻华代表机构管理办法》规范，考虑到外国银行代表处是外国银行在华分支机构的一种商业存在形式，从有利于全面综合监管外资银行考虑，将代表处纳入《条例》的适用范围。

3. 对于在中国注册的外资法人银行，尽可能适用与中资银行一致的监管标准，体现了国民待遇原则，以促进公平竞争

《细则》在以下几个方面进一步统一了中、外资银行的准入和监管标准：一是外资银行业务范围增加代理保险业务，业务范围与中资银行基本一致。二是外商独资银行、中外合资银行及其下设分行注册资本和营运资金的要求与中资银行及其下设分行的要求一致。三是规定外商独资银行、中外合资银行、外国银行分行初次开办人民币业务需满足"提出申请前在中华人民共和国境内开业1年以上"的条件。但是，外商独资银行、中外合资银行的下设分行在其总行获准的业务范围内，经授权开展人民币业务，无须批准。四是在实施审慎监管上，中、外资银行尽量保持一致。《条例》规定外商独资银行、中外合资银行执行《商业银行法》第39条规定的资产负债比例管理办法，具体计算方法执行银行业监管报表体系的规定。外商独资银行、中外合资银行与中资银行执行同样的贷款分类、信息披露、计提存款准备金、关联交易等方面的规定。五是《条例》规定外资银行董事、高级管理人员、首席代表的任职资格应当符合国务院银行业监督管理机构规定的条件，与中资银行一致。《实施细则》第4章"任职资格管理"对外资银行董事、高级管理人员和首席代表的任职资格做出了规定。2007年，银监会还下发了《关于外商独资银行、中外合资银行独立董事任职资格管理的通知》，规定外商独资银行、中外合资银行的独立董事任职资格管理参照《股份制商业银行独立董事和外部监事制度指引》第1章的有关规定执行。六是与中资银行行政许

可规定保持一致，增加了外资银行临时停业的审批事项。规定外资银行临时停业 3 天以上 6 个月以下，须经所在地银监会派出机构批准。七是丰富了监督管理的内容：增加了有关信息披露、跨境大额资金转移报告、关联交易、业务外包等的规定，明确了特别监管措施的内容，规定对外商独资银行、中外合资银行实施并表监管。

4. 拓宽外资银行业务范围，简化外资银行业务许可层级，下调营运资金要求，为外资银行创造更为宽松的经营环境

《条例》和《实施细则》的有关规定为外资银行在华经营提供了良好的法律制度安排：一是规定外商独资银行、中外合资银行可以经营全面外汇业务和全面人民币业务。无论经营何种层级的业务，外商独资银行、中外合资银行及其下设分行的最低注册资本和营运资金要求与中资银行及其下设分行的要求一致，分别为 10 亿元人民币和 1 亿元人民币。二是外国银行分行业务范围得到进一步放宽，营运资金也进一步下调。①外国银行分行业务许可层级由原来的 6 级简化为 2 级：第一层级，全面外汇业务，最低营运资金要求为 2 亿元人民币；第二层级，经营部分或者全部外汇业务以及对除中国境内公民以外客户的人民币业务，最低营运资金要求为 3 亿元人民币。②外国银行分行在保持现有业务范围的基础上，可以吸收中国境内公民每笔不少于 100 万元人民币的存款，而且增加此项业务不需单独重新审批，不再增加营运资金要求。③外国银行分行在自愿的原则下，可以随时申请改制为外商独资银行。

（二）除了对新设外资银行进行规定外，还出台了《境外金融机构投资入股中资金融机构管理办法》，规范境外金融机构通过收购股份进入我国银行市场的行为

境外金融机构在中国除了设立新的机构外，还可以通过入股中资金融机构的方式进入中国市场，分享中国经济快速发展所取得的成果，这已经成为大型国际银行进入中国的一种重要方式。

外资入股中国银行业的过程中，被入股银行的范围由城市商业银行和中小股份制银行逐步升级到国有商业银行，入股比例也在不断提高。引入外国资本可以改善中资银行的资本状况、提高中资银行的经营管理水平。事实上，境外金融机构投资入股中资金融机构是一种特殊的、便捷的进入中国金融市场的途径，这其中涉及许多法律问题。例如，银行并购可能带来的问题，如外资控股对于金融秩序可能产生影响、可能形成垄断等。在这样的背景下，2003 年 12 月，我国颁布了《境外金融机构投资入股中资金融机构管理办法》（以下简称《管理办法》），促进和规范境外金融机构对中资金融机构的投资入股行为。依照《管理办法》，国际金融机构（如世界银行）和外国金融机构均可以向中资金融机构投资入股。《管理办法》主要在资产规模、信用评级、连续盈利、资本充足率、内控制度、注册地监管制度等方面规定了境外金融机构入股中资金融机构的条件。《管理办法》还将单个境外金融机构向中资金融机构投资入股比例的上限从 15% 调整到 20%。合理的公司治理结构应当避免股权过于集中，然而，境外金融机构向中资金融机构投资多倾向于高比例持股，为平衡两方面因素，并参照国际会计准则关于投资者只有拥有被投资者 20% 以上股权才能按权益法对长期股权投资进行相关会计核算的规定，将单个境外金融机构入股比例上限规定为 20%。此后，银监会又参照《中外合资企业法》的有关规定，明确外资入股比例最高可以达到 24.99%，不超过 25% 就不改变机构性质。

（三）根据外资银行发展状况，不断完善外资银行审慎监管法律制度

审慎监管一般包括对于资本充足率、资产质量、关联交易、内部控制、风险管理、信息披露的监管。按照《外资银行管理条例》的规定，外资法人银行及其下设分行的注册资本和营运资金应与中资银行保持一致，外资法人银行应遵守与中资银行相同的资本充足率、授信集中度等资产负债比例管理和关联交易等方面的监管要求。我国监管机构对外资银行的监管可以分为宏观监管和微观监管两个方面。在宏观监管方面，监管机构密切关注国际银行业的发展态势，防范全球性、区域性和国别性金融风险通过外资银行传染给中国的银行市场；以银行业监管信息系统为基础，监测分析外资银行跨境资金流动，特别注意监控大规模、非正常跨境资金流动；开展高风险机构和新型业务的系统性检查，有针对性地实施专项检查。在微观监管方面，银监会推行了全面风险监管，监控外资银行境内外、表内外和本外币各类风险，实施并表监管，监控外资银行在华分支机构的整体风险，防止监管套利。

我国目前对外资银行实施审慎监管的法律依据主要包括《商业银行内部控制指引》《商业银行资本充足率管理办法》《商业银行与内部人和股东关联交易管理办法》《商业银行市场风险管理指引》《商业银行信息披露暂行办法》《外资银行法人机构公司治理指引》《金融企业呆账准备提取管理办法》《财政部关于呆账准备提取有关问题的通知》《商业银行操作风险管理指引》《商业银行合规风险管理指引》《银行业金融机构信息系统风险管理指引》《商业银行金融创新指引》等。这些规章和规范性文件基本覆盖了资本充足率、内部控制、风险管理、信息披露等审慎监管的主要方面，为我国监管当局对外资银行实施审慎监管提供了重要法律依据，其中，2005 年发布的《外资银行法人机构公司治理指引》是一份重要的规范性文件。《外资银行法人机构公司治理指引》规定外资银行法人机构应当将本指引作为完善公司治理的指导，指出公司治理涉及公司股东会、董事会、监事会、管理层、股东及其他利益相关者之间的相互关系，主要包括公司治理架构、公司治理机制等方面。该指引对股东和股东会、董事和董事会、高级管理层、监督约束机制（监事会的设置、内部审计、外部审计、对关联交易的控制）、激励机制、信息披露与报告等进行了较为详细的规定。

根据巴塞尔委员会 1988 年发布的旧资本协议和 1997 年发布的

《有效银行监管的核心原则》体现出来的原则，我国对外资银行的审慎监管，应着重于以下几个方面：第一，对外资法人银行明确提出与中资银行相同的、审慎监管风险安全系数要求，包括存款准备金、存款保证金、存款保险、存放款利率、资本充足率、流动比率、贷款集中度等方面的规定，并根据外资银行经营状况随时进行调整。第二，建立一套量化评价标准体系，评定外资银行风险信用等级。由监管机构或专门的资信评估机构每年定期对各外资银行的资金实力、在华业绩、守法程度、经营管理能力及其母行的资信、母国的监管水平等方面进行综合评分，根据得分高低将外资银行分成不同信用等级。第三，加强对外资银行异常动向的跟踪监测，提高预防、发现风险能力，并运用立法中对外资银行违规处罚及市场退出等方面的规定，及时进行处理。第四，采用多种形式的监管方式，建立现场检查、非现场检查相结合的监管制度，对一些规模较大的外资银行还可由银监会或其派出机构常驻检查、加强监督。要以《加强外资银行外部审计工作指导意见》为依据，充分发挥中国注册会计师的外部审计作用，以保证外资银行报送的财务报表真实、可靠。第五，加快监管硬件的现代化建设，突出电子技术在监管中的作用，建立信息资源共享系统，实现信息在各国、各地监管机构之间的及时传递，增强防范和化解金融风险的快速反应能力。为了继续完善对外资银行的审慎监管，下一步还需要完善外资银行公司治理、跨境交易、资产转移以及母行对在华机构的管理等方面的制度。

（四）出台《外资银行并表监管管理办法》《银行并表监管指引（试行）》等法律文件，对外资银行实施持续监管

我国对外资银行实施持续监管的法律依据主要包括《银行业监督统计管理暂行办法》《中国银行业监督管理委员会现场检查规程》《中国银行业监督管理委员会统计现场检查规程（暂行）》《外资银行并表监管管理办法》《中国银行业监督管理委员会关于进一步加强银行业金融机构监管统计工作的通知》等。我国银行市场对外开放后，一段时间内，外资银行分支机构的数量持续增加，客观上要求中国的监管机构全面、及时地掌握外资银行（在华）的总体经营表现和风险状况，以应对外资银行经营策略一体化和业务管理集中化的发展趋势。为了对在华外资银行机构实施有效监管，必须了解母行经营状况和母国金融市场发展态势及相关监管政策，对母国监管当局的监管能力也必须进行判断，按照巴塞尔文件体系体现出来的并表监管思路建立对外资银行的并表监管势在必行。长期以来，我国对外国银行分行采用属地监管方式，针对单家分行实施监管，1999 年，我国的监管机构开始引入并表监管。由于当时外国银行机构在我国境内设立的分支机构和附属机构较少，实施并表监管只是针对在华设有两家以上分行的外国银行，内容也仅是对经营数据进行合并比较，同时提出一些信息上报的要求。

2004 年颁布的《外资银行并表监管管理办法》对并表监管的要求进一步深化，规定银监会对设立营业性分支机构或附属机构的独资、合资银行，以及在华设立两家以上（含两家）营业性分支机构的外国银行实行并表监管。通过并表方式，银监会全面监管在华注册外资法人机构的全球经营和风险状况；监管外国银行在华总体经营和风险状况，并关注该机构的全球经营风险和市场表现。《外资银行并表监管管理办法》规定，并表监管局应监督主报告行及时备案的事项包括已公布的年报和境内营业性分支机构会计年度的信息披露；外部评级机构的评级；母行（总行）对外发布的重要新闻稿；涉嫌被调查事件的说明文件；母国（地区）监管当局的评价和重大监管措施；母国（地区）金融、经济政策的重大调整说明；以及《外资银行管理条例实施细则》规定的其他相关材料。

《外资银行并表监管管理办法》要求监管机构对外资法人机构实施全球并表监管，对外国银行分行实施在华机构并表监管，同时关注集团的全球经营和风险状况。这一立法指导思想符合巴塞尔委员会关于跨境银行监管的有关原则，区分外资法人银行与外国银行分行各自的经营特点实施不同监管。《外资银行并表监管管理办法》还将并表监管与现场检查、非现场监管、外部审计结合在一起，以期对外资银行实施持续性监管。对外资银行实施并表监管意义重大。首先，实施并表监管能够反映母行经营策略对其海外机构的影响，帮助监管机构掌握外资银行的整体经营表现和风险状况，及时采取有针对性的风险监管措施。其次，并表监管能够将分散的外资银行监管信息进行综合，帮助监管机构更充分地了解每一家机构，结合监管评级等方式实施分类监管。最后，实施并表监管能够促进外资银行监管的系统化和持续化，并表监管与日常监管的有效结合能够促进监管机构实现以风险为本的审慎性持续监管。

应该指出的是，我国《外资银行并表监管管理办法》提出的"并表监管"与巴塞尔委员会倡导的并表监管原则存在的差异主要在于：巴塞尔委员会倡导由母国监管当局对银行或银行集团实施综合并表监管，我国对外资银行法人机构实施的并表监管不仅涉及外国银行在中国境内设立的子银行，还将母行的经营状况也纳入了并表监管的范围，对中国境内存在的外资银行分行则采用整体监管的方式，即由主报告行承担备案责任。《外资银行并表监管管理办法》还存在一定的不足：首先，对于并表监管与日常监管相结合规定较多，但对于主报告行应向并表监管局及时备案的事项仅有笼统规定，特别是第一项规定的"已公布的年报和境内营业性分支机构会计年度信息披露"需要进一步细化才具有可操作性，"境内营业性分支机构会计年度信息披露"的范围是什么，是否适用《商业银行信息披露办法》的有关规定应当予以明确。其次，《外资银行并表监管管理办法》规定了中国的监管当局有权"全面监管在华注册外资法人机构的全球经营和风险状况"，了解外资法人机构的全球经营和风险状况需要外资银行法人机构报送大量、详细的财务信息和其他材料，但材料的范围应包括哪些没有相应规定，而明确这些材料的范围是否符合国际通常的做法还存有疑问。最后，按照巴塞尔文件体系所体现出来的精神，东道国监管当局对于跨国银行海外机构所报送的材料负有保密义务，应当注意保护银行客户的信息和银行的专有信息，这些在《外资银行并表监管管理办法》或者其他的配套规章、规范性法律文件中还没有得到体现，应当做出规定。

2008 年，银监会发布《银行并表监管指引（试行）》，这份文件是我国站在母国监管当局的立场，对银行集团实施并表监管的一份重要法律文件。《银行并表监管指引（试行）》指出并表监管是相对于单一监管而言的，并表监管不同于会计意义上的并表，它的意义更为广泛。会计并表是指商业银行按照财政部颁发的《企业会计准则》，以母银行和子银行组成的银行集团作为会计主体，由母银行编制综合反映银行集团财务状况、经营成果、现金流量、股权变动状况的会计报表。并表监管还要关注监管意义上的风险信息，包括定量和定性两个方面。定量监管主要是针对银行集团的资本充足状况、信用风险、流动性风险、市场风险等各项风险状况进行识别、计量、分析和监测，进而在并表的基础上对银行集团的风险状况进行量化的评价。定性监管主要是针对银行集团的公司治理、内部控制、风险管理等因素进行审查和评价。《银行并表监管指引（试行）》规定了并表监管的范围，以控制为基础，兼顾风险相关性，要求并表范围的确定不仅依据所有权比例，还要注重母公司对附属公司的实际控制力，注重附属机构对母银行的风险影响程度，如果风险影响程度大，则纳入并表监管。在确定能否控制被投资机构时，应当考虑母银行和子公司持有的被投资机构的当期可转换公司债券、当期可执行的认股权证等潜在表决权因素，确定是否符合上述并表标准。对于当期可以实现的潜在表决权，应当计入母银行对被投资机构的表决权。《银行并表监管指引（试行）》对跨境并表监管、银行集团的并表管理做出了规定，目的在于识别和监控跨市场、跨境风险，将对我国银行集团并表监管产生重大影响。

三　完善外资银行监管法律制度的若干建议

(一)　在立法中明确我国外资银行监管的政策性原则

世界各国实行的跨国银行政策性原则大致包括对等互惠待遇、国民待遇、保护主义、单方优惠待遇四种。发达国家普遍适用互惠待遇、国民待遇及其变种，发展中国家则由其经济发展水平和金融业发展需要所决定，大多采用保护主义、单方优惠及其组合。在考虑经济发展战略的同时，社会发展目标同样是影响外资银行市场开放的重要因素。尤其对发展中国家而言，维护社会可持续发展是银行业的重要使命。[①]保护主义是指在对跨国银行的准入监管中，将重点放在保护本国银行业免受外来资本的控制上，从严审核，限制准入。保护主义分为绝对保护主义和相对保护主义，前者对外国银行持排斥态度，完全禁止其进入；后者以保护本国银行业为主旨，有限度地开放本国金融市场，辅之以严格的管制，是一种有限保护主义。[②]单方优惠待遇是指东道国不以受惠国对等互惠为条件，给予其境内的外资银行单方面的优惠待遇，允许外资银行从事国内银行所不能从事的某些业务或在其他方面给予优惠。这种待遇是东道国为了吸引外资银行进入本国金融业而采取的优惠措施。对等互惠待遇是指一国给予来自他国的外资银行的待遇依照该国对本国在该国的银行享有的待遇来确定，也就是说以对等的措施和政策来对待外资银行。[③]国民待遇是指外资银行在

---

① Gunther Handle: The Legal Mandate of Multilateral Development Banks as Agents for Change toward Sustainable Development, *American Journal International Law*, October, 1998.

② 严骏伟:《国际监管：跨国银行的金融规范》，上海社会科学院出版社、高等教育出版社 2001 年 1 月第 1 版，第 177 页。

③ 单纯适用或完全实行对等互惠会出现多种待遇标准，从而使一国有关外资银行的政策和待遇显得非常凌乱。因此，通行的做法是将对等互惠原则融入其他政策原则之中。

东道国内与当地银行享有同等待遇，即外资银行与当地银行享有同样的经营权利，承担同样的义务和责任，接受同样的金融监管，从而使它们在市场中处于同样的竞争地位。

各国对于外资银行的开放程度主要受制于本国经济的发展水平、银行市场是否需要引进外资等因素。由于各国的情况千差万别，因此引进外资银行的政策导向也就各不相同。大多数国家采取各种政策的混合，即以某一原则为主，其他原则为辅，或在不同的方面分别实施不同的政策，并根据国内经济、金融的发展适时调整。对发展中国家来说，重要的是学会在开放的市场条件下充分运用法律手段，既保护民族金融业，又能够引进外资银行的资金、技术和管理经验。发展中国家普遍设置了准入"安全阀"，限制外国银行的进入，同时对本国银行的业务经营给予一定的政策倾斜。我国银行业的对外开放，经历了一段时间的保护（过渡期保护），2006 年底，取消了对外资银行经营的地域限制，人民币业务对外资法人银行放开，至此，中国银行业基本对外放开。如何在法律的规制下，加大对外资银行的审慎监管力度，防止我国银行体系受到境外或国际金融风险的感染，已成为我国监管机构十分关心的一项课题。

"由于外资银行准入的复杂性，任何一个单一的原则都难以满足中国银行业市场开放的需要，因此必须把不同的原则结合起来运用。"① 综观世界各国，对外资银行在市场准入和业务经营等各个方面实行完全的国民待遇原则的国家几乎没有，多数国家往往在业务经营方面给予外资银行国民待遇，而在准入条件上则采取对等互惠原则甚至保护主义原则。例如，欧盟第 2 号银行指令就规定，对来自非成员国的外资银行在进入管制方面实行对等互惠原则，但对入境后的外资银行在业务管理上实行国民待遇原则。参

---

① 岳彩申：《跨国银行法律制度研究》，北京大学出版社 2002 年 3 月第 1 版，第60 页。

考其他国家成功的立法经验，在外资银行监管的政策性原则的选择上，我国宜根据本国银行业发展的实际情况，适时调整监管原则和目标。笔者认为，在市场准入关口，应实施相对保护主义，严格筛选适格的银行机构，进入中国市场后，对外资银行应以适用国民待遇原则为主，这样的政策性原则可以兼顾促进银行业发展、保护本国银行业双重目标的实现。

事实上，明确的政策性原则也是制定外资银行监管法的基本立足点，关系到具体法律制度的设计。《外资银行管理条例》及其实施细则没有明确规定我国对外资银行的监管奉行四种政策性原则中的哪一种或哪几种，从具体的条文中能够判断出我国现阶段外资银行监管立法致力于统一中、外资银行监管标准，很多方面都体现了国民待遇原则，这是中国经济发展到一定水平以后做出的正确调整。我国对外资银行监管法的政策性原则不明确，不利于消除现存的对外资银行"歧视性待遇"和"超国民待遇"并存的弊病。很多具体法律制度的设计只有在外资银行监管法政策性原则明确的前提下，才可能在多种方案中选择出最符合我国利益的方案。不在有关立法中明确政策性原则将导致法律文件之间、法律规范之间不连续、不一致等问题。建议在法律中明确外资银行监管法的政策性原则，这样可以使我国的外资银行监管立法工作有一个明确的指导原则，也可以使外资金融机构根据我国的法律规定确定在我国的长期发展规划，有利于银行产业稳定、持续发展。

（二）在市场准入环节，赋予监管机构更大的自由裁量权，确保进入我国银行市场的外资银行在业务经营、风险管理方面具有国际先进水准

实行国民待遇原则并不意味着外资银行可以不受限制地进入东道国的金融市场，外资银行进入东道国仍然要受到一些附加条件的限制，如资产状况、高级管理人员任职条件、母国的监管水平，等等。我国对外资银行的设立规定了条件，按照《外资银行管理条例》第 8 ~ 12 条的规定，包括注册资本和营运资金，拟设外商独资银行、中外合资银行的股东或者拟设分行、代表处的外国银行应当具备的条件，外商独资银行唯一或者控股股东应当具备的条件，中外合资银行的外方唯一股东或者主要股东应当具备的条件，拟设分行的外国银行应当具备的条件等要求。

（1）关于注册资本和营运资金的要求。外商独资银行、中外合资银行的注册资本最低限额为 10 亿元人民币或者等值的自由兑换货币。注册资本应当是实缴资本。外商独资银行、中外合资银行在中华人民共和国境内设立的分行，应当由其总行无偿拨给人民币或者自由兑换货币的营运资金。外商独资银行、中外合资银行拨给各分支机构营运资金的总和，不得超过总行资本金总额的60%。外国银行分行应当由其总行无偿拨给不少于 2 亿元人民币或等值的自由兑换货币的营运资金。国务院银行业监督管理机构根据外资银行营业性机构的业务范围和审慎监管的需要，可以提高注册资本或者营运资金的最低限额，并规定其中的人民币份额。

（2）拟设外商独资银行、中外合资银行的股东或者拟设分行、代表处的外国银行应当具备（《外资银行管理条例》第 9 条）的条件。① 具有持续盈利能力，信誉良好，无重大违法违规记录；② 拟设外商独资银行的股东、中外合资银行的外方股东或者拟设分行、代表处的外国银行具有从事国际金融活动的经验；③ 具有有效的反洗钱制度；④ 拟设外商独资银行的股东、中外合资银行的外方股东或者拟设分行、代表处的外国银行受到所在国家或者地区金融监管当局的有效监管，并且其申请经所在国家或者地区金融监管当局同意；⑤ 国务院银行业监督管理机构规定的其他审慎性条件。

（3）外商独资银行和中外合资银行的唯一股东或者控股股东，除了具备第 9 条规定的条件外，还应当具备的条件。① 为商业银行；② 提出设立申请前 1 年年末总资产不少于 100 亿美元；③ 资本充足率符合所在国家或者地区金融监管当局以及国务院银行业监督管理机构的规定。

（4）拟设分行的外国银行，除了具备第 9 条规定的条件外，还应当具备的条件。①提出设立申请前 1 年年末总资产不少于 200 亿美元；②资本充足率符合所在国家或者地区金融监管当局以及国务院银行业监督管理机构的规定。

从《外资银行管理条例》的上述规定来看，我国对外资银行设立条件的规定吸取了一些国际监管的先进经验，如规定"拟设外商独资银行的股东、中外合资银行的外方股东或者拟设分行、代表处的外国银行受到所在国家或者地区金融监管当局的有效监管，并且其申请经所在国家或者地区金融监管当局同意"，以及"拟设外商独资银行的股东、中外合资银行的外方股东或者拟设分行、代表处的外国银行所在国家或者地区应当具有完善的金融监督管理制度，并且其金融监管当局已经与国务院银行业监督管理机构建立良好的监督管理合作机制"。这些规定都体现了巴塞尔文件体系关于跨国银行监管几个重要建议的内容（审批是跨国银行监管的基石，跨国银行设立海外机构应当经母国和东道国的双重审批；东道国应考察母国监管当局的监管制度和能力，作为审批外资银行的重要指标）。从巴塞尔委员会关于跨国银行监管的一系列文件看，巴塞尔委员会非常强调审批程序，即外资银行市场准入监管，曾在 1983 年发布了《对银行国外机构的审批程序》，专门探讨审批程序涉及的一些问题，《巴塞尔补充协定》更是明确提出审批是跨国银行监管的基石。这些文件对各国严格跨国银行设立海外机构发挥了很大作用。世界各国，除了某些发达国家、离岸金融中心以及避税天堂外，发展中国家及其他国家大多严格限制外资银行进入。我国加入世界贸易组织的过渡期已经结束，银行市场对外开放，从有关法律的规定来看，我国在业务经营方面努力兑现国民待遇，有利于建立一个公平竞争的市场，但这并不意味着我国应当放松外资银行市场准入的有关标准。

外资银行进入一国，特别是规模和数量达到一定程度后，对该国的金融市场会产生很多方面的影响，不仅可能传递跨境风险，对该国货币政策的实施也有一定的稀释效应，对经济增长、通货膨胀、利率、国际收支也有影响，因此，经济学界一直非常关注跨国银行对相关国家经济影响的研究。笔者认为，在中国目前金融市场发育程度还较低的情况下，在不违背我国入世承诺的前提下,① 运用法律手段，严格筛选进入中国市场的外资银行非常重要。为实现这一目的，笔者认为现行规定有以下几个方面需要改进。

（1）修改《外资银行管理条例》的有关规定，提高外资银行的设立条件（股东总资产要求除外），严格筛选进入中国市场的外资银行。从总体上看，我国对外资银行设立条件的规定并不严苛。例如，关于注册资本和营运资金的规定、高级管理人员的任职资格规定适用与中资银行同样的标准。市场准入始终是外资银行监管的首要问题，通过市场准入监管，东道国对外资银行进行筛选，保证只有适格的外国银行进入本国市场，这是各国对外资银行进行监管的第一道屏障。国际上，绝大多数国家都对外资银行进入本国市场进行了控制，包括很多发达国家，也往往通过限定外资银行的经营形式等手段控制外资的进入，区别在于控制手段和程度的不同。尽管已经有经济学家指出，资本并不能防止风险的产生，但是无论如何，资本能够树立消费者对银行的信心、吸收损失。因此，资本是否雄厚是衡量一个银行经营状况的重要指标。② 笔者认为，我国应提高外资银行注册资本和运营资金的要求，从严掌握外资银行外方股东的总资产要求，其他方面条件的规定也

① 在《银行业 WTO 承诺减让表》中，在中国设立外资金融机构的许可条件包括：入世时，中国金融服务部门进行经营的批准标准仅为审慎性的（即不包括经济需求测试或营业许可的数量限制）；入世后 5 年内，取消现存的限制所有权、经营权、外国金融机构法律形式，包括内部分支机构和营业许可的任何非审慎性措施。
② 现有的关于设立外资法人银行、外国银行分行外方股东总资产不低于 100 亿美元、200 亿美元的规定根据的是我国的入世承诺。

应当进一步提高。为了方便监管当局自由裁量外资银行的准入，《外资银行管理条例》第9条采取了比较笼统的表述，但是，我们也应该明白自由裁量和行政审批公开、透明是不矛盾的，有些条件是必须细化或者是给出量化指标的，如"无重大违法违规记录"就需要明确准确含义，避免我国监管当局的行政审批受到透明度不高的指责。

（2）在相关法律规定中，明确赋予监管机构在外资银行设立审批方面更大的自由裁量权。《外资银行管理条例》有关规定其实也赋予了银监会一定的自由裁量权，如第8条就规定"国务院银行业监督管理机构根据外资银行营业性机构的业务范围和审慎监管的需要，可以提高注册资本或者营运资金的最低限额，并规定其中的人民币份额"。这条规定使银监会有权提高外资银行的注册资本或营运资金的要求。但是，有关法律法规并没有明确规定，银监会在外资银行设立审批方面，有权根据法律的规定以及其他因素（尽管入世时我国承诺外资金融机构的批准标准仅为审慎性的，不包括经济需求测试或营业许可的数量限制，但这样的规定仍然是富有弹性的，主权国家有很大的回旋余地），严格筛选外国银行。巴塞尔委员会等国际组织在很多场合都指出，一国监管机构应当具有独立性、权威性，享有自由裁量权。新资本协议也很强调人的因素，银行的风险管理系统需要设置大量的参数，很多参数都是人为的假定，监管机构对风险管理系统的评估也涉及对这些参数、模型的主观评估，监管当局的自由裁量权是外部监管的重要内容。笔者认为，在外资银行设立条件和审批的问题上，与其迂回、委婉，不如单刀直入，明确表明中国严格筛选外国银行的立场，规定监管机构有权依法裁量申请机构是否适格。事实上，目前已审批的外资银行基本为国际上一些著名的大银行，在立法上做出明确的揭示，好处在于监管机构的自由裁量行为师出有名。而且，由监管机构裁量外国银行的进入也是很多发达国家采取的做法，如美国、新加坡。

（三）区分对外资法人银行与分行的监管要求

2006 年，在颁布《外资银行管理条例》及其实施细则后，我国允许外国银行、外国金融机构在中国境内设立外商独资银行、中外合资银行、外国银行分行、外国银行代表处，其中，外国银行代表处不能从事经营活动，其他三类统称为外资银行营业性机构。同时，我国借鉴其他国家立法经验，对外资银行实行法人银行导向，即通过划定不同的业务范围引导外国银行、外国金融机构设立具有独立法人资格的外商独资银行和中外合资银行。对于外资银行实行法人导向有利也有弊，优点在于，外资法人银行相对于母行而言，是独立的法人，母行对于子银行的控制远逊于对分行的控制，能够有效隔离母、子公司之间的风险；弊端在于，子银行发生经营危机需要退出市场时，仅以自己的法人财产为限承担清偿责任，而分行的清偿责任以母行的全部财产为依靠，对于债权人的保护更加充分。

在实行法人银行导向后，《外资银行管理条例》及其实施细则区分外资法人银行（外商独资银行和中外合资银行）、外国银行分行进行了不同的监督管理规定。从监督管理上，我国区分外资法人银行与外国银行分行，对外资法人银行有注册资本、资本充足率、同一贷款人贷款上限等风险管理要求，对分行则没有这些要求。外商独资银行、中外合资银行应当遵守《中华人民共和国商业银行法》关于资产负债比例管理的规定，还应遵守国务院银行业监督管理机构有关公司治理、关联交易的规定。对外国银行分行规定：①外国银行分行营运资金的 30% 应当以国务院银行业监督管理机构指定的生息资产形式存在。②外国银行分行营运资金加准备金等项之和中的人民币份额与其人民币风险资产的比例不得低于 8%。③外国银行分行应当确保其资产的流动性。流动性资产余额与流动性负债余额的比例不得低于 25%。④外国银行分行境内本外币资产余额不得低于境内本外币负债余额。这些规定是监管机构针对外资法人银行和外国银行分行的不同特征分别制定的，以普通公司法原理来对待外资法人银行和外国银行分行。

为了实施有效的监督管理，有必要在这些规定的基础上，进一步细化区分监管的规定。如在市场退出时，外资法人银行破产时由我国法院受理，适用我国法律，而外国银行分行的总行破产时，适用母国的法律，但是清算有可能由我国法院进行。而且"通过适当的制度设计，也可以使外国银行对子银行承担无限责任，因而即使采用子银行形式，对存款人的保护也是充分的。如德国银行监督局在每一个外国银行的子公司成立之初都要求外国母公司提交保护声明书，此外，根据存款保护基金会的规定，要求外国母公司提交赔偿保证书，保证赔偿该基金会为挽救子公司而可能遭受的损失。保护声明书和赔偿保证书实际上使母公司对子公司承担了无限连带责任"。① 这些关系到社会公共利益的重要问题需要法律予以明确。同时，有一些规定是外资法人银行、外国银行分行都要遵守的，比如说，我国在建立存款保险制度后，按照存款保险制度设计的初衷，只要是吸收公众存款的机构就应当加入存款保险体系，因此，外资法人银行和外国银行分行只要是办理存款业务的，都应加入存款保险体系。

（四） 建立外资银行市场退出的法律机制，防止金融风险的跨境传递

关于外资银行发生债务危机如何保护境内债权人利益的问题，我国现有立法设计了一些制度用以防范外资银行清偿能力问题的发生：对于外国银行分行，中国在市场准入环节要求其总行承诺无条件承担在华分行的全部债务；外国银行分行境内本外币资产余额不得低于境内本外币负债余额；外国银行分行营运资金的30％必须以六个月以上定期存款或国债形式存放在境内中资商业银行；外资法人银行和分行转入境外资产必须经过批准，不得将高风险资产和非法交易资产从境外转入境内，等等。但这些规定

---

① 张忠军：《金融监管法论——以银行法为中心的研究》，法律出版社 1998 年 7 月第 1 版，第 330 页。

属于市场准入、市场运营监管环节，外资银行市场退出的法律机制还没有形成。

"在制定有关跨国银行的法律框架时形成了两种模式：一种是专门制定规范跨国银行的法律。如美国1978年颁布了《国际银行法》，专门规定了跨国银行的基本问题。二是不单独制定跨国银行法，但在银行法中专门对外资银行做出规定。"① 我国采用的是第二种立法体例，在银行法之下设立外资银行法。关于银行机构的破产问题，我国《企业破产法》规定，银行机构破产适用该法，特殊之处可以由国务院另行规范，有可能制定单独的《银行业金融机构破产条例》。按照我国《外资银行管理条例》体现出来的给予外资银行国民待遇的原则，以及对外资法人银行和外国银行分行区分监管的思路，笔者认为，应当先建立完善的、适用于所有中、外资银行的有问题银行市场退出的法律机制，然后修改《外资银行管理条例》及其实施细则。在其中，区分外资法人银行与外国银行分行，详细规定每一种恢复、救助、退出措施是否适用于外资法人银行或外国银行分行。

《外资银行管理条例》第5章"终止与清算"、《外资银行管理条例实施细则》第6章"终止与清算"规定了外资银行的解散、申请关闭、撤销及破产。《外资银行管理条例实施细则》对外资银行申请关闭的条件、程序规定较为详细，但无论是《外资银行管理条例》，还是《外资银行管理条例实施细则》对于外资银行的解散、撤销、破产的规定都是非常简单的，仅有几个法律条文，还大多规定，参照适用《公司法》《企业破产法》《金融机构撤销条例》或者其他法律法规的规定。《商业银行法》适用于"外资商业银行、中外合资商业银行、外国商业银行分行"，按照第7章"接管和终止"的规定，外资银行可以由银监会实施行政接管。至于

① 岳彩申：《跨国银行法律制度研究》，北京大学出版社2002年3月第1版，第9页。

外资银行能否由我国监管机构促成重组，普通工商企业破产程序中的重整制度是否适用于外资银行，破产过程中监管机构与人民法院之间的衔接，以及我国监管机构与外资银行母国监管机构之间的分工、合作，这样一些关键问题还没有做出规定。这与我国有问题银行市场退出法律机制很不完善有很大关系，并且，我国是否设立显性存款保险制度也还在讨论之中，外资银行是否必须加入存款保险体系，① 人民银行是否需要在外资银行发生暂时的流动性困难时承担最后贷款人的责任，等等，这样一些问题还没有答案。这些问题还有待立法者在完善有问题银行市场退出法律制度时，一并加以研究和解决。而且，外资银行歇业或解散不仅会影响我国境内的客户，还会波及该银行或银行集团其他经营性机构所在国，因此，还应当充分考虑外资银行市场退出的特殊性，做出特定的法律安排。目前有这么几个问题亟须加以规定。

（1）外资银行退出市场的具体标准。这些标准，特别是对外资法人银行，应与中资银行业金融机构退出市场的标准一致。按照我国相关法律的规定，外资银行退出市场的方式也应当包括撤销、重组、破产，还应当包括外资银行独有的、主动的申请关闭。退出市场的标准应当明确，一旦达到标准就必须退出市场。（2）区分外资银行的种类，分别规定其母行、总行对其债务承担责任的范围，明确母国监管当局是否对外国银行分行负有救助责任。（3）规定中国的央行可以在什么样的情况下，采取哪些手段承担最后贷款人角色，防止外资银行发生流动性风险。（4）外国银行分行的总行发生破产时，是参加该外国银行总行全球范围内的破产清算，以实现该外国银行所有债权人的平等受偿，还是效率优先，仅在我国由人民法院进行破产清算。（5）修改《金融机

---

① 关于存款保险所保护的对象，一般坚持地域原则，即将本国银行或设在本国的外国银行分支机构及附属机构纳入存款保护体系，但不包括本国银行的海外分支机构。转引自岳彩申《跨国银行法律制度研究》，北京大学出版社 2002 年 3 月第 1 版，第 339 页。

构撤销条例》，增加针对外资银行严重过错行为实施撤销处罚的规定，如外资银行接受其母行或总行转入的不良资产，情节严重的。（6）我国作为东道国与母国之间在外资银行退出市场问题上的职责划分与合作。

（五）坚持对外资银行实施严格的东道国监管，进一步加强国际监管合作

从我国外资银行立法的发展历程来看，即使是在分行占比较高的阶段，我国也一直坚持实施严格的东道国监管，在《外资银行管理条例》及其实施细则的条文中，这一倾向表现得更加明显，特别是法人银行导向的确立，更加体现了我国强调外资银行东道国监管的立场。这一立场的选择是由我国金融市场现有发展水平所决定的，也符合我国的国家利益。我国强调对外资银行的东道国监管与巴塞尔委员会建议的母国监管当局对跨国银行承担主要监管责任的原则存在一定的冲突。事实上，巴塞尔委员会关于跨国银行监管责任分工的观点也经历了一个渐进的发展过程。最初，体现属人管辖原则的母国监管与体现属地管辖原则的东道国监管是并行的，后来，以《巴塞尔协定》的出台为分界点，母国对跨国银行实施综合并表监管开始占据优先地位。这中间，关于东道国配合母国监管的观点也有一些发展变化，从开始的东道国消极的、辅助性的监管到现在的适度扩大东道国监管责任的做法，跨国银行国际监管合作逐步完善起来，并成为许多国家奉行的惯常做法。

我国的《外资银行管理条例》及其实施细则、《外资银行并表监管管理办法》等法规、规章充分展现了我国强调东道国监管责任的指导思想。《外资银行并表监管管理办法》规定："银监会对设立营业性分支机构或附属机构的独资、合资银行，以及在华设立两家以上（含两家）营业性分支机构的外国银行实行并表监管。通过并表方式，银监会全面监管在华注册外资法人机构的全球经营和风险状况；监管外国银行在华总体经营和风险状况，并关注该机构全球经营风险和市场表现。"对外资银行全球经营和风险状况的监管体现了我国对东道国监管责任的重视，目的在于严格监管境内一切银行机构，防范金融风险。外国银行分行是外国银行在其他国家的延伸，如果外国银行总行倒闭，分行也会随之倒闭，因此分行的安全在很大程度上取决于母国的监管水平。对于外资银行的母国来说，对银行海外机构的风险监测主要是通过监管银行集团的总体情况来进行的，资本充足率、流动性、集中贷款限制等都是就整个银行集团来计算综合比率的，很少专门对某一分行进行单独的监测。这从银行集团的角度来看是有利的，因为这样可以放宽海外机构的风险比例从而提高竞争力，但对于东道国而言则意味着潜在的金融风险。我国相关法律规定强调东道国监管责任，符合现阶段我国金融市场发展的需要，但在执行过程中，特别是与母国全面执行巴塞尔新资本协议的国家，或者对外资银行设立采用对等优惠原则的国家，可能会发生与母国相关法律规定存在冲突的情形，也有可能削弱我国银行机构的国际竞争力。这种情况需要通过加强与母国的国际监管合作来解决，在我国金融市场发育成熟，银行机构风险管理水平达到较高水准时，再过渡到认可母国监管责任为主更为适宜。

第三节　金融控股公司监管法律制度

在当今世界经济与金融全球化、自由化的大背景下，加入世界贸易组织是我国顺应经济全球化发展趋势的必然选择。金融市场对外开放后，实力雄厚，集存贷款、信托投资、证券承销等业务于一身的大型国际金融集团给我国的金融市场带来了巨大的冲击。如果我国继续保持资本市场与货币市场的严格分割，并实施分业监管，将很难在国际市场上与大型金融集团展开角逐。从长远来看，我国只有不断扩大各类金融机构的业务范围，允许它们从事多元化经营，提高金融机构的综合营运能力，才能积累实力与国际金融集团竞争。综合经营需要具备一些前提条件：金融机构本身具备完善的内部控制制度，有强烈的风险意识和高超的风险管理能力；政府实施的外部监管透明、高效、公平，监管理念和手段先进；社会信用体系完备；有健全的法律框架。而且，综合经营也必然会改变我国现有的分业监管体制。目前，我国实行综合经营的基础已经较过去有了很大提高，但立即、全面实行综合经营的时机尚未成熟，因此，中国金融业应加大金融改革的力度，及时制定、修改和废止相关法律法规，采取渐进的方式迈向综合经营，而制定《金融控股公司法》是走向综合经营的必要准备。

一　分业监管模式在我国的确立

20 世纪 80 年代初期，中国人民保险公司与四大专业银行之间有很明确的分工，不允许业务交叉。随着金融体制改革的推进，资本市场初步建立，各类金融机构纷纷拓展跨市场业务，形成了金融业综合经营的状况。商业银行通过出资设立信托投资公司、证券公司、保险公司或者在其内部设置相应的部门自营保险、信托、证券业务；证券公司通过收取客户交易保证金或者吸收存款后自行运用的方式渗入银行业务；保险公司通过设立证券营业机构经营证券买卖业务、发放信用贷款。1993 年初，大量商业银行信贷资金流入股市、信托和房地产领域，不仅使银行的支付能力明显下降，影响了正常的金融秩序，还增加了货币政策实施的难度，削弱了宏观调控的力度。

为抑制综合经营的消极影响，分业经营的立法思路随后确定下来。1993 年，国务院《关于金融体制改革的决定》提出了有限制的分业经营，规定国有商业银行不得对非金融企业投资。1995年出台的《商业银行法》第 43 条规定，商业银行在中华人民共和国境内不得从事信托投资和股票业务，不得投资于非自用不动产。1995 年《保险法》第 5 条规定，经营商业保险业务的，必须是依照本法设立的保险公司。其他单位和个人不得经营商业保险业务。1997 年出台的《证券法》第 6 条规定,证券业和银行业、信托业、保险业分业经营、分业管理。证券公司与银行、信托、保险业务机构分别设立。① 至此,我国以立法形式正式确立了严格的分业经营形式。分业经营的格局下,由中国人民银行、证监会和保监会分别监管银行业、证券业和保险业。2003 年,成立银行业监督管理委员会代替人民银行统一监管商业银行、资产管理公司、信托投资公司以及其他存款类金融机构。

分业经营模式在维护金融秩序、降低系统性金融风险、提高金融机构专业化经营管理水平等方面发挥了积极的作用,但在实践中也暴露出一些缺陷,如由于货币市场、资本市场、保险市场相互分割而导致的资源配置效率降低。随着我国金融业改革开放不断发展和金融市场竞争日趋激烈,严格的分业经营模式已经面临金融实践的挑战。为顺应我国金融行业持续、快速发展的需要,近年来分业经营制度在一定程度上有所松动,重新修改的《商业银行法》和《证券法》为金融业综合经营预留了法律空间,金融监管机构出台的一系列监管规章、规范性法律文件允许银行业、证券业、保险业在资金和业务上相互融合,也在一定程度上给了综合经营以立法上的肯定。

1999 年 8 月,中国人民银行批准有条件的证券公司和基金管理公司进入全国银行间同业市场,不久又允许它们在银行同业拆借市场进行国债回购业务,以弥补短期头寸不足。1999 年 10 月,投资连接保险的面世允许保险资金通过证券投资基金进入股市。2000 年 2 月,中国人民银行、证监会联合发布《证券公司股票抵押贷款管理办法》,允许符合条件的证券公司以自营股票和证券投资基金券作质押向商业银行贷款。2001 年 7 月,中国人民银行发

---

① 曾筱清:《金融全球化与金融监管立法研究》,北京大学出版社 2005 年 5 月第 1 版,第 101~105 页。

布《商业银行中间业务暂行规定》，明确商业银行经过批准，可以开办金融衍生业务、代理证券业务和投资基金托管业务，而且，国务院三次清理行政审批项目，《商业银行中间业务暂行规定》中原本规定适用审批制的品种大多改为适用备案制。2002 年，修改后的《保险法》对原有的保险公司资金运用的禁止性规定做了修改，规定保险公司的资金不得用于设立证券经营机构和保险业以外的企业，但是授权国务院在法律规定的范围内对其他资金运用做出具体规定，这为拓展保险资金的运用渠道留下了空间。2002 年 5 月，中国人民银行修订了《信托投资公司管理办法》，除了股票承销业务外，证券公司的其他业务信托公司都可以做，同时也允许其他金融机构在专业化的信托业务方面与信托公司开展合作。2004 年 10 月，中国保监会、中国证监会联合发布《保险机构投资者股票投资管理暂行办法》，允许保险资金直接进入国内股市，同时对保险资金直接购买股票的比例、托管制度做出了规定。[①] 2005 年 2 月，中国人民银行、银监会、证监会联合发布《商业银行设立基金管理公司试点管理办法》，允许商业银行严格按照"法人分业"原则，吸收境外战略投资者等合格机构，采取股权多元化方式设立基金管理公司。

这些法规、规章、规范性法律文件的出台是我国从严格的分业经营、分业监管走向综合经营的第一步。"虽然有关监管部门出台了一些促进金融业合作经营的规章和政策，但在基本法律层面上国家对金融业经营模式选择相当慎重，分业经营的基本制度目前还没有改变，尚未形成有效的制度供给。"[②] 在综合经营初现端倪的情况下，我国如何在监管体制上做出相应的变革，中国未来将会采取怎样的监管体制已经成为业界十分关心的热点问题。从

---

① 曾筱清：《金融全球化与金融监管立法研究》，北京大学出版社 2005 年 5 月第 1 版，第 116～117 页。

② 胡怀邦主编《国有金融机构发展与监管》，中国金融出版社 2005 年 4 月第 1 版，第 49 页。

许多国家的经验来看，金融市场的变革往往伴随着重要金融法律的修订，我国金融领域里的这次革新也同样会产生新的立法命题。

二　德国、美国混业经营模式比较以及我国的选择

20 世纪最后几年，美国、英国、日本等发达国家相继以金融立法的形式打破了分业经营模式，为混业经营的推行扫除了法律障碍。这次变革并不是偶然的，而是在经济全球化浪潮的推动下，金融机构之间的竞争由国内市场转移至国际市场的必然产物。20 世纪 30 年代之前，欧美国家的金融业基本是混业经营的，经济大萧条后，为了防止金融危机，纷纷推行分业经营。自 20 世纪 80 年代开始，经济全球化浪潮席卷全球，主要发达国家为了保持或争夺本国金融机构在国际金融市场上的领先地位，纷纷解除分业经营的束缚。美国 1999 年颁布《金融服务现代化法案》（*Financial Service Modernization Act*），这个法案是美国自经济大萧条之后 60 多年里通过的最重要的一部金融法律。英国 2000 年颁布了《金融服务与市场法案》（*Financial Service and Market Act*），这部法案的出台标志着英国从 1986 年《金融服务法》确立的行业自律体制转变为单一监管体制。日本于 1996 年末启动金融体制改革，1998 年出台《金融体制改革法案》，对外汇管理法、银行法、证券交易法、保险法等多部法律进行了修订。日本面对本国银行机构因"经济泡沫"积淀下来的巨额不良资产，进行金融改革的难度格外大，前后制定或修改了共计 40 多部法律，涉及面之广、对旧体制触动之深，在进行金融改革的国家中实属罕见。除了美国、英国、日本在 20 世纪末重拾混业经营外，德国的全能银行（Universal Banking）也采用了一种很具代表性的混业经营模式，欧洲其他一些国家，如奥地利、瑞士，受到德国的影响也采用了全能银行模式。

从各国已取得的经验来看，混业经营主要包括德国的全能银行模式和美国的金融控股公司两种类型。全能银行模式是指，在一个法人机构内，有多个金融业务执照，可以经营所有的金融业

务。德国全能银行的产生有其深刻的历史背景，它的起源可以追溯到19世纪50年代。德国是资本主义国家中起步较晚的一个，在很多方面远远落后于英国这样的老牌资本主义国家，产业结构不合理、资本积累不雄厚，工商企业自有资金较少，因而严重依赖银行供给资金。银行不仅要以贷款方式为企业提供短期流动资金，也要为其提供证券业务服务以助其筹措中长期资金，而政府又赋予了银行振兴德国产业的使命。在这种历史背景下，德国的法律（主要是1957年的《联邦银行法》和1961年的《银行法》）允许商业银行经营包括银行、证券、基金、保险在内的各种金融业务，还可以以证券形式向企业投资，成为企业的大股东。德国的全能银行模式有自己的本土环境背景，一方面银行经营水平较高，很少出现违规操作；另一方面，监管机构极具权威。而且，德国的法律出于保护消费者利益、防止利益冲突的目的，形成了很多有益的做法，如对银行的证券业务进行了一些限制。根据有关法律，银行代卖主出售证券时，可以自行购买，但是价格不得低于官方价格。健全的法律制度也是全能银行能在德国长久繁荣的重要原因。[①] 德国法律规定，不仅本国银行，任何在德国获得许可证的银行都可以采用全能银行形式，德国银行的海外分支机构也采用全能银行模式。1997年，德国出台《第三次振兴金融市场法案》，对银行之外的股票市场、信托业等进行自由化改革，使大型全能银行成为多元化金融集团。

美国《金融服务现代化法案》主导的金融控股公司（Financial Holding Company）是混业经营的另一种代表模式。金融控股公司模式是指，在一个法人公司（母公司）的控制之下，有多个具有法人资格的子公司，子公司之间实行分业经营、分业管理。美国的《金融服务现代化法案》废除了《银行法》（1933年）和《银

---

① 关于德国全能银行的介绍参见张忠军《金融监管法论——以银行法为中心的研究》，法律出版社1998年7月第1版，第166～172页。

行控股公司法》（1956 年）的部分内容：取消了在金融领域内有关分业经营的限制性规定；允许银行、证券公司和保险公司相互兼并，进入各自的经营领域；允许组建超大型金融集团以提供包括年金保险、大额存单、股票以及债券等在内的多种产品的综合性金融服务。美国自 20 世纪 30 年代开始，实行严格的分业经营，但是金融机构出于扩大规模降低成本的考虑，一直希望能够从事跨行业经营，银行控股公司就是银行利用法律的漏洞，成立的一种突破分业经营限制的金融机构。在分业经营体制下，1956 年的《银行控股公司法》对银行控股公司开展金融业务进行了许多限制。《金融服务现代化法案》允许在银行控股公司的基础上建立金融控股公司，规定是否具有"金融性质"对判断金融机构的经营许可范围有重要意义，金融控股公司在从事具有"金融性质"的业务活动之前无须获得美联储的批准，从事"补充性"业务活动的，需要事先获得许可。除了银行控股公司外，其他非银行控股公司也可以发展成为金融控股公司。[①]《金融服务现代化法案》施行后，2003 年，美联储和财政部向国会提交了一份报告，概述了这部法案实施后的基本情况。这份报告指出法案给美国金融业带来了一些变化，但并没有引发有人预计的激烈的变革。到 2003 年为止，美国金融控股公司的"非银行"业务增长主要源于兼并重组，法案的实施对金融服务业的市场集中度影响不大，在监管方面也没有出现重大问题。在保持原有的分业监管体制不变的前提下，由美联储牵头监管的金融持股公司总体安全，监管安排没有出现大的问题。这份报告揭示了人们关心的一些问题的答案，或者至少是部分答案，那就是功能监管下的金融控股公司风险是可控的。

德国的全能银行与美国的金融控股公司的不同之处在于，全

---

① 参见陈炜恒《千呼万唤终出来——美国金融改革法评介》，载于吴志攀、白建军主编《海外金融法》，法律出版社 2004 年 3 月第 1 版，第 89 ~ 102 页。

能银行不仅能为企业提供短期信贷和中间业务，而且能够通过承销证券、购买股票的方式从事资本业务。银行不仅可持有企业的股票，而且有权代表广大股东进行投票，在企业的监督委员会中有银行的代表，银行对企业拥有很大的控制权，对经济的影响很深。而美国的法律至今坚持银行与工商业分离，按照《金融服务现代化法案》的规定，非银行控股公司发展成为金融控股公司的，原有的非金融业务只能保有 10 年，到期后可再延长 5 年。正如我们在前面所说，德国全能银行的产生有它独特的历史背景和本土环境，放在其他国家，特别是金融机构经营水平不高的国家，很有可能会出现水土不服。即使是在德国，全能银行模式除了具有金融集团普遍存在的利益冲突等弊端外，其在国民经济中占据主导地位也导致了德国资本市场的不发达。德国的企业偏好稳健的财务政策，长期资金需求的满足主要依靠银行发放长期贷款，不习惯于在资本市场上融资，而且，德国的银行能够以机构投资者的身份占据证券市场，独立的证券公司大多规模不大。因此，许多国家更加倾向于采用能够有效隔离风险的金融控股公司模式。

一般认为，金融控股公司可以实现规模经济和范围经济，"就金融业而言，不仅银行、证券、保险各业之间存在很强的关联性和互补性，而且由于其经营对象是货币资产而非实物资产，因此相互转换十分便利，比如贷款可以证券化，开放式基金和银行存款十分近似，保险兼具投资和储蓄功能等。因此，金融资产的强关联性和弱专用性，决定了其综合经营比其他行业更能形成规模经济和范围经济，而控股公司结构正是发挥这一优势的合适载体"。[1] 金融控股公司的经营特点决定了它的优势所在，首先，在控股公司架构下，客户信息和资源、营销网络、系统可以共享，为同一客户提供多种金融产品，发挥联合经营的协同优势；其次，

---

① 谢平：《关于金融控股公司的若干认识》，载于谢平等《金融控股公司的发展与监管》，中信出版社 2004 年 3 月第 1 版。

资本市场统一融资可以降低整个集团的融资成本，或者通过子公司流动性的集中管理满足子公司的短期资金需求，从而提高整个集团的资金运用效率；再次，在会计核算时合并财务报表，可以避免资本金和财务损益的重复计算，还可以实现合理避税；最后，在控股公司架构下，高信誉金融机构可以以较低的价格购并股权，实现低成本扩张，在信用评级、产品品牌领域也可以产生信誉外溢。当然，金融控股公司在拥有强大的经营优势的同时，也可能产生很大的风险，这些风险包括大型金融控股公司对市场公平竞争规则的破坏、金融集团作为一个整体的激励机制与客户的最佳利益不相协调时产生的利益冲突问题，以及复杂股权关系下不当关联交易导致的风险在集团内部转移或扩散等。

混业经营模式的选定不但要考虑一个国家金融行业的历史沿革，还必须与该国当前的经营环境相适应。我国到目前为止，金融市场仍然以银行机构为主体，资本市场发育不完全，保险、证券、信托、资产管理等非银行金融机构资产总量占比低，而且，金融法律还不尽完备。更为重要的是，金融机构的公司治理和内部控制不完善，推行综合经营不宜采取极致的混业经营方式，即一个法人机构拥有多个金融业务执照。采取美国的金融控股公司形式可能是一个比较理想的选择。这是因为，美国在允许设立金融控股公司之前，和我国一样，采取的是分业经营、分业监管体制，从历史上看，同样经历了"混业到分业再到混业"的发展过程。美国推行综合经营非常注重在金融集团内部建立风险隔离墙，同时也很注重保留和发展分业监管体制下的一些优良做法。因此，从我国金融市场的发育程度、金融机构的经营管理水平以及现有的分业监管体制等各方面着眼，下一步的综合经营采取美国的金融控股公司模式更为适合。

三　巴塞尔文件体系与金融集团监管

在许多国家混业经营的浪潮风起云涌的时候，国际金融组织也开始了金融集团监管方面的探索。1996 年巴塞尔委员会与国际证券委员会、国际保险业监管协会共同发起了"金融集团联合论坛",目的是促进三方合作,加强对金融集团内受监管实体的有效监管。论坛于 1999 年发布《对金融集团的监管》(*Supervision of Financial Conglomerates*),其中包括《资本充足性原则》《资本充足性原则的补充》《适宜性原则》《监管者信息分享框架》《监管者信息分享原则》《协调人》《监管问卷》七项文件,内容包括集团资本充足率、管理层任职的适合性、信息共享、监管协调人、集团内部风险暴露和风险集中等诸多方面,对金融集团的监管提出了一整套制度、原则、工具和技术。"这些文件概括了衡量资本充足性的方法和原则,阐述了监管部门在实际运用衡量方法时可能碰到的情况,为监管机构对金融集团内机构的主要股东及高级管理人员进行工作岗位任用标准测试提供了指导,确定了对金融集团内机构进行监管的部门之间信息共享的一般性框架和指导性原则,并向监管部门提供了鉴别监管协调人的指导原则。监管调查问卷则提供了一个为增进监管部门对彼此目标和方法相互理解的辅助工具。"① 这些文件提出了金融集团监管的几个特别重要的问题,集团资本充足率、监管协调人、集团内部风险暴露和风险集中。

新资本协议提出对金融集团最佳的监管方法是并表监管。巴塞尔委员会认为,金融集团的合并财务报表应体现集团内部所有的金融活动,包括证券业务和其他金融活动,集团拥有大部分股权的银行、证券公司、保险公司一般情况下也应包括在并表的范围内。如果集团拥有大部分股权的银行、证券公司、保险公司没有并表计算,在计算集团整体资本充足率时应扣减对这些实体的投资,以避免资本的重复计算。如果金融集团只拥有银行、证券

① 谢平等:《金融控股公司的发展与监管》,中信出版社 2004 年 3 月第 1 版,第 105 页。

公司、保险公司的少量股权，应按照持股比例并表，或者将股权投资从资本中扣除。对于金融集团拥有的少量股权是按比例并表，还是从资本中扣减股权投资，巴塞尔委员会提出这取决于各国的会计标准和监管要求，但无论如何不允许金融集团内部机构之间通过人为交叉持有资本达到资本充足率的要求。对于结构复杂的金融控股集团，监管上不仅要求持股公司这一层面有充足的资本，而且要求持股公司下面独立的金融机构也都有充足的资本。针对金融集团控股的不同情况，为了避免双重或多重计算监管资本，巴塞尔委员会提供了搭积木方法、风险汇总方法、避免双重杠杆的替代方法、全部扣减法四种方法供选择。巴塞尔委员会还提出，一个国家内部应将银行业务、证券业务、保险业务计量资本的标准统一起来，以便准确评估金融集团的资本充足水平。[①]

四 制定《金融控股公司法》的若干建议

我国的金融控股公司存在四种类型，"一是由金融机构形成的金融控股公司，如中信、光大、平安等；二是三大国有商业银行独资或合资成立的金融控股公司，如中国银行国际控股公司、中国建设银行国际金融有限公司、中国工商银行的工商东亚金融控股公司等；三是由企业集团形成的金融控股公司，如山东电力集团投资形成的鑫源控股公司，海尔集团控股形成的青岛商业银行、鞍山信托，东方集团，新疆德隆集团等；四是由地方政府对所属地方金融机构重组形成的金融控股公司，如威海城市商业银行。"[②]第一类金融控股公司，如中信控股公司，是由国家特批设立的公司。中国中信集团公司本身不直接经营业务，对下属子公司行使管理职能，在投资决策、财务核算、风险控制、产品研发等方面

---

① 参见章彰《解读巴塞尔新资本协议》，中国经济出版社 2005 年 1 月第 1 版，第 6~11 页。
② 谢平等：《金融控股公司的发展与监管》，中信出版社 2004 年 3 月第 1 版，第 150 页。

起实质性的领导作用，子公司则采取分业经营、分业监管的模式，该集团属于规范的金融控股公司。第二类金融控股公司是国有商业银行经过特批（如中金公司），或者为了绕开《商业银行法》关于商业银行不得在境内向非银行金融机构和企业投资的法律规定，在海外注册非银行子公司而设立的。第三类金融控股公司，是工商企业或者信托投资公司按照法律的规定合法投资于金融机构所形成的集团。这一类公司由于没有受到严格的监管，存在关联交易或上市圈钱等问题，是几类金融控股公司中出现问题最多、风险最大的一类。第四类金融控股公司是地方政府对地方城市商业银行、证券公司、信托公司等金融机构进行重组后形成的，目前仅存在于北京、上海、威海三个城市。由于立法滞后、监管不到位，我国金融控股公司存在内部相互划拨资金、违规提供担保以及为了避税或者逃避监管而转移利润等现象，尤其是工商企业通过集团方式组建的金融控股公司，风险传递和利益冲突问题更加突出。

我国的金融控股公司是在没有明确法律依据的状态下产生、发展起来的。在现行金融法律框架下，《人民银行法》《银行业监督管理法》《商业银行法》《证券法》《保险法》《信托法》等都对金融控股公司业务的开展有一定约束，但又都不能从根本上解决综合经营的监管问题。对跨市场的交叉性金融产品，银监会、证监会、保监会都只能按照各自的监管要求侧重于某个层面。在这种监管法规没有完全到位的背景下，我国的金融控股公司除具备通常的风险外，还容易产生与我国金融市场环境不成熟所密切相关的风险，如果不及时建立完善相应的监管机制，加以控制和约束，势必影响我国金融业的健康稳健发展。[①] 笔者认为，在我国的金融控股公司已经具备一定规模的情况下，应当尽早出台专门规

---

① 参见《加快金融控股公司监管立法——访全国人大代表、人民银行上海总部副主任胡平西》，《金融时报》2006 年 3 月 6 日第 2 版。

范金融控股公司的法律。在暂时不改变现有分业监管体制的前提下，确立主监管人制度，强化已经建立的监管联席会议制度，即按照一定的方法确定对某一金融控股公司实施监管的监管机构，由该机构对金融控股公司实施并表监管，并负责与其他相关监管机构的协调、沟通，进行信息的收集和共享。这实际上是从机构监管转向功能监管。从世界范围看，各国监管体制在最低层一般都是按照金融机构的性质进行分业监管，在上层按照功能进行统合，区别在于统合的层次不同，总的趋势是机构监管在弱化，功能监管不断强化。

正如《欧盟金融集团监管指引（对欧洲议会和理事会指令的建议）》所指出的那样，"对金融集团，有按不同业务流进行管理的发展趋势，而不是像传统的以法律实体为基础进行管理"。我国主要是按照金融机构的类别分类制定金融监管法律，考虑到金融控股公司通常资产规模巨大，在法律层面进行规范比较适合它在金融市场中的地位，因此，应该制定专门的《金融控股公司法》。这部法律的制定应在借鉴其他国家或地区的金融控股公司立法——如我国台湾地区的《金融控股公司法》，以及《欧盟金融集团监管指引（对欧洲议会和理事会指令的建议）》、巴塞尔委员会《对金融集团的监管》等国际监管文件——的基础上，对金融控股公司监管中的重要问题做出规定。

（一）界定何为金融控股公司

美国《金融服务现代化法案》采用了"金融控股公司"这一法律概念，但是并没有做出直接定义。从有关法律条文可以归纳出，金融控股公司实质上是以控股公司的组织形式从事金融跨业经营的公司。我国台湾地区的《金融控股公司法》第 4 条规定，金融控股公司是指对一银行、保险公司或证券商有控制性持股，并依本法设立之公司。该法第 4 条对"控制性持股"也做出了界定，控制性持股是指持有一银行、保险公司或证券商已发行有表决权股份总数或资本总额的超过 25%，或直接、间接选任或指派一银行、保险公司或证券商过半数之董事。巴塞尔委员会发布的《对金融集团的监管》中定义的金融集团是指符合以下条件的集团，它的经营业务主要是金融部门提供金融服务，至少包括一个保险或再保险从业机构和至少一个其他金融部门的主体，前述两个以上金融部门的跨部门经营行为是重要的。我国《银行并表监管指引（试行）》对什么是银行集团进行了规定，即"商业银行及其附属机构"，附属机构包括由银行控制的境内外子银行、非银行金融机构、非金融机构，以及按本指引应当纳入并表范围的其他机构。银监会发布的《银行并表监管指引（试行）》主要是对前述四种金融控股公司中的第二类并表监管进行了规范。从这些规定来看，金融控股公司是一种较为特殊的公司，在其股权控制下的子公司主要是受到严格监管的金融机构。我国的《金融控股公司法》应明确规定金融控股公司的定义，将子公司的范围限定于金融机构。子公司不仅应包括对股份或资产达到绝对控股的子公司，也包括控制性持股的子公司，以及通过协议、人事任命等方式可以控制的子公司。

（二）金融控股公司的业务范围

对金融控股公司及其附属机构业务范围的规定在不同国家有不同的做法。美国《金融服务现代化法案》规定，金融控股公司的业务范围主要取决于是否具有"金融性质"，法案明确规定了一些具有金融性质的业务，同时也规定，金融控股公司可以从事的业务不限于法律明确列示的这些业务，是否具有金融性质由公司董事会和监管部门判断。金融控股公司还可以从事"补充性"业务，但此类业务需要得到监管部门（美联储和财政部的货币监理署）的事先批准。由非银行控股公司转型而来的金融控股公司，在一定期限内，可以继续经营原有的非金融业务，期限届满，在符合一定条件的前提下（包括金融业务占比达85%以上）可以再次延期。美国对于金融控股公司在金融领域内的活动给予了广阔的空间，允许金融控股公司提供任何类型的金融产品，这样的法律规定有利于促进金融创新。同时，坚持隔离产业资本和金融资本，不允许金融机构涉足实体经济，在享有一定宽限期待遇的前提下，产业资本可以转移至金融领域。与美国《金融服务现代化法案》采取的概括式规定不同，我国台湾地区的《金融控股公司法》采取了列举式的立法方式，明确划定了金融控股公司的业务范围。我国台湾《金融控股公司法》第36条规定了可以投资的十类事业，对于银行业、保险业、证券业、期货业进行了界定。这十类事业除"经主管机关核准投资之外国金融机构"一项外，全部是金融业务。虽然规定金融控股公司可以从事创业投资事业，但在下文明确规定"金融控股公司之负责人或职员不得担任该公司之创业投资事业所投资事业之经理人"，这样的规定允许金融控股公司持有企业股份获取利润，但禁止金融控股公司介入企业的经营管理活动。考虑到我国金融市场的现有发展水平，为了防范风险，可借鉴我国台湾地区的有关规定，明确列示金融控股公司的业务范围，规定的业务范围应当仅限于金融业务。由工商企业投资金融机构形成的集团转型为金融控股公司的，可借鉴美国的有关规定，规定一定的宽限期，宽限期内与原有的非金融业务完全脱钩，转入金融领域。对于抵债资产获得的股权也应当在规定期限内处置完毕。

（三）金融控股公司的资本充足率要求

金融集团与单一金融机构相比有其特殊性，其中最重要的一个问题就是资本的重复计算，财务杠杆是金融集团的优势所在，也是它的风险所在。巴塞尔委员会发布的《对金融集团的监管》指出，在分业监管基础上的单一资本充足率要求不能真实地反映金融集团的风险水平。在金融集团中，即使每一个金融机构都满足该行业的资本充足率要求，也不能说明整个金融集团的资产状况良好，因为集团可能通过内部持股等方式来实现资本的重复计算。多元化金融集团中常常有一部分子公司从事贸易、租赁等非金融业务，对这些业务一般没有严格的资本要求，但这些子公司的经营状况同样会对整个集团的资本水平和风险状况产生影响，因此在进行金融集团资本充足率监管时应将这些子公司的资本状况考虑在内。《对金融集团的监管》实际上指出了不仅子公司层面资本充足率应达到监管要求，母公司层面资本充足率也应该达标，金融集团作为一个整体资本充足率同样要符合规定。对于那些没有受到严格监管的非金融类子公司，应当纳入集团合并财务报表的范围。目前我国的做法是从资本中直接扣减股权投资，《商业银行资本充足率管理办法（修订）》规定，商业银行在计算资本充足率时，应从资本中扣除商誉，对未并表金融机构的资本投资以及对非自用不动产和企业的资本投资；在计算核心资本充足率时，应从核心资本中扣除商誉、对未并表金融机构资本投资的50%，以及对非自用不动产和企业资本投资的50%。

关于资本充足率，《金融控股公司法》应重点解决资本的重复计算问题，首先应规定并表范围：第一，明确规定对金融控股公司实施并表监管，不允许金融控股公司及其子公司通过交叉持股达到资本充足率要求。金融控股公司的合并财务报表应体现金融控股公司及其子公司的所有金融活动。第二，金融控股公司直接拥有或子公司拥有或与其子公司共同拥有被投资机构50%以上表决权的被投资机构应当纳入并表范围。第三，金融控股公司拥有被投资机构50%以下的表决权，但与被投资机构之间有下列情形之一的，也应当纳入并表范围：通过与其他投资者之间的协议，持有该机构半数以上的表决权；根据章程或协议，有权决定该机构的财务和经营政策；有权任免该机构董事会或类似权力机构的多数成员；在该机构董事会或类似权力机构占多数表决权。第四，当被投资机构不为金融控股公司所控制，但根据风险相关性，被投资机构对集团整体风险有重大影响的，仍应当纳入并表范围。对于参股公司，《金融控股公司法》应规定，在集团层面计算资本时，按照实际持股比例合并参股公司资本。《金融控股公司法》应剔除以债务投资的部分，以确保整个集团的资本真实、充足。当附属机构的母公司以债务发行收入作为出资对附属公司进行投资时，对附属机构来说是实收资本，但对整个金融集团而言，这笔资本来自对外负债，存在财务杠杆过高的风险。《金融控股公司法》还应规定，监管机构在并表监管金融控股公司整体的资本充足状况时，不能忽视那些可能存在的、不受监管的子公司或参股公司的资本状况。

（四）金融控股公司的关联交易和风险集中规定

金融控股公司可能产生内部关联交易，即集团成员之间发生的交易或非交易行为。《欧盟金融集团监管指引（对欧洲议会和理事会指令的建议）》规定："集团内交易指一个金融集团内受监管的主体之间的所有交易，这些主体依靠集团内其他主体实现义务，不管这些义务是否是契约，或是否需要支付。"内部关联交易通常包括集团成员之间的交叉持股、资产交易、贷款、担保、承诺或保险，集团内部的转移定价，集团对成员流动性的集中管理，对风险的统一管理所涉及的风险转移。商业实践中的关联交易表现出这样的规律，通过关联交易，将风险从受严格监管的领域转移至监管不那么严格的领域，如将银行的风险资产转移给集团的保险公司，或者是将风险从受监管的领域转移至不受监管的领域。由于现实生活中金融集团的股权结构复杂、多样，内部关联交易无可避免，在法律条文中穷尽所有的不当关联交易类型十分困难，所以，可以采用列举加确立原则的方式对关联交易进行规定。2004年，为规范商业银行向关联人贷款，银监会发布了《商业银行与内部人和股东关联交易管理办法》，我国台湾地区的《金融控股公司法》第44条、第45条也较为详尽地规定了关联交易的类型，我国制定《金融控股公司法》可以在此基础上进一步明确禁止或限制金融控股公司从事的内部关联交易类型。然后，规定由监管机构按照一定的原则，判断法律明确规定的类型之外的交易或非交易行为是否属于不当关联交易。从国际监管文件体现出来的内容看，判断某一行为是否构成不当关联交易主要遵循两个原则：是否违背市场公平交易法则（如定价过高或者定价过低），是否对受到直接监管的某些方面——如资本充足率或风险集中度——构成损害。一旦违背这两个原则，监管机构有权直接干预。关联交易和风险集中往往是联系在一起的。在《金融控股公司法》中规定有关风险集中的内容，主要是为了防止风险过度集中于特定的交易对象、行业、地区或者某一类别的金融市场，金融监管法律关于风险集中的规定已经比较成熟，可以参考这些法律的规定，结合金融控股公司的特点，对风险集中做出规定。

（五）股权持有的禁止或限制性规定

许多国家都对金融机构控制权的取得或者变更加以监管，一般采用行政审批方式来事前审查新的大股东的资质和发展前景。我国《金融违法行为处罚办法》第 7 条规定，金融机构股权转让须经人民银行批准。① 我国台湾地区的《金融控股公司法》第 2 章"转换与分割"以及其他条款对于股权变动进行了规定。该法规定，"金融机构转换为金融控股公司时，同一人或同一关系人持有金融控股公司有表决权股份总数超过百分之十者，应向主管机关申报。金融控股公司设立后，同一人或同一关系人拟持有金融控股公司有表决权股份总数超过百分之十者，应事先向主管机关申请核准，或通知金融控股公司，由该公司报经主管机关核准。同一人或同一关系人拟持有金融控股公司有表决权股份总数超过百分之二十五、百分之五十或百分之七十五者，亦同"。我国的《金融控股公司法》应对金融控股公司股份的购买或转让进行规定，应实行审批制，具体的规定应当主要是一些禁止或限制性规定，目的在于确保金融控股公司的大股东符合一定的要求。监管机构在审批时，还应综合考虑相关公司的风险偏好、经营风格是否一致或近似，是否能促进竞争，是否有利于消费者利益等多方面的因素。

---

① 张为一、董华春：《金融控股公司的监管》，北京大学金融法研究中心网站金融法苑，2003 年 12 月 1 日。

（六） 金融控股公司的信息披露要求

金融控股公司在股权结构、资本充足率计算、界定不当关联交易等方面，相对于商业银行等金融机构来说更加复杂，因此，信息披露对于外部监管和市场约束作用的发挥就显得更为重要。金融控股公司的信息披露应该包括两个方面，一个是对监管机构的信息披露，这其中应当包括集团重要活动的报告制度；另一个是对投资者等社会公众的信息披露。对于向社会公众的信息披露，《金融控股公司法》可以参照《商业银行信息披露办法》"信息披露内容"一章进行规定，其中最关键的内容是金融控股公司应在整个集团合并报表的基础上披露财务会计报告。对于向监管机构的信息披露，金融控股公司除了应合并报表进行信息披露外，还负有集团重要活动的报告义务。我国台湾地区的《金融控股公司法》就对金融控股公司应承担的信息公开义务做了较为详细的规定，包括：（1）大股东申报义务，同一人或同一关系人持有该金融控股公司股份或资本超过10%、25%、50%、75%四级门槛者，应向主管机关申报，接收股东资格适当性审查；（2）大额曝险义务，金融控股公司所有子公司对同一人、同一关系人或同一关系企业的授信、背书或其他交易行为的加计总额或比率应定期向主管机关申报并以公告等方式披露；（3）财务报表申报和公告义务。[①] 英国没有专门关于金融控股公司的法律，也没有设立专门的机构实施监管，但金融服务管理局对金融集团合并报表的行为十分关注，要求每6个月，金融控股公司上报集团合并报表以及集团下属子公司的合并报表。笔者认为，金融控股公司对于监管机构的报告义务应涵盖以下几类事项：集团经营战略的调整，以及重要的兼并或重组；集团的财务状况，特别是关于资本充足性、集团内部关联交易、风险集中和盈利的状况；达到法律规定标准的

---

① 闫海：《台湾金融控股公司法研究》，《福建金融管理干部学院学报》2004年第2期。

股权变动。这其中有些事项（如资本充足性、集团内部关联交易、风险集中）需要定期报告，有些事项（如经营战略的调整）是随时发生随时报告，还有的事项（如兼并、重组、达到法律规定标准的股权变动）需要获得监管机构的事先批准后才能进行。

（七）纳税方面的特殊规定

合理避税是金融控股公司具有的经营优势之一。在子公司各负盈亏、各自按照不同的税制、税率申报税务的情况下，税务支出较高，如果由母公司在合并报表的基础上，统一缴纳税款，集团内所有公司之间盈、亏互抵，有可能降低税务支出，实现合理避税。问题是，是不是所有的控股、参股或者实质上进行控制的子公司在税务上都可以由母公司统一纳税。为了鼓励设立金融控股公司或者是为了发挥金融控股公司的经营优势，有些国家或地区的法律规定了子公司可以与母公司合并纳税的条件。如我国台湾地区的《金融控股公司法》第49条规定："金融控股公司持有本国子公司股份，达已发行股份总数百分之九十者，得自其持有期间在一个课税年度内满十二个月之年度起，选择以金融控股公司为纳税义务人，依所得税法相关规定合并办理营利事业所得税结算申报及未分配盈余加征百分之十营利事业所得税申报；其他有关税务事项，应由金融控股公司及本国子公司分别办理。"这条规定允许金融控股公司与其持有达已发行股份总数90%的本国子公司，合并申报营利事业所得税。同时，该法也规定，禁止金融控股公司与其子公司之间，金融控股公司或其子公司与国内外其他个人，营利事业或教育、文化、公益、慈善机构或团体相互间，通过有违公平规则的交易、股权收购、财产转移等手段，规避或减少纳税义务。这样，通过正反两个方面的规定，既禁止了金融控股公司凭借复杂的股权关系逃避法定纳税义务，又允许其在符合一定条件的前提下，享有合理的税务优惠，发挥其经营优势。我国的《金融控股公司法》对于金融控股公司在税务方面的安排可以借鉴上述规定的有关内容。

（八） 确定金融控股公司监管机构的方法

分业经营、分业监管模式最大的优点在于能够阻隔金融子市场之间的风险传递，缺陷是降低了金融资源的配置效率。我国金融市场上已经出现了很多跨行业的交叉性金融产品。对于跨行业金融产品的风险监管，分业监管就显得不那么富有效果，很容易出现重复监管或监管真空。对于往往按照产品业务流程，而不是子公司法人机构的金融属性来实施管理的金融控股公司来说，存在子公司层面或产品层面面临多头监管，而母公司的监管缺少法律依据、监管主体缺位的问题。如何在现有的分业监管体制下，实现对金融控股公司的有效监管？2004 年 6 月，银监会、证监会、保监会签署了《在金融监管方面分工合作的备忘录》，其中第 8 条规定，对金融控股公司的监管应坚持分业经营、分业监管的原则，对金融控股公司的集团公司依据其主要业务性质，归属相应的监管机构，对金融控股公司内相关机构、业务的监管，按照业务性质实施分业监管。对产业资本投资形成的金融控股集团，在监管政策、标准和方式等方面认真研究、协调配合、加强管理。这条规定确定了对金融控股公司的监管采取主监管人制度。《金融控股公司法》应当采纳《在金融监管方面分工合作的备忘录》确定下来的主监管人（监管协调人）制度，即根据金融集团的主营业务确定金融控股公司的第一监管人。"一般是确定占集团资产、负债或资本金主体的核心金融机构的监管当局为金融集团的主监管人，负责对金融控股公司的监管以及协调保障与其他监管当局的有效合作。"[1] "对于不受直接监管的控股金融机构的产业控股公司，则由其所控股主要金融机构的监管部门作为监管协调人，主要负责从集团层次上审查控股公司的资本充足率及集团内的关联交易。"[2]

---

[1] 谢平等：《金融控股公司的发展与监管》，中信出版社 2004 年 3 月第 1 版，第 111 页。

[2] 同上，第 112 页。

（九）金融控股公司国际监管合作

大型金融集团不仅提供包括跨行业产品在内的各种金融产品，往往也在多个国家开展业务，所以，金融集团的监管不仅涉及跨行业监管，也涉及跨境监管。跨境监管的实施需要母国和东道国监管当局的密切合作。为了有效监管金融集团，监管者必须了解集团中各个公司之间的关系，对自己监管辖区内某个公司所发生的不利变化对于整个集团及其他公司会产生多大影响进行分析、判断，并将自己所做的判断和掌握的信息提供给其他监管当局。1998 年，七国集团的财长为了进一步促进不同监管部门之间的信息共享，制定了信息交流的十项原则，这些原则对我国在制定有关金融控股公司监管信息共享的法律规则时具有借鉴、指导意义。十项原则如下：（1）各国法律应当对监管者之间的信息交流予以授权或批准；（2）信息的交流既应当包括国内各监管部门，也应当包括国外相关监管当局；（3）监管者之间交流的一个很重要的信息就是金融集团的系统和控制问题；（4）不同监管者之间应当有权共享集团各实体的高级管理人员的信息，包括股东、董事、总经理等；（5）各种交易所也应当参与到信息共享中来；（6）信息的共享应当遵循必要的保密原则；（7）信息共享不一定要在各监管当局或监管部门之间签署正式的备忘录或协议，如果平时就保持良好的沟通，可以使信息交流的效率提高很多；（8）信息交流应当是双方对等的；（9）提供信息的一方应当允许获取信息的一方出于采取进一步监管措施的目的，将信息转提供给执法机构；（10）对于阻碍信息共享的有关法律应当及时进行修改和完善。①

（十）相关法律关于金融控股公司其他问题的规定

1. 市场准入环节的反垄断审查

充分的竞争被认为是保障市场活力、降低系统风险、促进消

---

① 史纪良主编《银行监管比较研究》，中国金融出版社 2005 年 8 月第 1 版，第 212～214 页。

费者利益提高的重要保障，因此许多发达国家都限定单一金融机构市场占有份额的上限。以美国为例，法律规定当金融机构并购或控制权合一时要进行专门的竞争评估，以确保公司合并后不会取得信贷市场上的垄断地位。在我国，2007 年出台的《反垄断法》为金融行业经营者集中的反垄断审查提供了法律依据。合并、并购是金融控股公司设立或者扩大规模的重要方式，著名的汇丰集团就是主要依靠兼并与收购发展起来的。通过反垄断执法机构进行的审查实行必要的控制，能够防止经营者通过合并、并购、联营等方式增强市场控制力进而影响市场竞争。《反垄断法》出台前，《商业银行法》《银行业监督管理法》《公司法》《证券法》《境外金融机构投资入股中资金融机构管理办法》等法律法规对金融行业经营者集中有所涉及，但这些规定都较为原则，而且侧重于跨国银行并购，对境内金融机构并购、上市金融机构并购、中资金融机构进行的境外并购缺少相应的法律安排。依据《反垄断法》，金融行业经营者集中达到国务院规定的申报标准的，经营者应当事先向国务院反垄断执法机构申报，未申报的不得实施。金融机构并购具有或者可能具有排除、限制竞争效果的，反垄断执法机构审查后有权做出禁止经营者集中的决定。该法还规定了经营者集中的适用除外制度、审查经营者集中应当考虑的因素、经营者的举证责任等内容。金融机构通过合并、并购方式成立金融控股公司，或者金融控股公司通过兼并、收购扩大规模的，应当依照《反垄断法》接受反垄断审查。

2. 制定专门适用于金融控股公司的内部控制指引

金融控股公司相较于其他金融机构，具有更为复杂的股权结构，而且由于高财务杠杆的存在，风险更大，因此，比其他金融机构更加强调内部控制制度的完善。内部控制的主要目的在于防止风险在集团内部的传递，专门适用于金融控股公司的内部控制指引应该包括以下内容：第一，不仅在控股公司或者集团层面具有完善的内控制度，在各个子公司层面也应当完善内控。内部控制制度应当包括各个层级明确的授权和责任结构、业务流程和规章制度、内部审计和稽核制度，而且这些规章制度的设定应当赋予子公司充分的经营自主权，避免母公司或上一级公司过分的干预。第二，控股公司和各子公司都应当针对关联交易制定完备的内部规章，依据法律法规的规定以及本集团的经营政策，对于风险集中进行明确规定，对于由关联方提供支持的第三方交易，也应当进行大额风险敞口管理。第三，无论是监管者还是金融控股公司的经营者，都应当有很明确的意识，在集团内部，将存款机构（银行）与其他金融机构或企业的风险隔离开来。由于存款机构的稳健经营关系到广大存款人的切身利益，因此，很多国家虽然允许存款机构与其他金融机构混业经营，但规定必须采取措施隔离风险。我国也应当采取同样的立场，鼓励不会产生公共金融风险的保险、证券、信托等金融机构混业经营，规定银行类控股公司的母公司不从事具体的经营业务，下设银行机构。

第四章
市场退出监管法

　　20 世纪 30 年代的经济大萧条导致了美国近万家银行的倒闭，仅 1933 年一年，就有 4000 家银行机构倒闭。为了重新树立社会公众对于银行体系的信心，美国建立了存款保险制度。20 世纪 90 年代，西方各国又发生了新一轮的经济衰退。1990 年，英国 7 家银行的坏账准备金累计 51 亿英镑。1991 年一年，美国有 127 家银行破产。在亚洲，日本由于地价和股价双双下跌，银行坏账总额一度攀升至 100 万亿日元，1992～1994 年，有 190 家银行机构被降级，其中一些银行连续三年遭到降级。日本的银行业受到坏账的拖累，11 家主要商业银行 1994 年税前盈余降幅高达 90% 以上。根据国际货币基金组织的统计，1975～1997 年，22 个发达国家或地区和 31 个新兴市场国家或地区，共出现 54 次银行危机，其中发达国家或地区发生了 12 次。研究表明，这些危机呈现出这样的规律：20 世纪 80 年代以前，货币危机的发生率较高，银行危机的发生率较低，进入 80 年代后，银行危机的发生率明显上升。我国银行业的整体经营状况在 20 世纪 90 年代并不令人满意，在银行业占据核心地位的国有商业银行资本充足率低于 8%、资本收益率偏低、不良资产风险十分突出。整个 90 年代，中国政府和央行投入了巨额资金用以救扶有问题银行，包括 1998 年关闭海南发展银行，1999 年注资救助郑州城市商业银行，2000 年广东省地方政府花费巨资解决城市信用社的支付风险问题。

巴塞尔委员会将有问题银行定义为"如果没有在财务结构、资产品质、经营策略、风险管理能力及公司治理方面有重大之改进,其流动性或偿债能力一定会出问题的银行",此一定义强调银行在流动性及偿债能力方面存在潜在和立即发生的危险,而不是把重点放在可以很容易察觉且通常可以很容易纠正的一些问题上。① "有问题银行一般是指因经营管理不善或因重大突发事件的影响,已接近或已处于无流动性清偿能力(技术性违约),或无资本清偿能力(净资产小于或等于零)的商业银行;简言之,有问题银行就是接近或已经丧失金融清偿能力(流动性清偿能力或/和资本清偿能力)的商业银行机构。"② "问题银行一般是指因经营管理不善或者因突发事件的影响而发生了挤兑、倒闭或破产危险的银行机构。"③ 笔者认为,有问题银行是指由于财务结构、资产质量、风险过于集中等自身经营方面的原因,或者由于突发事件,如重大经济案件,已经丧失或者接近丧失流动性清偿能力,或者已经丧失资本清偿能力(资产小于负债,净资产为负)的银行业金融机构。这是因为银行与普通工商企业相比较具有特殊之处:大银行破产往往很难找到合适的银行接替其履行支付结算功能,还有可能造成支付体系的崩溃,银行"太大而不能倒"。依据普通破产法的规定,"支付不能"是启动企业破产程序的前提条件,由于银行的特殊性,有问题银行的定义不仅应包括银行已经丧失清偿能力的状况,还应包括接近丧失清偿能力的状况。

有问题银行的出现给许多国家造成了重大经济损失,一直是经济学家关注的一个研究热点。以经济学家、法学家的持续研究为依据,许多国家革新了相关的法律制度安排。经济学家们研究后指出,

---

① 史纪良主编《银行监管比较研究》,中国金融出版社 2005 年 8 月第 1 版,第 273 页。
② 阙方平:《有问题银行处置制度安排研究(修订版)》,中国金融出版社 2003 年 6 月第 1 版,第 1 页。
③ 史纪良主编《银行监管比较研究》,中国金融出版社 2005 年 8 月第 1 版,第 271 页。

银行机构的脆弱性以及银行机构内部的"委托 - 代理"冲突是有问题银行产生的内部条件,宏观经济环境恶化、金融市场失灵和监管不力是有问题银行产生的外部条件。归纳起来,经济学家们认为有问题银行产生的模型主要有四类:①经济周期模型,认为金融体系具有的内在的脆弱性或不稳定性是产生有问题银行的原因;②货币主义模型,认为是货币存量的紧缩导致了有问题银行的产生;③信息不对称导致了有问题银行的产生;④投资泡沫模型。

巴塞尔委员会在辨别有问题银行、采取适当纠正行动、处置技巧及退出市场机制等方面提供了指引,这些原则对于我国有问题银行市场退出机制的完善有着重要的借鉴意义。巴塞尔委员会指出,处置有问题银行应遵循以下原则:第一,监管机构要保证有问题银行处置的及时性。国际经验表明,有问题银行情况的恶化许多是由于银行监管当局未能在早期阶段及时处理,这会增加处理有问题银行的难度和成本。监管当局缺乏经验,或者法律法规的限制和授权不足,或者可供选择的处置手段不足,都会造成处置延误。因此,监管当局准备充足是及时有效处理有问题银行的重要保证。第二,坚持最低成本原则。处置成本是指处置有问题银行的一切成本,既包括直接成本也包括间接成本,由于间接成本往往关系到系统性金融风险,所以一般来讲直接成本往往要小于间接成本,直接成本通常服从间接成本,在直接成本中同样要遵循成本效率原则。第三,监管当局要拥有全权处置有问题银行的权力。各国立法当局通常都立法规范监管当局的行为,但是应允许监管当局在选择监管手段和运用时机上拥有相当的行政裁量权,要有一定的弹性。这是有效处置有问题银行的有效保证。[①]

各国对有问题银行的处置可以分为前期处置和后期处置两类。

---

① 史纪良主编《银行监管比较研究》,中国金融出版社 2005 年 8 月第 1 版,第 273 ~ 274 页。

前期处置的方式包括救助和重组。救助是指通过注资、提供流动性支持或融资担保等手段，改善有问题银行的流动性水平，解除其支付困难，并结合其他措施，恢复银行机构的资本充足程度和正常的经营能力。救助大多由政府、中央银行或专门的救助基金来实施。重组，既包括债务和资产重组，也包括机构重组。后期处置方式则指运用接管、关闭、破产等手段使有问题银行暂时或永久地退出金融市场。

　　市场退出意味着银行业金融机构变更或者丧失法律主体资格，退出市场竞争。运用市场化退出方式处理有问题银行的好处在于：一是由金融监管当局或司法机关取消有问题银行的法人主体资格，可以避免由于处理不妥当或者不及时给债权人带来更大的损失；二是在市场经济条件下，适用优胜劣汰原则，淘汰经营管理不善的银行有利于提高银行业整体经营水平；三是运用市场退出方式，政府或中央银行不用对有问题银行投入救助资金，从而保护了纳税人和其他银行机构的利益。与把控市场准入一样，市场退出的作用在于将不符合条件的市场主体排除在竞争领域之外。长期以来，由于缺乏配套的金融机构市场化退出法律制度安排，我国的有关政府部门和人民银行对一些有问题金融机构不得不采取行政救助手段，对少数金融机构的关闭也是采用行政手段，为此支付了巨额的财政资金和央行再贷款。尽管这种做法有助于保持社会稳定，很好地维护了广大存款人的利益，但对于国家财政来说负担过重，也不利于市场经济条件下市场机制激励作用的发挥。为保障有问题银行有序退出市场，必须抓紧建立和完善相关的法律制度。"目前，进一步建立和完善规范的金融机构市场退出机制的时机已经成熟。主要表现为主要金融机构改革已基本完成，金融风险初步得到控制，宏观经济运行平稳。"① 如何建立一个保护存

---

① 焦瑾璞：《建立完善规范的金融市场退出机制时机已成熟》，《金融时报》2006
年 5 月 13 日。

款人和投资者的利益，对那些不适格的市场主体实行接管、并购、重组、破产的法律机制，同时又能控制金融风险、保障金融稳定，是中国银行监管法立法工作面临的一项急迫任务。

第一节　我国有问题银行市场退出法律规定

依据《商业银行法》《银行业监督管理法》《企业破产法》《公司法》《金融机构撤销条例》《金融机构管理规定》《防范和处置金融机构支付风险暂行办法》《关于中国人民银行分行再贷款管理若干规定的通知》《关于向金融机构投资入股的暂行规定》等现行法律法规和规章，我国银行业金融机构市场退出的方式概括起来有三种：暂时退出的接管，原有业务继续经营的并购重组以及停止经营的解散、撤销和破产。通常来说，规范的有问题银行市场退出法律制度应当包括如下四个方面的内容：风险预警机制；风险救助机制，包括风险处置、接管、重组、最后贷款人机制；清算制度和市场退出问责制。在整个市场退出过程中，经历从预警到救助（注资、接管、重组）到终止（撤销、破产）的过程，银行业金融机构终止后，在某些国家存款人还可以获得来自存款保险的补偿。在这几种处置有问题银行的方式之中，各国监管当局最为经常采用的是重组方式，使用最为慎重的是破产方式。从我国已有的法律法规看来，银行业金融机构市场退出法律机制存在的最大问题在于法律依据不足，例如，被关闭的有问题银行托管机构的确定，被关闭的有问题银行财产的清理及损失的核定，清算组的组成，关闭过程中的重组，境外债务的清偿，债务的清偿顺序，有效资产的承接等问题都没有相应的、细致的法律规定。因此，需要针对银行业金融机构的特殊性，以《商业银行法》《银行业监督管理法》《公司法》《企业破产法》等法律为上位法，修订《金融机构撤销条例》，制定《银行破产条例》《存款保险条例》等法规、规章，规范银行业金融机构退出市场过程中的接管、并购重组、重整与和解、清算、债务清偿以及相应的程序等问题。市场退出监管法应采用广义的市场退出定义，规定的市场退出方式须包括接管、并购重组、撤销、破产等各种方式，而不仅限于永久退出市场的撤销和破产。

一　接管

接管是指监管机构根据法律的授权，对经营有严重问题，如严重违规经营、资不抵债、不能支付到期债务等的银行业金融机构通过成立接管组织强行介入，代为经营管理，防止其资产质量进一步恶化的预防性救助措施。《商业银行法》对接管做了原则性规定。该法第64条规定，商业银行已经或者可能发生信用危机，严重影响存款人的利益时，银监会可以对该银行实行接管。接管的目的是对被接管的商业银行采取必要措施，以保护存款人的利益，恢复商业银行的正常经营能力。被接管的商业银行的债权债务关系不因接管而变化。第65~68条规定：接管由国务院银行业监督管理机构决定，并组织实施。接管决定由国务院银行业监督管理机构予以公告。接管自接管决定实施之日起开始。自接管开始之日起，由接管组织行使商业银行的经营管理权力。接管期限届满，国务院银行业监督管理机构可以决定延期，但接管期限最长不得超过二年。有下列情形之一的，接管终止：接管决定规定的期限届满或者银监会决定的接管延期届满；接管期限届满前，该商业银行已经恢复正常经营能力；接管期限届满前，该商业银行被合并或者被依法宣告破产。

二　并购重组

并购重组包括合并、收购、重组。合并是指两个以上的公司因生产经营的需要，经过协商，依照法律规定的程序，合并成为一个公司的法律行为。收购是指一方以现金、股权或其他支付形式，通过市场购买、交换或其他有偿转让方式，达到控制另一方的股份或资产，实现企业控股权转移的行为。收购之后，被收购一方的法人资格消灭。重组是指通过原有股东注资、增加新股东、债转股等措施，使企业的资本结构、机构组织、债权债务等得到调整。重组之后产生新的法人。并购重组的特点是原有的业务继续进行。《银行业监督管理法》第38条规定，银行业金融机构已经或者可能发生信用危机，严重影响存款人和其他客户合法权益的，国务院银行业监督管理机构可以依法对该银行业金融机构实行接管或者促成机构重组，接管和机构重组依照有关法律和国务院的规定执行。这里规定的机构重组是对银行业冲击较小的一种市场退出方式，也是世界各国对有问题银行退出市场采用较多、效果较好的方式。

三　解散

解散是指已经成立的金融机构因其章程的规定或法定的事由发生而丧失经营能力，经批准和办理注销登记后，取消其法人资格的法律行为。解散包括任意解散和法定解散。关于解散，《商业银行法》仅做了较为原则性的规定，《公司法》的相关规定则相对详细。《商业银行法》第69条规定，商业银行因分立、合并或者出现公司章程规定的解散事由需要解散的，应当向国务院银行业监督管理机构提出申请，并附解散的理由和支付存款的本金和利息等债务清偿计划。经国务院银行业监督管理机构批准后解散。商业银行解散的，应当依法成立清算组，进行清算，按照清偿计划及时偿还存款本金和利息等债务。国务院银行业监督管理机构监督清算过程。《公司法》第181条规定，公司有下列情形之一的，可以解散：一是公司章程规定的营业期限届满或者公司章程规定的其他解散事由出现；二是股东会或股东大会决议解散；三是因公司合并或者分立需要解散；四是依法被吊销营业执照、责令关闭或者被撤销；五是公司经营管理发生严重困难，继续存续会使股东利益受到重大损失，通过其他途径不能解决的，持有公司全部股东表决权 10% 以上的股东，可以请求人民法院解散公司。《公司法》第 184 条规定，公司因本法第一百八十一条第（一）项、第（二）项、第（四）项、第（五）项规定而解散的，应当在解散事由出现之日起十五日内成立清算组，开始清算。有限责任公司的清算组由股东组成，股份有限公司的清算组由董事或者股东大会确定的人员组成。逾期不成立清算组进行清算的，债权人可以申请人民法院指定有关人员组成清算组进行清算。人民法院应当受理该申请，并及时组织清算组进行清算。第 185 条规定，清算组在清算期间行使下列职权：清理公司财产，分别编制资产负债表和财产清单；通知、公告债权人；处理与清算有关的公司未了结的业务；清缴所欠税款以及清算过程中产生的税款；清理债权、债务；处理公司清偿债务后的剩余财产；代表公司参与民事诉讼活动。

四　撤销

撤销是指基于行政机关的命令或者法院的裁判而终止主体资格的情形。行政机关依法对违法主体给予吊销营业执照、吊销经营许可证、责令关闭的处罚，法院判决违法主体强制歇业，都将导致主体资格的消灭。撤销方式通常适用于那些资产损失比较严重，没有金融机构愿意收购或兼并的经营失败的金融机构。这种由监管当局发动的行政强制性退出，可以减少不必要的司法纠纷，还可以提高退出清算的效率。我国的《商业银行法》《银行业监督管理法》《金融机构管理规定》都对撤销进行了规定，国务院制定的《金融机构撤销条例》进一步细化了撤销的决定、撤销清算以及债务清偿等内容。《商业银行法》第 70 条规定，商业银行因吊销经营许可证被撤销的，国务院银行业监督管理机构应当依法及时组织成立清算组，进行清算，按照清偿计划及时偿还存款本金和利息等债务。《银行业监督管理法》第 39 条规定，银行业金融机构有违法经营、经营管理不善等情形，不予撤销将严重危害金融秩序、损害公众利益的，国务院银行业监督管理机构有权予以撤销。

根据中国人民银行 1994 年发布的《金融机构管理规定》第 42 条的规定，金融机构有下列情形之一的，中国人民银行（现由中国银监会行使其职权）可责令其关闭并缴销许可证：（一）严重违反国家的法律、法规和政策；（二）领取《金融机构法人许可证》或《金融机构营业许可证》后 90 天内未开业；（三）已丧失本规定第八条要求具备的条件；（四）已连续停业 6 个月或累计停业 1 年；（五）被其他金融机构收购或兼并；（六）连续 3 年亏损额占资本金的 10% 或亏损额已占资本金的 15% 以上；（七）年检不合格整改无效或连续 2 年年检不合格；（八）在申请设立过程中提供虚假材料或有不正当行为；（九）中国人民银行认定的其他应予关闭的情况。

《商业银行法》规定了商业银行被撤销的事由。《商业银行法》第 23 条规定，商业银行及其分支机构自取得营业执照之日起无正当理由超过六个月未开业的，或者开业后自行停业连续六个月以上的，由国务院银行业监督管理机构吊销其经营许可证，并予以公告。第 74 条规定，商业银行有下列情形之一，由国务院银行业监督管理机构责令改正，有违法所得的，没收违法所得，违法所得五十万元以上的，并处违法所得一倍以上五倍以下罚款；没有违法所得或者违法所得不足五十万元的，处五十万元以上二百万元以下罚款；情节特别严重或者逾期不改正的，可以责令停业整顿或者吊销其经营许可证；构成犯罪的，依法追究刑事责任：（一）未经批准设立分支机构的；（二）未经批准分立、合并或者违反规定对变更事项不报批的；（三）违反规定提高或者降低利率以及采用其他不正当手段，吸收存款，发放贷款的；（四）出租、出借经营许可证的；（五）未经批准买卖、代理买卖外汇的；（六）未经批准买卖政府债券或者发行、买卖金融债券的；（七）违反国家规定从事信托投资和证券经营业务、向非自用不动产投资或者向非银行金融机构和企业投资的；（八）向关系人发放信用贷款或者发放担保贷款的条件优于其他借款人同类贷款的条件的。

五　破产

破产是指经监管当局同意，由有问题银行或者其债权人向法院提出破产申请，法院受理后，由法院组织成立清算组进行破产清算，宣告有问题银行破产。《商业银行法》第71条规定，商业银行不能支付到期债务，经国务院银行业监督管理机构同意，由人民法院依法宣告其破产。商业银行被宣告破产的，由人民法院组织国务院银行业监督管理机构等有关部门和有关人员成立清算组，进行清算。商业银行破产清算时，在支付清算费用、所欠职工工资和劳动保险费用后，应当优先支付个人储蓄存款的本金和利息。根据第71条的规定，在我国商业银行破产须经银监会审查同意。法院主持的破产是优胜劣汰的市场规律发挥作用的必然结果，也是各国银行业金融机构退出市场不可缺少的一种重要方式。但是，这种方式需要监管机构花费大量的时间和精力清理账户，成本高昂，有时还会引发金融市场秩序混乱，因此，即使有问题银行达到了破产法规定的破产条件，监管当局也尽量避免采用破产这种市场退出方式，各国监管当局首先考虑的是如何安排并购或者进行注资救助。

根据《企业破产法》等法律法规的规定，有问题银行破产的程序，需要经过申请、受理、公告、重整、和解、破产宣告、破产清算、注销登记和注销公告等阶段。

第一，申请。《企业破产法》第7条规定，债务人有本法第二条规定的情形，可以向人民法院提出重整、和解或者破产清算申请。债务人不能清偿到期债务，债权人可以向人民法院提出对债务人进行重整或者破产清算的申请。企业法人已解散但未清算或者未清算完毕，资产不足以清偿债务的，依法负有清算责任的人应当向人民法院申请破产清算。根据《企业破产法》第7条的规定，破产申请可以由商业银行、商业银行的债权人、从事解散和撤销清算活动的清算组织提出。其中，清算组织在进行解散清算和撤销清算的过程中，如果发现拟解散、撤销的商业银行的财产不足以清偿债务，应当立即向人民法院申请宣告破产。商业银行提出破产申请，应当提交银行亏损经营的说明书、债务清册、债权清册、有关财务会计报告、职工安置预案以及职工工资的支付和社会保险费用的缴纳等情况。商业银行的债权人提出破产申请，应当提交债权证明书、债务人不能清偿到期债务的证据等。清算组提出破产申请，应当提交商业银行的财产清单、资产负债说明书等资料。

第二，受理。《企业破产法》第 10 条规定，债权人提出破产申请的，人民法院应当自收到申请之日起五日内通知债务人。债务人对申请有异议的，应当自收到人民法院的通知之日起七日内向人民法院提出。人民法院应当自异议期满之日起十日内裁定是否受理。除前款规定的情形外，人民法院应当自收到破产申请之日起十五日内裁定是否受理。有特殊情况需要延长前两款规定的裁定受理期限的，经上一级人民法院批准，可以延长十五日。《企业破产法》第 12 条规定，人民法院裁定不受理破产申请的，应当自裁定做出之日起五日内送达申请人并说明理由。申请人对裁定不服的，可以自裁定送达之日起十日内向上一级人民法院提起上诉。人民法院受理破产申请后至破产宣告前，经审查发现债务人不符合本法第二条规定情形的，可以裁定驳回申请。申请人对裁定不服的，可以自裁定送达之日起十日内向上一级人民法院提起上诉。《企业破产法》第 13 条规定，人民法院裁定受理破产申请的，应当同时指定管理人。

第三，公告。《企业破产法》第 14 条规定，人民法院应当自裁定受理破产申请之日起二十五日内通知已知债权人，并予以公告。通知和公告应当载明下列事项：（一）申请人、被申请人的名称或者姓名；（二）人民法院受理破产申请的时间；（三）申报债权的期限、地点和注意事项；（四）管理人的名称或者姓名及其处理事务的地址；（五）债务人的债务人或者财产持有人应当向管理人清偿债务或者交付财产的要求；（六）第一次债权人会议召开的时间和地点；（七）人民法院认为应当通知和公告的其他事项。

第四，重整。重整申请和重整期间。《企业破产法》第 70 条规定，债务人或者债权人可以依照本法规定，直接向人民法院申请对债务人进行重整。债权人申请对债务人进行破产清算的，在人民法院受理破产申请后、宣告债务人破产前，债务人或者出资额占债务人注册资本十分之一以上的出资人，可以向人民法院申请重整。第 78 条规定，在重整期间，有下列情形之一的，经管理人或者利害关系人请求，人民法院应当裁定终止重整程序，并宣告债务人破产：（一）债务人的经营状况和财产状况继续恶化，缺乏挽救的可能性；（二）债务人有欺诈、恶意减少债务人财产或者其他显著不利于债权人的行为；（三）由于债务人的行为致使管理人无法执行职务。

重整计划的制订和批准。《企业破产法》第 79 条规定，债务人或者管理人应当自人民法院裁定债务人重整之日起六个月内，同时向人民法院和债权人会议提交重整计划草案。第 80 条规定，债务人自行管理财产和营业事务的，由债务人制作重整计划草案。管理人负责管理财产和营业事务的，由管理人制作重整计划草案。第 81 条规定，重整计划草案应当包括下列内容：（一）债务人的经营方案；（二）债权分类；（三）债权调整方案；（四）债权受偿方案；（五）重整计划的执行期限；（六）重整计划执行的监督期限；（七）有利于债务人重整的其他方案。第 84 条规定，人民法院应当自收到重整计划草案之日起三十日内召开债权人会议，对重整计划草案进行表决。出席会议的同一表决组的债权人过半数同意重整计划草案，并且其所代表的债权额占该组债权总额的三分之二以上的，即为该组通过重整计划草案。

重整计划的执行。《企业破产法》第 89 条规定，重整计划由债务人负责执行。人民法院裁定批准重整计划后，已接管财产和营业事务的管理人应当向债务人移交财产和营业事务。第 90 条规定，自人民法院裁定批准重整计划之日起，在重整计划规定的监督期内，由管理人监督重整计划的执行。在监督期内，债务人应当向管理人报告重整计划执行情况和债务人财务状况。第 92 条规定，经人民法院裁定批准的重整计划，对债务人和全体债权人均有约束力。债权人未依照本法规定申报债权的，在重整计划执行期间不得行使权利；在重整计划执行完毕后，可以按照重整计划规定的同类债权的清偿条件行使权利。债权人对债务人的保证人和其他连带债务人所享有的权利，不受重整计划的影响。第 93 条规定，债务人不能执行或者不执行重整计划的，人民法院经管理人或者利害关系人请求，应当裁定终止重整计划的执行，并宣告债务人破产。人民法院裁定终止重整计划执行的，债权人在重整计划中做出的债权调整的承诺失去效力。债权人因执行重整计划所受的清偿仍然有效，债权未受清偿的部分作为破产债权。前款规定的债权人，只有在其他同顺位债权人同自己所受的清偿达到同一比例时，才能继续接受分配。有本条第一款规定情形的，为重整计划的执行提供的担保继续有效。

第五，和解。和解是破产程序的重要组成部分，可以避免清算债务人的财产，具有费用低廉、耗时较短、程序简单的特点。《企业破产法》第 9 章专门规定了和解，内容包括和解申请、人民法院对申请的审查与裁定、债权人会议对和解协议的讨论与表决、和解协议的无效、和解协议的执行与效力、不执行或不能执行和解协议的处理等。《企业破产法》第 95 条规定，债务人可以依照本法规定，直接向人民法院申请和解；也可以在人民法院受理破产申请后、宣告债务人破产前，向人民法院申请和解。债务人申请和解，应当提出和解协议草案。第 105 条规定，人民法院受理破产申请后，债务人与全体债权人就债权债务的处理自行达成协议的，可以请求人民法院裁定认可，并终结破产程序。第 96 条规定，人民法院经审查认为和解申请符合本法规定的，应当裁定和解，予以公告，并召集债权人会议讨论和解协议草案。第98条规定，债权人会议通过和解协议的，由人民法院裁定认可，终止和解程序，并予以公告。管理人应当向债务人移交财产和营业事务，并向人民法院提交执行职务的报告。第99条规定，和解协议草案经债权人会议表决未获得通过，或者已经债权人会议通过的和解协议未获得人民法院认可的，人民法院应当裁定终止和解程序，并宣告债务人破产。

第六，破产宣告。《企业破产法》第107条规定，人民法院依照本法规定宣告债务人破产的，应当自裁定做出之日起五日内送达债务人和管理人，自裁定做出之日起十日内通知已知债权人，并予以公告。债务人被宣告破产后，债务人称为破产人，债务人财产称为破产财产，人民法院受理破产申请时对债务人享有的债权称为破产债权。

第七，破产清算。《企业破产法》第113条规定，破产财产在优先清偿破产费用和共益债务后，依照下列顺序清偿：（一）破产人所欠职工的工资和医疗、伤残补助、抚恤费用，所欠的应当划入职工个人账户的基本养老保险、基本医疗保险费用，以及法律、行政法规规定应当支付给职工的补偿金；（二）破产人欠缴的除前项规定以外的社会保险费用和破产人所欠税款；（三）普通破产债权。破产财产不足以清偿同一顺序的清偿要求的，按照比例分配。第115条规定，管理人应当及时拟订破产财产分配方案，提交债权人会议讨论。破产财产分配方案应当载明下列事项：（一）参加破产财产分配的债权人名称或者姓名、住所；（二）参加破产财产分配的债权额；（三）可供分配的破产财产数额；（四）破产财产分配的顺序、比例及数额；（五）实施破产财产分配的方法。债权人会议通过破产财产分配方案后，由管理人将该方案提请人民法院裁定认可。第116条规定，破产财产分配方案经人民法院裁定认可后，由管理人执行。

第八，注销登记和注销公告。《企业破产法》第121条规定，管理人应当自破产程序终结之日起十日内，持人民法院关于终结破产程序的裁定，向破产企业的原登记机关办理注销登记。依照《企业法人登记管理条例》及其实施细则等相关法规规章的规定，登记主管机关在对申请注销登记的企业提交的相关文件进行审查后，核准注销登记，同时撤销注册号，收缴执照正、副本和公章，并通知开户银行，由该银行注销其银行账户，公告该银行终止。至此，申请破产的银行从法律上正式丧失企业法人资格。

第二节　我国处置有问题银行法律机制存在的不足

一　处置有问题银行主要依靠行政手段

在很长一段时间内，我国处置危机金融机构主要是通过行政色彩浓厚的停业整顿和行政关闭，较少采用其他退出方式，即使采用接管等退出方式也没有充分遵循市场化原则。长期以来，国有金融机构在金融市场上占据着主导地位，以国家信用为担保的金融体系很少面临危机处理。这是与市场经济体制不相符合的一种现象。市场经济条件下，银行机构作为企业的一种，也要经受市场的优胜劣汰，让那些危机银行机构有序、及时地退出市场是市场经济的题中应有之义。巴塞尔银行监督管理委员会在颁布的《有效银行监管的核心原则》中也认为："监管本身不能也不应保证不出现银行倒闭。实际上，在市场经济中，银行倒闭是金融资源（如资本和管理人员）配置机制的一个必要组成部分。"[1]

1997年亚洲金融危机爆发后，我国的城市信用社、农村信用社、证券公司以及信托投资公司等金融机构累积的风险不断暴露，

---

[1]　吴敏：《论法律视角下的银行破产》，法律出版社2010年9月第1版，第14页。

防范和化解金融风险成为金融监管工作的重点之一。由于缺乏完备的危机金融机构处置法律机制，人民银行主要通过停业整顿和行政关闭两种方式处置危机金融机构，真正通过司法程序进行破产清算的金融机构只有广东国际信托投资公司一家，而且偿还率仅为12.52%。1998年10月，中国人民银行决定关闭广东国际信托投资公司，组织清算组对其进行关闭清算。经过清算查明，广东国际信托投资公司的总资产为214.71亿元，负债361.65亿元，总负债率168.44%，资不抵债146.94亿元。中国人民银行决定将其退市。1999年1月，广东国际信托投资公司向广东省高级人民法院正式申请破产。广东高院经审查认定其符合法律规定的破产条件，根据《企业破产法（试行）》第3条第1项和第8条的规定，裁定广东国际信托投资公司破产还债，指定清算组接管该公司。这是我国第一例非银行金融机构破产，严格说来，广东国际信托投资公司的破产还不属于真正意义上的破产，因为该公司的个人债务和部分外债是由再贷款偿还的，这部分的损失实际上是由国家承担的。因此，到目前为止，我国还没有一家银行业金融机构是通过破产方式退出市场的。

停业整顿是一种行政干预性质的强制措施，目的在于恢复金融机构的运营。但是，我国金融机构在停业整顿过程中，没有具体的整顿措施，进行停业整顿往往是为了拖延解决债务问题。金融机构一旦被停业整顿就面临支付困难，又因为没有宣布关闭或破产，债权人无法进行债权登记。有问题银行由此陷入既不能恢复经营又不能破产的两难境地。实践表明，我国实施停业整顿的金融机构没有一家能够恢复经营能力。《银行业监督管理法》对于停业整顿没有做出规定，这表明该法对停业整顿持否定态度。

行政关闭是一种强制性法人终止形式，对于不可救助、股东不愿救助、股东无力承担损失或无力注入资金救助、救助失败的有问题银行，由中国人民银行实施行政关闭，指定一家金融机构托管、组织清算，在完成清算后宣布关闭。人民银行1998年发布

《防范和处置金融机构支付风险暂行办法》，第 26 条规定，对于支付危机风险严重、资不抵债、有严重违规违法经营行为、股东无力承担损失或无力注入资金的金融机构，由人民银行省级分行商得地方政府同意后，依法实施行政关闭，并指定金融机构托管、清算。实施行政关闭的具体方案，由人民银行省级分行和地方政府共同提出，报总行核准。在我国，金融机构被宣布行政关闭后到办理注销登记之前，其法人资格依旧存续，但权利能力和行为能力受到限制。1998 年，对海南发展银行实施行政关闭，指定中国工商银行托管。1999 年，对广西路川县城市信用合作社实施行政关闭，指定中国农业银行托管。有问题银行被行政关闭的结果有两种：一是资能抵债，清偿债务后法人资格终止。二是资不抵债，转入破产还债程序，由法院了结债权债务关系。《防范和处置金融机构支付风险暂行办法》第 27 条规定，对于支付风险严重、资不抵债的金融机构，若股东放弃救助，或被中国人民银行行政关闭后，发现其财产不足以清偿债务，且债权人不同意调解的，经中国人民银行同意后可以向人民法院申请破产。在实践中，实施行政关闭进行的清算往往无法清理债权债务关系，陷入困境。

除了停业整顿和行政关闭外，我国政府还采取过收购等其他名义的处理方式，但从本质上看这些方式都是行政的方式，而不是市场的方式。在我国，金融机构退出市场遵循"谁的孩子谁抱走"的原则，由主管机关负责清算。由于我国的金融机构大多由各级政府出资主办，因此，大多数有问题金融机构的退出由各级政府主持，少数没有主管机关的，由中国人民银行、银监会派出清算组或者委托其他金融机构组织清算。在退出的过程中，或多或少都动用了财政资金和央行再贷款。按照我国现有法律规定，各省动用的央行再贷款从以后各省每年上缴的财政收入返还中扣除。我国有问题金融机构的处置实践表明，清算工作能够迅速结束的，都是动用了巨额财政资金和央行再贷款全额偿付债权的。中国农村发展信托投资公司，央行再贷款金额达 62 亿元，委托建设银行收尾，清算结束得依旧不彻底。

从发达国家取得的经验看来，现代金融机构市场退出机制在退出方式的选择上，更倾向于采用重建型的处理方式，注重恢复危机金融机构的清偿能力和赢利能力，以救助为主、清算为辅。巴塞尔银行监管委员会在《有效银行监管核心原则》中指出，对于问题银行，若是可以补救，监管者通常应寻找并使用可以全面解决问题的方法；若问题银行严重到难以补救，为了保持金融体系的效率，应要求无法达到监管要求的机构迅速并有效地退出。[1]从各国已有的经验来看，市场退出应遵循市场原则，避免政府介入过深，否则不仅无法妥善解决债权债务等民事纠纷，还会增加政府投入过高的处置风险，长此以往将不堪重负。

二 尚未建立完善的银行风险预警系统

"商业银行风险预警是指银行监管者根据非现场监管、现场检查和其他渠道获得的银行业金融机构的信息，通过一定的技术手段，采用专家判断和时间序列分析、层次分析和功效记分等模型分析方法，对商业银行风险状况进行动态监测和早期预警。"[2]1996年，中国人民银行制定了《资产负债比例管理监控、监测指标和考核办法》，该办法包括了若干指标，是我国商业银行风险预警的初始法律文件。银监会成立后，制定了《商业银行风险监管核心指标（试行）》替换《资产负债比例管理监控、监测指标和考核办法》，成为银行监管新的指标体系和标杆。《商业银行风险监管核心指标（试行）》针对流动性风险、信用风险、市场风险、操作风险四类风险分别设计了监管指标，实行全面风险监管。该核

---

[1] 吴敏：《论法律视角下的银行破产》，法律出版社 2010 年 9 月第 1 版，第 15 页。

[2] 吴敏：《论法律视角下的银行破产》，法律出版社 2010 年 9 月第 1 版，第 136 页。

心指标既可用于风险评级也可用于风险预警，既可用于非现场监测分析也可指导现场检查，既可针对单家机构进行分析也可进行同质同类分析，是一份实现全面风险监管的重要法律文件。

《银行业监督管理法》第 27 条规定，银监会应当建立银行业金融机构监督管理评级体系和风险预警机制，根据银行业金融机构的评级情况和风险状况，确定对其现场检查的频率、范围和需要采取的其他措施。银监会成立后，制定了《商业银行风险预警操作指引（试行）》，按照这份文件开始开展商业银行的风险预警工作，按季度对商业银行法人机构进行风险预警的试运行。《商业银行风险预警操作指引（试行）》对商业银行的风险预警等级、风险预警对象、风险预警指标体系等内容进行了规定。根据该指引，银行监管部门对单个商业银行的各项预警指标进行连续观测，将数据导入模型，计算其综合风险分值，综合判断商业银行的风险预警等级，分别给出正常、蓝色预警、橙色预警和红色预警信号。风险预警对象包括国有商业银行、股份制商业银行、城市商业银行、在中国境内注册的外资独资银行及中外合资银行。《指引》规定，风险预警指标体系包括定量指标和定性指标。定量指标由资本充足率、信用风险、市场风险、经营风险和流动性风险等五项分类指标组成，共 22 个指标。定性指标包括六项分类指标，分别为管理层评价、经营环境、公司治理、风险管理与内控、信息披露和重大危机事件。

《商业银行风险监管核心指标（试行）》和《商业银行风险预警操作指引（试行）》这两份法律文件为我国银行风险预警系统的建立奠定了良好的制度前提，但是总体来说我国目前还缺乏完善的银行风险预警系统，不能准确判定银行业金融机构的风险状况，发出预警信号。经济学的研究已经表明银行风险在爆发前有一个风险积累的过程，一般具有比较明显的征兆，如经济持续不景气、银行资产质量恶化、出现流动性困难而发生信用危机、储蓄有提前支取的倾向，等等，由监管机构及时发布风险预警是完全可能

的。我国应进一步完善银行风险预警系统，对一系列经济、金融、
银行经营等指标数据进行分析，达到防范银行风险的目的。由于
我国到目前为止仍未建立完善的银行风险预警系统，缺少处理有
问题银行的应急机制，这直接导致处理有问题银行的介入时点较
为滞后，增加了处置难度和成本，因此，应尽快建立完善的风险
预防警戒线，防止金融机构出现危机。"对银行监管机构来说，选
择恰当的介入时间非常重要。事实表明，不稳健银行的实际情况
总是比其账面状况更糟糕。如果在一家银行资产现值与债务现值
持平，出现资不抵债之前就被关闭，那么存款保险机构和存款人
就不会有损失。如果一家已资不抵债的银行继续营业，其股东除
了投到银行的股本外不再会有其他损失，他们就会有再赌一把的
强烈愿望，换句话说，他们就会冒着极大的风险试图捞回老本。"[①]

三 监管机构缺少必要的法律授权

如果监管机构缺少必要的法律授权，那么在有问题银行市场
退出过程中监管机构的专业优势发挥的余地就不大。根据《商业
银行法》第 69 ~ 71 条的规定，商业银行因分立、合并或者出现公
司章程规定的解散事由需要解散的，应当向银监会提出申请，经
银监会批准后解散；商业银行因吊销营业许可证被撤销的，由银
监会组织清算组进行清算；商业银行不能支付到期债务，经银监
会同意，由人民法院依法宣告其破产。这些条文对监管机构在有
问题银行市场退出过程中的作用进行了规定，但是结合我国银行
市场退出取得的经验以及其他国家国内立法来看，我国的监管机
构获得的法律授权是十分有限的，仅有几个法律条文做了原则性
规定，缺少详细的规定，这限制了监管机构专业优势的发挥，需
要在今后的立法中适当扩充。对于银行监管当局的行政权在有问

---

① 〔瑞士〕艾娃·胡普凯斯：《比较视野中的银行破产法律制度》，季立刚译，法
律出版社 2006 年 3 月第 1 版，第 14 页。

题银行市场退出中的运用，与司法机关相比较，银行监管当局具有如下优势：作为行政机关，处理有问题银行具有快速反应、迅速决断的优点；通过平时的监管，对问题机构的经营状况了解得比较全面、清楚、细致；具有明显的专业优势，能适时做出决断，决定是否应当进行重组、是否应当进行清算。正是因为具有这样的一些优势，银行监管当局在有问题银行市场退出中一直受到人们的重视。

在银行退出市场的过程中，对有问题银行行使监管权的督管机构在各个国家不完全相同，有的是由中央银行承担，如荷兰、英国，有的则是由行政机关承担，如日本的大藏省。在某些国家，主持金融机构市场退出的就是其监管机构，奉行这种立法主张的代表国家是美国。美国的银行监管当局在认定银行是否破产以及什么时候破产的问题上，享有极大的自由裁量权，并且这种权力是专属性的，能够排除司法机关的干预。美国的有关法律授予联邦存款保险公司部分银行监管权力，联邦存款保险公司具有组织、管理、安排银行破产时破产财产的清理和偿还等事宜的权力，在银行破产中享有相当大的自主权，在银行退市中发挥着重要的作用。

当前我国金融业实行较为严格的分业经营、分业监管原则，中国银监会、中国证监会、中国保监会为金融机构监管的执行机关，在未来应成为金融机构市场退出时占据主导地位的机构。在立法中必须明确金融机构市场退出时监管机构的职责，这些职责应该包括以下几个方面：（1）负责审查和批准主动退出市场的金融机构的退出申请，并对其资产质量、债权债务、财务状况进行稽核，对债权债务的承接转让情况进行调查论证；（2）对被动退出型金融机构实施紧急救援措施，包括利用直接贷款进行资金援助，设立特别机构和专项基金间接提供财务援助，或临时组织大商业银行进行集资救援，或直接做出兼并安排以及提供担保等；（3）成立专门临时机构负责帮助有问题机构调整经营方针，改组经营决策机构，调整经营机制；（4）组织管理有问题机构的清理以及债权债务的清算等。

四　行政权的行使与司法权的行使界定不清晰

由于现有的法律法规衔接得不够紧密以及市场退出法律法规的不完备，在市场退出中行政权的行使与司法权的行使界定不清晰，存在行政权与司法权发生冲突的可能性。有问题银行在被接管或撤销之时，其法人资格尚未终止，只是权利能力和行为能力受到一定的限制，因此，在监管机构接管、托管和关闭清算期间，法院的司法权随时可能介入，于是可能出现以下一些情况：(1) 其他机构对被接管、托管、关闭的有问题银行提起民事诉讼；(2) 被接管、托管、关闭的有问题银行对监管机构提起行政诉讼；(3) 被接管、托管、关闭的有问题银行的债权人向法院提起破产诉讼。这就可能出现监管机构和人民法院对同一金融机构做出不同的处理决定，引发行政权与司法权冲突的问题。目前对这一问题的处理原则是"破产诉讼优先""司法权优先"，这将直接影响金融机构的市场退出进程，不利于保护存款人的权益和金融秩序的稳定。英国的银行破产法律制度较好地实现了行政权与司法权的均衡。根据《英格兰银行法》（1998 年）的规定，① 在银行破产过程中，金融服务管理局有监督管理权，但不直接参与破产程序的运作，破产程序在司法机构的主持下开始、进行并最终完成。金融服务管理局有权向有管辖权的法院申请发出行政程序令，但决定权在法院，法院只有在认为银行已经或可能不能支付到期债务时，才会发布行政程序令。行政程序令发布是一个行政措施，不会必然导致银行的关门，只有在行政程序或其他措施都不能对银行实施重组时，金融服务管理局才有权向法院申请关闭。法院不能自行决定，只能依据监管当局的申请。法院做出最终关闭决

---

① 莫丽梅：《英国银行破产法律制度及启示》，《中国金融》1999 年第 3 期，转引自吴敏《论法律视角下的银行破产》，法律出版社 2010 年 9 月第 1 版，第 226～227 页。

定后，金融服务管理局必须吊销该银行的经营许可证。

在立法中还要确定一系列的实施规则，协调退出中司法权与行政权的关系，明确银行监管当局在有问题银行市场退出中的权力、义务、职责。这包括：（1）制定《商业银行破产条例》，对接管进行详细的规定，包括接管的定义、接管的具体条件、接管机构的组成及法律地位和职责、接管期限、采取的具体措施等内容；（2）按照《公司法》等法律的规定，进一步细化规范商业银行合并或分立（兼并）的法律规定；（3）对关闭的定义、关闭条件（主要包括支付能力、清偿能力、经营能力、关闭成本等）、关闭前的紧急救助、关闭的清算程序等做出规定；（4）制定《商业银行破产条例》，按照《企业破产法》的有关规定，对破产标准、破产申请人、破产的清算程序、破产清算组的构成、破产管理人的选聘、破产财产的清偿顺序、和解与重整等做出规定；（5）坚持金融机构破产的审慎原则，扩大和解适用范围，增加破产宣告后金融机构的救助制度及对提供救助方的担保制度等；（6）制定《存款保险条例》，在破产清算中加大对中小存款人合法权益的保护力度，增加对作为破产金融机构债权人的其他金融机构合法权益的保护条款。

五　关于清偿顺序的法律规定不尽合理

关于清偿顺序的法律规定还不尽合理或者较为模糊，应在以后的立法中予以明确。金融机构退出市场后，如果经清算，该金融机构资不抵债，则存在一个按比例及顺序清偿其债务的问题。"世界银行指出，破产法应承认有抵押物的债权人对抵押物的优先权。在企业清偿过程中担保物权应该优先于劳动债权受偿。国际上的普遍经验是通过建立职工支付保障基金的形式来保护劳动者的权益，而不是采用劳动债权优先原则。"[①]　一般来说，对于有财

---

① 益言：《世界银行和国际货币基金组织关于破产法中几个关键问题的观点》，《金融时报》2005 年 1 月 19 日。

产担保的债权，应当以其担保的财产优先受偿，而对于其他无财产担保的债权、有财产担保但担保财产不足以清偿的债权和放弃优先受偿权的有财产担保的债权，目前实践中的通常做法是，个人债务和对外债务优先偿还、确保支付，而对国内其他债务按剩余有效资产折扣偿还。根据我国《商业银行法》第71条规定，商业银行破产清算时，在支付清算费用、所欠职工工资和劳动保险费用及所欠国家税款后，应当优先支付个人储蓄存款的本金和利息。由此可见，在我国，金融机构清偿债务时优先清偿个人储蓄存款有明确的法律依据。目前，还没有法律规定优先清偿对外债务，这在广国投破产案中就曾经引起了较大争议。根据民事法律的基本原则，民事主体在民事活动中平等地享有民事权利、承担民事义务。笔者认为，优先清偿对外债务的做法与民法的基本原则不尽相符。因此，笔者建议，我国在制订有关清偿存款原则及顺序时，一方面要充分保护个人存款者的利益；另一方面要兼顾其他债权人的利益，可以参照国外的做法设定最高限额。而对于对外债务是否优先偿还，属于国家政策问题，值得进一步讨论。

六　缺少市场退出补偿机制的存款保险制度

"为了降低金融系统崩溃的可能性，同时能在其一旦发生时限制其破坏程度和减少财政成本，各国的政策制定者们建立了一套金融安全网。一国的金融安全网由一系列的防范系统崩溃的金融政策构成。这些政策包括：隐性和显性存款保险政策、中央银行的最后贷款人便利、调查与处理银行清偿力不足的专门程序、监管银行的策略，以及向一些国际机构，诸如国际货币基金组织（IMF）寻求紧急援助的条款等。在这些安全网政策中，显性存款保险在近年得到迅速地推广。"[①] 显性存款保险制度具有的好处是

[①]　刘仁伍、吴竞择编译《金融监管、存款保险与金融稳定》，中国金融出版社2005年4月第1版，第163~164页。

明显的，从短期来看，实行显性存款保险不会马上产生预算支出，能够减小政府对存款人承担的责任，还能够改善小银行与大规模银行竞争存款的机会。同时，显性存款保险制度的弊端也已经为学术界所认识到，那就是，显性存款保险制度降低了存款人监督银行的积极性，可能助长银行投机性的经营行为，即增加了银行的道德风险。"正是由于安全网在解决银行挤兑问题方面是如此有效，因而安全网才产生了道德风险。这一道德风险既来自银行本身也来自它们的监管者。机会主义的银行家们可以通过承担无效率的风险，甚至是进行欺诈行为，来利用监管透明度和威慑力中的缺陷。"①

我国至今为止还没有建立有问题银行退出市场后的补偿机制——存款保险制度。对中小存款人实行存款保险，能够确保金融机构关闭、破产时其合法权益能最大限度地得到保障。经济学实证研究表明，"在制度薄弱的环境中，设计拙劣的存款保险安排倾向于增加将来发生银行危机的可能性。……政府应该在采纳显性存款保险计划之前，先解决他们在透明度、威慑力和责任制方面的缺陷。改善银行业的监管，改革法律体系使产权得到保护以及合同实施得到强化，更新会计和披露规则以使准确的信息能够及时地传递给市场，……"② 因此，存款保险制度的设计应该是一件慎重的事情，也需要其他方面革新的配合。应当尽快建立适合我国国情的存款保险制度，赋予存款保险机构对金融机构市场退出一定的监督管理权。这样做有助于提高金融机构市场退出处理的效率。我国存款保险法律制度的主要内容应包括：存款保险机构的组织形式、法律地位、法定职责及权限，存款保险机构与

---

① 刘仁伍、吴竞择编译《金融监管、存款保险与金融稳定》，中国金融出版社2005年4月第1版，第177页。

② 刘仁伍、吴竞择编译《金融监管、存款保险与金融稳定》，中国金融出版社2005年4月第1版，第183页。

财政部、中国人民银行的法律关系，参加存款保险的金融机构的范围，存款保险的初始资本金及后续资金来源，享受存款保险的存款业务种类和品种，保险费率的确定和调整，保险费的收缴，存款保险理赔的情形、限额及支付方式，存款保险机构处理有问题金融机构的原则、条件及方式，存款保险机构在清算有问题银行过程中的权力，存款保险机构内控制度建设等方面的问题。

第三节　完善市场退出监管法的若干建议

一　建立银行风险预警系统

对银行风险预警系统指标的合理设定、观测和分析，将有助于提前发现银行的问题，遏制银行财务状况的进一步恶化，采取及时的控制措施。金融风险预警指标体系可分为宏观经济金融指标、中观经济金融指标和微观经济金融指标三大类。宏观经济金融指标主要包括经济增长率、货币流通状况、物价水平、就业率、国际收支状况、总储蓄率、股价总指数等。中观经济金融指标主要包括实际利率水平、不良贷款比例等。微观经济金融指标，对银行业金融机构来说主要包括：资本充足状况指标、信贷收支指标、流动性指标、经营收益指标、金融犯罪发案率等。目前，前述经济金融指标中有很多项在国际上已经有公认的预警界限标准，以香港为例，其定期发布的金融稳定报告包含的指标有宏观经济及金融状况、储户环节、工商企业环节、资产价格、失业率、通胀、利率等七大类100余个经济金融指标。对于没有国际公认预警界限标准的指标，可以参照监管机构制定的监管标准，也可以参照金融稳定时期各项指标的数值，或者参照经济、金融背景相似国家在金融稳定时期各项指标的数值，并根据历史上发生金融危机过程中有关指标数据的变化情况来分析测定。

判断银行机构的风险状况需要区分流动性问题和资不抵债两种情况。对于流动性问题，应当及时给予救助，救助的方式是多样的，对于资不抵债的银行机构则应当进行重组、撤销或关闭，尽可能分散风险、降低损失。"太大而不能倒"的银行即使已经存在资不抵债的情况，由于对经济发展有重大影响，监管机构仍应当实施救助或采取其他干预措施。建立我国的风险预警系统，判断有问题银行是属于流动性问题还是资不抵债需要考虑以下几个方面的指标。[①]

（一）判断银行机构是否已经或即将陷入支付困境

1. 备付金率

备付金额 = 在中央银行超额准备金存款 + 库存现金 + 在代理行的结算存款

备付金率 = 备付金额/各项存款余额 × 100%

备付金率指标反映的是银行的即时支付能力。正常情况下，备付金率应不低于5%；如果超过8%，则非常充足；如果低于2%，则要确保支付就非常困难。

2. 资产流动比率和中长期贷款比率

资产流动比率 = 短期流动资产/短期流动负债 × 100%

中长期贷款比率 = 中长期贷款/一年期以上存款 × 100%

资产流动比率反映的是银行机构的短期支付能力，中长期贷款比率反映的是长期支付能力，这两个指标能够说明银行的资产负债结构是否协调。一般情况下，资产流动比率大于25%，中长期贷款比率处于120%～150%之间，较为适宜。资产流动比率大于45%，中长期贷款比率小于120%，则结构协调、流动性充足。如果资产流动比率小于10%，中长期贷款比率大于180%，则说明不仅短期支付能力低，而且存在中长期资产占用短期资金的情况，支付隐患严重。

---

① 关于风险预警系统应包括的指标参考了张含鹏《金融机构的关闭条件》，《四川金融》1999年第5期，转引自阎维杰《金融机构市场退出研究》，中国金融出版社2006年6月第1版，第92～98页。

3. 净拆入资金比率

拆入资金净额 = 拆入资金余额 - 拆出资金余额

净拆入资金比率 = 拆入资金净额/短期流动负债 × 100%

这项指标反映的是银行机构对拆入资金的依赖程度，该比率偏高，说明银行自身支付存在潜在危机。一般情况下，净拆入资金比率应不高于4%，如处于4% ~ 8%之间，应该引起关注，如高于8%，则说明支付存在严重问题。

4. 资金成本

如果某期资金成本高于正常水平，就存在高息揽存以应付支付的可能性，支付有可能存在危机。

5. 支付缺口分析

对金融机构未来一定时期（半个月、一个月等）内的现金流入量和流出量进行比较分析，以分析是否可能存在支付头寸不足的情况。如果有缺口，可将缺口与可变现资产做比较，如果支付缺口远远高于可变现资产，则说明支付问题严重。以上这五个指标大致可以反映银行支付能力的强弱。

（二）判断银行机构依靠自身能力能否扭转支付困境

1. 不良贷款比率

不良贷款额 = 次级贷款 + 可疑贷款 + 损失贷款

不良贷款比率 = 不良贷款额/贷款总额 × 100%

不良贷款比率反映了贷款的质量，也反映了银行机构经营能力的好坏。一般而言，该指标应低于5%，如果处于5% ~ 15%之间，则值得关注，如果高于15%，则属于严重恶化，靠贷款回收来解决支付问题的可能性不大。

2. 最大单一客户贷款比率和最大十家客户贷款比率

这两个指标反映的是贷款的集中程度和安全程度。如果这两个比率偏高，且所处行业属于夕阳产业或不景气产业，所处的地区不适宜发展该产业，则贷款的安全性差，靠贷款回收摆脱困境的可能性低，金融机构持续经营潜在的危险较大。其单项指标最高值一般不高于 10% 和 50% 。

3. 账面损益

应对银行连续三年的损益额进行比较，判断经营趋势，如同比亏损呈增长趋势，则说明该机构已经陷入日益困难的境地。

4. 资产或资本利润率

一般情况下，银行机构的资产利润率应在 1% 以上，资本利润率应在 15% 以上。如果两者分别高于 2% 和 20% ，则经营状况良好。如果两项指标均呈负数，则说明该机构经营状况已经处于亏损状态。将连续三年的指标数进行比较，如果呈现亏损加剧的状态，则该机构经营状况已经严重恶化，继续经营下去，可能带来更大的损失。

5. 利息回收率

一般情况下，该指标应在 50% ~ 90% 。如果高于 90% ，则属于经营良好，如果低于 50% ，则经营面临严重问题。即使机构在权责发生制下账面显示为盈利，实际也可能处于亏损状态。以上五个指标大致能够反映资产风险程度和经营损益状况，可以大致判断出该机构的经营能力和经营趋势。

（三）判断清偿能力是否能承担亏损和损失

1. 不良贷款抵补率

不良贷款抵补率 = （核心资产 + 贷款损失准备）/不良贷款总额 × 100%

该指标反映的是银行机构承担经营损失能力的大小，比率越高，银行机构抗风险能力越强。一般情况下，不良贷款抵补率应高于 80% 。如果抵补率在 100% 以上，则弥补损失的能力处于良好状态；如果在 60% 以下，则说明银行机构承担损失的能力严重不足，必将影响银行机构的后续经营。

2. 资本充足率

资本充足率 = 资本净额/加权风险资产 × 100%

该指标反映了银行机构所有者权益与其风险资产的直接对应情况，也反映了银行机构的直接清偿能力。按国际标准应在 8% 以上，如果在 4% 以下，就属于严重不足，如果接近 0 或者为负数，则表明该机构已经处于资不抵债的状态。

3. *所有者权益*

所有者权益 = 资产总额 – 负债总额

该指标从另一个角度反映银行机构的清偿能力。如果为负数，说明银行机构已经处于资不抵债的状况。金融机构的清偿能力有会计意义和经济意义之分。会计意义是指直接通过账面数计算而得；经济意义是指通过资产负债的评估值或市场值计算而得。经济意义上的数值更能反映银行机构的真实清算能力，反映的情况往往更为严重。因此，尤其要注意对账面资能抵债，而实际上已处于资不抵债状态机构的准确判断。资不抵债表明该机构自有资本已经化为乌有，清偿力严重不足，已丧失持续经营的条件和能力。

以上三项指标基本能够反映银行机构是否有持续经营能力，除此之外，还应对各项非指标因素做出评价，包括银行机构的管理状况、经营发展状况、内控制度的健全状况等等。

监管机构应当根据银行风险预警系统的观测结果，采取各种有效措施防范和化解金融风险。当银行风险预警系统提示风险属于一般性问题时，监管机构应督促银行机构立即采取自救措施。①有问题银行应严格监测资金动态，加强资金调度和内部控制，及时向监管机构反馈风险防控和处置情况。银行业是一个内部经济联系紧密的行业，一家银行发生问题总会牵涉几家其他银行，因此，银行业同业组织应充分发挥管理、协调的作用，在某些情况

---

① 按照《防范和处置金融机构支付风险暂行办法》等法规规章的规定，我国有问题银行可以采取的自救措施主要包括：增存停贷、增资扩股、责任清收或依法清收债权、与债权人协商延期偿还债务、向人民银行申请动用存款准备金、股东单位筹资和偿还贷款、系统调剂资金、资产置换或变现、同业拆借、裁员、加强内控。

下，对有问题银行采用出借资金、托管经营等救助措施。在有问题银行采取自救措施后，监管机构要密切关注风险处置是否及时、得当，避免单个机构的风险进一步蔓延，酿成系统性风险。当银行风险预警系统做出提示，发现存在系统性风险时，监管机构要当机立断、迅即介入。监管机构应根据法律法规的规定，对银行业金融机构进行全面检查，对于尚有救助可能的银行机构，及时发挥中央银行最后贷款人的作用，或者注资，或者提供融资担保，或者促使其他金融机构提供借款，施以资金救助，除了资金救助外，还可以采取接管、重组等措施。对于经检查判断已属于无法救助的银行机构，应尽快做退出市场的决定，防止风险传染给其他银行机构。在银行业金融机构的风险预警中，国家宏观经济部门也负有一定的责任，这些部门应加强宏观调控，制定和执行有利于化解金融风险的产业政策、财政政策，促进国民经济体系的健康发展，努力保持宏观经济形势的稳定。

二 完善有问题银行接管的法律制度

接管是介于救助和重组两种方式之间的一种手段，是监管机构直接干预银行业金融机构经营管理活动的行政行为。从世界各国的情况来看，实施接管要么由监管机构进行，要么由存款保险机构进行，如美国和加拿大就是由存款保险公司接管经营失败的银行业金融机构。我国《商业银行法》和《银行业监督管理法》都规定，当银行业金融机构已经或者可能发生信用危机，严重影响存款人和其他客户合法权益时，国务院银行业监督管理机构可以依法对该银行业金融机构实行接管或促成机构重组，接管和机构重组依照有关法律和国务院的规定执行。这两部法律明确规定在我国由银监会对有问题银行实行接管。但是，《商业银行法》等法律法规既没有对什么是接管进行界定，也缺乏关于接管的程序和具体操作的内容，至于有问题银行被接管后的业务范围、与法院司法权的冲突配合问题和与股东、债权人的关系等问题，也没有做出规定。我国已有的几例接管事件是由监管部门直接发布接管决定而实施的，从实施效果上看，监管当局做出书面接管决定并予以公告后，社会就认定该银行机构出现了问题，债权人立即要求有问题银行履行债务，该银行很难得到新的存款，流动性会很快停止，经营受到很大影响。

我国有问题银行接管法律制度主要存在以下缺陷：（一）接管标准不明确。《商业银行法》第 64 条规定，商业银行已经或可能发生信用危机，严重影响存款人的利益时，国务院银行业监督管理机构可以对该银行实行接管。此处"已经或可能发生信用危机"的衡量标准，"严重影响存款人的利益"的判定标准，都缺乏一个相对明晰的界定。接管标准的模糊将会影响危机处理部门迅速做出判断，不利于及时、快速地介入危机机构解决危机。（二）缺乏重整措施。接管组织在接管有问题银行后，应采取一系列的后续重整措施，帮助银行恢复正常的经营能力。重整措施包括：对被接管的银行进行整顿和改组；中国人民银行向有问题银行发放临时贷款，给予资金援助；清理财产，催收债权。宣布实施接管之后可以采取的重整措施是接管法律制度的重点内容之一，立法应予明确，但我国《商业银行法》和《银行业监督管理法》对此未做任何规定。（三）未对接管组织的行为做出必要的限制。我国现行立法缺乏对接管组织行为的限制，使接管组织对问题银行有较大的自由处置权。为防止接管组织滥用权力，实现接管目的，有必要对接管组织的行为做出清晰的限定。（四）信息披露不完善。《商业银行信息披露暂行办法》只是原则性、一般性的规定，就银行接管来说，不能形成制度化的银行接管信息披露规则，就银行接管的具体要求来说，还存在数据失真、风险披露不足、规范性不强等问题。[①]

应从以下几个方面完善我国有问题银行接管的法律制度：

---

① 何畅、李倩：《银行接管法律问题研究》，《国际金融研究》2005 年第 6 期。

（一）明确接管标准。国外立法一般都有较为明确的接管标准。[①]
我国应参照国外有关立法，确立接管标准，规定银行业金融机构
存在以下情形时，监管机构可以采取接管措施：有严重违法经营
行为或者屡次违法经营，对存款人利益和债权人利益造成重大威
胁的；监管机构认定的不安全和不稳健的经营行为，严重损害存
款人利益和金融稳定的；公司治理结构不健全、经营管理不善，
导致长期亏损的；不良资产与总资产的比例超过50%，且不良资
产比例持续升高的；资本充足率长期低于2%，且无法按照监管机
构的要求予以提高的；董事会成员或者高级管理人员有洗钱等违
法犯罪行为，严重损害银行机构利益的；涉及重大刑事诉讼或民
事诉讼，严重影响银行机构正常经营的。（二）明确重整措施。重
整措施应包括：对被接管的有问题银行进行整顿和改组；由人民
银行发放临时贷款，给予资金援助；清理财产，催收债权。
（三）对监管机构的接管行为做出详细规定。规定接管组织的设
置、人员组成、权力范围，设定相应的法律责任，确保责权一致。
规定任何接管行为不得损害存款人利益、不得损害被接管的银行
机构的利益。规定接管组织不得从事高风险业务。相关法律还应
设计合理的法律框架，既赋予接管组织对有问题银行的资产进行
定价和处置的权力，同时也要由存款人、股东对此类行为实施必
要的监督，一旦此类行为损害了存款人或银行的利益，接管组织
及其成员还要承担相应的法律责任。

[①] 如美国1991年《联邦存款保险公司促进法》规定，对于资本短缺的银行，若
银行的资本比率降至2%以下，联邦存款保险公司有权在90天内指定一个接管
人或监管者；若九个月后，该银行资本仍然处于致命短缺状况，则必须指定一
个接管人。新加坡1971年《银行法》规定，商业银行有下列情形之一的，新
加坡货币主管当局可以接管该银行的管理和业务，或者命令他人管理及经营该
银行的业务：银行无法履行其债务，已经或将要破产、停止支付；若该银行继
续开展业务，将损害其存款人或债权人利益；银行已违反或不能履行银行法的
有关规定。

三 完善有问题银行重组的法律制度

20 世纪 70 年代初以来，世界各国为处置有问题银行，形成了很多重组有问题银行的模式，其中较有代表性的有：第一种，"救生船基金"模式。英国在 1973～1976 年出现第二次银行危机时，由中央银行和大的清理银行联合提供资金成立了"救生船基金"，对有问题银行进行重组或合并至其他公司，或者被清理、收购。第二种，存款保险计划模式。建立于 20 世纪 30 年代大萧条引起大量银行倒闭之后，该计划的市场融资由政府担保，给予了 29000 个以上的存款机构入市和营运的自由，同时设计了让倒闭银行有序退出而不影响储户信心的机制，80 年代以后受存款银行倒闭风潮的影响而崩溃。第三种，联邦储蓄和贷款保险公司模式。联邦储蓄和贷款保险公司在政府支持下按照市场原则收购倒闭的存款机构，再将干净的机构兼并或出售给私营部门。当联邦储蓄和贷款保险公司的资金不足以清理存量时，再使用保持收入计划，弥补倒闭银行资产收益与购买者协议的市场收益之间的资金缺口。至 1989 年，由于存款银行损失过大，联邦储蓄和贷款保险公司清偿力不足，只得破产解散。第四种，资产清理托管公司模式。资产清理托管公司是联邦储蓄和贷款保险公司解散后新成立的公司，由联邦存款保险公司经营的存款保险基金负责管理。资产清理托管公司按照市场原则管理和解决倒闭的存款银行，尽可能地减少政府的损失。资产清理托管公司模式的缺点在于银行借款人的信息资本常常在转移至托管机构时丢失，阻碍债务清理。第五种，好－坏银行结构模式。该模式的做法是成立一个具有特殊职能的清理子机构，即"坏银行"，将有问题银行的资产一分为二，坏资产集中于"坏银行"，由专门人员解决问题，其他资产进入"好银行"，使之最终恢复经营能力并最终出售给私人部门。第六种，银行医院和剥离法结合模式。西班牙于 1980 年成立银行存款保险基金，存款保险基金的资金由更大的商业银行和西班牙银行分担，通过提供流动性支持或购买，或通过银行保险再出售，该基金像银行医院一样运作。由西班牙银行负责监管并将有问题银行指派给银行医院，银行医院取得有问题机构的所有权后，对其进行清理，清理干净后再出售给私人部门。第七种，剥离法模式。为解决 1975～1985 年的银行危机，智利将中央银行对有问题机构的紧急贷款转换为股权。这种模式的缺陷在于有问题银行损失的负担几乎全部落到中央银行身上。第八种，中国的新设合并模式。新设合并是两个或两个以上的银行机构合并设立一个新的银行机构的法律行为，合并各方解散、主体资格归于消灭，新设立的银行机构经注册登记后取得法人资格。中国于 1997 年前后，在一些大中城市将城市信用社合并，在此基础上设立了城市商业银行。① 从这些模式我们可以看出，重组大致可以分为依靠市场和依靠政府两种路径，股东注资、拍卖、兼并、出售给私人部门是市场路径的主要手段，依靠政府的模式可以采用的手段也是多种多样的，如由政府为银行补充资本，由中央银行为不良贷款提供再融资、清除坏账、将债务进行集中治理、实施债权与股权互换，等等。

实践表明，重组是各国有问题银行市场退出采用最多的一种方式，这种方式的优点在于：首先，有问题银行在重组的情况下，其负债被其他机构承接，能够充分保护存款人的利益。其次，收购方继续经营原有问题银行的某些业务，能够保持这些金融业务的连续性和稳定性。最后，重组能够保全有问题银行的资产价值，也无须监管机构投入大量的人力、财力从事银行机构的清盘工作，从经济成本的角度看也是划算的。尽管相对于其他市场退出方式来说，重组具有上述优点，但是重组能否按照监管机构的意愿顺利实施、实施的效果如何要受到很多因素的影响。这种方式对有问题银行（被收购方）和收购方都有一定的要求。从被收购方的

① 引自阙方平《有问题银行处置制度安排研究（修订版）》，中国金融出版社 2003 年 6 月第 1 版，第 84～89 页。

条件来看，一家有实力的金融机构愿意收购或兼并另一家金融机构主要是看中被收购方拥有的市场份额或者客户资源，被收购方的资产负债状况不能太糟。从收购方的条件来看，必须有相当的实力和经验能够消化有问题银行的不良资产，否则还有可能被承接过来的不良资产所拖垮。对于那些严重资不抵债，确实需要退出市场的金融机构，除非被收购或兼并机构的股东或第三方（比如存款保险机构、政府部门等）愿意出资弥补损失、债权人同意以某种方式削减债务，否则很少会有金融机构愿意实施收购或兼并。同时，从监管当局的角度来看，由一家金融机构收购或兼并另一家经营失败的金融机构，并未实现风险的消除，往往只是风险由一家机构到另外一家机构的横向转移，风险暂时被掩盖起来。为了防止收购或兼并机构不会被转移过来的风险拖垮，形成更大的风险，监管机构必须确认收购或兼并方有实力通过未来的经营收益逐步吸收化解转移过来的风险。

我国的有问题银行重组法律制度应着重完善以下几个方面的规定：（一）明确对哪些有问题银行可以实施重组。一般来说，有两类银行可以实施重组，一类是救助失败的有问题银行，另一类则是监管机构认为不能破产倒闭的有问题银行。（二）详细规定债务重组（资产重组）的有关问题。债务重组的方式主要包括延长债务偿还期限、债权转换为股权、普通债务转换为次级债务、优先债权转换为普通债权、改变有问题银行的融资条件、债权人豁免全部或部分债权或债权利息、债务人向原债权人发行新的债务凭证兑付原债务凭证。债权转换为股权，既可以转换为普通股，也可以转换为优先股。改变融资条件的方式有：① 债务人与债权人协商，撤销债权人对抵押物或质押物的担保权益；② 债务人与债权人协商，债权人同意放松对有问题银行从其他渠道再融资的限制或者承诺其不行使贷款加速到期条款。债务重组的目的在于减轻有问题银行债务集中到期而产生的支付压力。银行重组法律制度还应当规定，具体实施债务重组方案时，国家应对有关金融和财政政策进行调整，如放松对个人或外资持有金融机构股份的数量、范围的限制。（三）详细规定机构重组有关问题。机构重组的主要方式是收购。收购是指由一家有实力的银行购买有问题银行的全部或部分资产，承担其全部或部分负债。机构重组主要是通过改变有问题银行的股权结构、组织形式或者业务经营范围，达到为有问题银行注入新的资本，改善它的流动性的目的。机构重组的方式除了收购外，还可以包括股权结构重组和政府直接经营两种方式。股权结构重组通常是由监管机构组织特定的中介机构，对有问题银行进行彻底的清产核资，核实有问题银行的资产价值和净资产，以这些净资产作为原有股东的出资，邀请其他人投资入股该机构作为新的股东。政府直接经营有问题银行首先要组织中介机构进行清产核资，核销原有股东全部或部分所有者权益，然后由政府部门接收有问题银行的全部或部分所有权，委托经营管理人经营，政府通过注资或者其他融资手段偿还该有问题银行的债务，最后物色购买人，出售后从所得价款中扣除成本投入。对于资产质量较低而又不宜采取关闭、破产等处置方式的城市信用合作社，可以考虑采取政府直接经营的方式进行重组。

四 完善有问题银行破产的法律制度

"许多国家银行破产并不受公司破产框架的约束，而是有另外一套处理银行破产的框架，如加拿大配有专门的银行破产法；在美国，行使银行破产处置权的机构是银行监管当局而非法院；而在德国、英国等国家，虽然法院在一般意义的公司破产框架下处理银行的重组和最终清算，但是即使这样公司破产框架也要反映出处理银行破产的特殊需要，特别是银行监管当局应该有权启动银行的破产程序。"[1]

---

[1] 黎四奇：《我国商业银行破产法律制度的现状及其矫正》，《上海金融》2005 年第 9 期。

（一）我国应在银行法中规定专门适用于银行业金融机构的破产制度

作为有别于一般工商企业的特殊企业，银行高负债经营的模式使流动性风险贯穿经营的整个过程，如果适用与一般工商企业相同的破产程序和规则，容易引发系统性风险，而有问题银行退出市场又是顺应优胜劣汰竞争规律的必然选择，因此，在许多国家银行破产并不受公司破产法律框架的约束，而是在立法上对银行的市场退出机制做出特别安排。

世界各国的破产法对于银行破产的规定大致可以归结为三种模式：第一种模式是适用普通破产法，由法院主导，这种模式以英国为代表。英国《破产法》1989年修正案规定银行破产应适用普通破产法，银行法主要规定银行监管的内容，基本不单独规定银行破产的问题。银行一旦进入破产程序，就由法院指派接管人或管理人并对其活动进行监督。这种模式的优点在于程序公开，注重债权人参与程序和对债权人的形式保护。第二种模式是制定专门的《银行破产法》，以加拿大、俄罗斯等国家为代表。在这种模式的基础上，还有少数国家走得更远，这些国家的银行法规定银行破产完全由监管机构管辖，排除法院的干预，美国、意大利和挪威等少数国家采用这种模式。在美国，商业银行、储蓄银行、合作银行、储贷协会、信用社等存款类金融机构的破产不适用《美国破产法典》（the Bankruptcy Code），而是适用特殊的规则，这些规则分散在《联邦存款保险法》、银行法以及司法判例之中。这种模式的优点在于以提高清算效率为目标，以效率保证清算价值的最大化，对债权人的实质保护较为充分。第三种模式是银行破产适用普通破产法，同时又在银行法中对银行破产做出特殊规定，这种模式以德国、卢森堡等欧洲大陆国家为代表。从各国的立法实践来看，多数国家倾向于采用第三种模式，即在银行法中适当规定银行破产问题。这主要是因为银行具有的公共行业性质和高风险性使它不能完全适用公司破产法律框架，而真正发生银行破产事件的概率又很小，制定专门的银行破产法必要性不大。

1997～1998 年部分新兴市场经济体爆发金融危机后，国际金融机构在制定有利于系统性金融稳定的标准和准则，如破产法等方面取得了长足的进步。国际货币基金组织认为，"鉴于金融机构在国民经济和金融体系中所起的特殊作用，许多国家制定了专门适用于金融机构的破产法"。世界银行也指出，考虑到金融机构的特殊性，应该格外重视有关商业银行和保险公司破产的法律。1999 年 8 月，在比较有关国家法律和经验及听取破产问题专家意见的基础上，国际货币基金组织发表了《关于有序和有效的破产程序的报告》，明确了在制定和实施破产程序过程中需要解决的关键问题。2001 年 4 月，经过 70 多名国际专家以及来自约 75 个国家（大多数为发展中国家）的 700 多名公共和私人部门专家的认真讨论，世界银行提出了《有效破产和债权人权利体系的原则和指引》。这两份文件，尤其是世界银行的《有效破产和债权人权利体系的原则和指引》发表后，得到了国际社会的普遍认可，许多国家纷纷表示将在本国破产法制定过程中采用其中的原则。2002 年 1 月，国际货币基金组织、世界银行等国际机构联合发起了全球银行破产动议，意图在全球范围内设计一套处理银行破产问题的法律、制度以及监管框架，争取国际社会在此问题上达成共识。[①]

对于银行业金融机构破产是否需要适用有别于一般工商企业的特殊法律规则，我国的立法机关以及有关专家、学者在修改《企业破产法（试行）》的过程中基本达成了共识，认为：从总体上说，商业银行、保险公司等金融机构的破产应当适用于《企业破产法》规定的程序。不过，商业银行、保险公司等金融机构确实存在特殊性：这些机构的资产分为自有资产与客户财产两部分，需要对其破产时的客户财产保护做出专门规定；同时，这类机构

---

① 益言：《世界银行和国际货币基金组织关于破产法中几个关键问题的观点》，《金融时报》2005 年 1 月 19 日。

的破产涉及人数众多，关系到社会稳定，启动破产程序须经监管部门批准。此外，在管理人、债权人会议等具体程序上还需做一些其他特别规定。近些年来，我国有关部门对金融机构市场退出问题进行了研究，中国银监会已经将《商业银行破产条例》正式纳入了行政立法规划。从我国正在起草中的《存款保险条例》来看，我国仍将统一适用破产法，但是赋予了监管机构撤销金融机构、强制清算的权力。

（二）《商业银行破产条例》应规定的内容

我国的《商业银行破产条例》应依照巴塞尔委员会提出的处理有问题银行应遵循的原则，借鉴发达国家相关立法例，对风险预警机制、风险救助机制等内容予以规范。在明确金融机构退出市场适用《企业破产法》设定的一般原则的前提下，还应当设计一些专门适用于有问题银行的特别规则：一是商业银行的破产条件。商业银行的破产条件应与《企业破产法》规定的"不能清偿到期债务"保持一致，即采用流动性标准。同时可以引入美国《联邦存款保险改进法案》中规定的监管性标准，以银行的资本充足率为衡量标准，一旦资本严重不足允许监管机构采取法律规定的监管行动。二是在《商业银行法》有关规定的基础上，细化监管机构审批破产申请的程序（行政前置程序）。三是破产管理人的确定，商业银行破产涉及众多存款人利益，存款人在管理人选择方面应发挥作用，要解决管理人资格、管理人组成问题。四是确认债权人和债务人的财产界限。五是商业银行破产重整与和解程序。六是清算程序。大致而言，《商业银行破产条例》及其配套法规应规定以下内容。

第一，破产条件中引入监管性标准。破产条件是指认定债务人丧失清偿能力，主管当局据以启动破产程序的法律事实。除了一般破产法中规定的流动性标准（以债务人不能清偿到期债务作为检验银行是否破产的基准）和资产负债标准（当资产负债表显示负债额大于资产额时可以认定达到了破产标准）外，美国 1991

年《联邦存款保险改进法案》（FDICIA）中创造性地规定了，对于资本充足率在2%以下的"资本严重不足银行"（critical under-capitalized banks），可以在其进入资本严重不足状态90天内采取接管措施，提前将其关闭。创立这一破产标准的理由在于，由于银行在账面上的资产总是低于市场价值，资本充足率为2%的银行实际上已经破产了。[①] 监管性标准以银行资本充足率为基础，一旦资本严重不足达不到监管要求，监管当局可以依法采取监管行动。监管性标准是衡量银行破产的特有标准，其目的在于确保监管当局早期介入，将银行倒闭的损失降至最低。在破产条件方面，我国商业银行破产采用的标准是"不能清偿到期债务"，即流动性标准。我国银行监管当局也存在面对即将发生的银行危机采取行动较为迟缓或态度过于宽容的问题。为了促使监管当局尽早介入，及时采取措施，我国的《商业银行破产条例》应将监管性标准作为银行破产的条件之一。[②]

第二，授予监管机构在市场退出方面广泛的权力。包括：启动破产程序的权力，即将监管机构列为破产申请人；由监管机构主导破产清算。将被撤销金融机构作为被告、一定条件下限制司法审核等的准司法权力，包括出售部分或整体退出机构资产等的行政权力，以及监管部门工作人员在从事与其职责相符的行为时免受不公正的刑事和民事诉讼的免责权。同时，建立部门间的磋商协调机制，以协调各部门在金融机构市场退出过程中的行为。在目前我国地方性中小金融机构的市场退出工作中，应明确地方政府的领导组织责任，着重发挥地方政府的政治、组织、宣传等优势。[③] 面临破产，银行作为债务人可能会有两方面的举措：其

---

① 张继红：《美国银行破产若干法律问题探究及启示》，《国际金融研究》2006年第3期，第73页。

② 张继红：《美国银行破产若干法律问题探究及启示》，《国际金融研究》2006年第3期。

③ 蔡允革：《我国金融机构市场退出模式研究》，《金融时报》2002年3月4日。

一，不愿意申请破产，这样会使危机形势进一步恶化，从而错过了重整或清算的最佳时机。其二，银行假借破产申请，利用破产程序逃避债务。两种做法最终都会损害债权人的利益。另外，由于商业银行是经营公众存款业务的机构，其主要债权人为数众多，而且由于信息不对称，很难准确观察到银行的真实经营状况并及时做出是否申请破产的决定。又或者债权人盲目或恶意的破产申请，有可能给社会带来不必要的恐慌。综合上述因素，增加银行监管当局作为破产申请人是非常必要的。银行监管人作为各银行业务的监管机构，可以利用其独特的地位和职权，准确地查明银行的真实经营情况，及时做出是否申请银行破产的决定。同时，监管机构肩负维护国家经济环境稳定的责任，且与监管对象不存在利害关系，银行监管人的决定会充分考虑当时金融形势的需要。目前世界大多数国家都采用除了债权人和债务人提出破产申请外，监管当局或接管组、清算组也可以提出破产申请的制度。

商业银行作为一个高风险、高负债的行业，与整个社会经济生活有着紧密的联系，其业务的特殊性，决定了必须由专门机构对其采用破产方式退出市场实行严格的监管和审批。银行破产审批制度有利于银行业主管机构调控市场的整体运行，银行破产的涉及面远比普通企业的涉及面广，经过监管机构同意的相关规定，有利于监管机构从保护公众利益与金融体系稳定的角度去考虑最终的处理方案与决策。虽然我国《商业银行法》第71条规定，银行破产必须经国务院银行业监督管理机构同意，由人民法院依法宣告其破产，但是并没有具体的法律程序和规则做支撑。审批商业银行破产是一个非常复杂的议程，需要专业性比较强的法律并且要结合本国国情。完善的审批制度既可以防止不负责任的宣告破产，又可以防止不当破产申请毁损银行商业信誉。因此健全银行破产审批制度对稳定金融秩序有着非常重要的作用。

第三，现代银行破产法更加注重发挥破产预防制度的作用。现代银行破产法不仅仅是概括执行、优胜劣汰和破产免责的工具，而且成为化解财务危机、帮助银行重建及通过再建偿债的法律手段。在美国，银行的全面报告责任已经确立，对有问题的银行，政府可以实行特殊的报告和检查制度，对面临危机和破产的银行可以实行连续的监视。如果管理当局和法院发现一家银行即将破产，就可以采取强烈的干涉行为，进行补救或者强制性兼并甚至关闭和接收，而不需要其达到法定的破产条件。美国银行法规定的银行破产预防措施包括：（1）改变管理行为，包括严格贷款发放标准、避免有风险的投资、缩减人事或分支机构的开支，等等。（2）撤换或停职高管人员。（3）对股东征收资金或吸收更多的投资者以扩大可用资本，或者从联邦储备或联邦存款保险公司获取贷款或援助。（4）由经营良好的银行购并有问题银行，承接其债权、债务。（5）由联邦存款保险公司成立一个临时机构负责有问题银行的运营。在现代银行法中，银行破产预防措施越来越为世界各国所重视，破产清算则成为少数情况下才采用的特殊措施。我国的破产预防制度仅限于《企业破产法》和《民事诉讼法》中关于一般破产的破产和解和破产重整制度，对于银行破产的破产预防制度则没有进行规定。从技术上讲，进入破产程序的银行管理者是没有能力与债权人就清偿债务、支付存款等问题达成协议的。除非银行得到了监管者的大力支持，否则一般的破产和解和破产重整是没有意义的。我国撤销金融机构的实践也表明，没有中国人民银行的干预，预防破产的目的就不可能实现。虽然《商业银行法》第71条规定"银行破产必须经中国银监会同意"，但是没有具体的法律程序和规则做支撑。因此，在破产程序中，国家对有问题银行进行破产前的强制修复尚没有法律的可操作性。把既定的事实形成法律条文，建立国家干预下债权人与债务银行之间解决破产问题以及解决后恢复银行正常经营的法律基础和法律程序，成为国家介入银行破产的必然要求。同时，健全的银行破产预防制度对于防止恶意破产申请、稳定金融秩序也具有显著的功效。法律应规定法院受理银行破产申请之后，如果债权人或破产银行一方申请破产清算而另一方或监管者申请进行破产预防，破产预防程序应优先于破产清算程序。这样，可以防止破产银行假借破产程序逃避债务，因为破产银行提出破产申请后，债权人或监管者可以申请破产预防作为对抗，又可以防止不当破产申请毁损银行商业信誉，因为假如债权人意图通过滥用破产申请权向银行实施某种威胁，银行或监管者可以通过破产预防程序以避其害。

第四，对于行政清算和司法清算的衔接进行规定。由于清算规则不明确，很多被关闭的金融机构没有进行清算，或者迟迟不能清算完毕，债权人利益无法得到有效保护，社会稳定受到了影响。我国关于金融机构清算的规定，散见于《商业银行法》《银行业监督管理法》《民事诉讼法》《公司法》《企业破产法》和《金融机构撤销条例》当中。清算规则不系统、不完整、不明确、不合理，主要表现在两个方面：一是行政清算与法院主导的清算关系模糊；二是清算中相关主体的权利义务不明确。在过去的行政强制清算中，人民银行一度同时担当了金融机构的准入审批人、日常监管人、再贷款人、关闭权行使人、接管人、清算人、破产申请审批人、破产债权收购人（甚至是最大的债权人）等多种角色，角色冲突导致各方利益难以得到有效平衡。

第五，银行破产域外效力的欠缺。当国际经济交往不发达和金融市场相对封闭时，一国的银行破产法律在他国有无效力或许不具有实际意义；然而，当国际经济交往在经济生活中占据一定地位、金融市场逐渐开放时，金融全球化已经不可逆转，银行破产的域外效力问题也就逐渐突出。银行破产的域外效力从特定角度看包括两个方面的内容：一是本国法院做出的银行破产裁决在外国的效力；二是外国法院的银行破产裁决在本国的效力。由于银行破产的域外效力问题涉及破产的管辖权、准据法和破产效力等方面问题，其复杂性不言而喻。随着 WTO 金融服务贸易规则所确立的市场准入和国民待遇原则在我国的适用，来我国开办分支机构的外资银行将急剧增加；而在国外设立分支机构也将成为我国银行业发展的当然选择。然而我国有关银行破产的立法，均没有规定银行破产的域外效力问题，这明显不能适应市场经济发展的需要。这个立法盲区对我国的国家利益和银行业的利益可能造成潜在的重大损害。因此，必须重视银行破产的域外效力问题，并在立法中予以明确规定。

第六，完善我国商业银行破产法律制度中的责任机制。经营者的责任对于银行业的发展至关重要。就市场机制来说，银行破产是经营失败的结果，因而必须建立相应的责任追究机制和责任威慑机制。确立经营者对银行破产所应承担的责任自然成为银行破产立法的目标之一。然而追究行政责任是我国破产制度的特点之一，对银行经营者在破产法上的犯罪行为却没有明确完整的刑种和法定刑，远远没有达到罪刑法定原则的基本要求。而对那些有故意或者重大过失行为的银行经营者的民事责任，也没有完备的实体与程序法律依据。因此，处理银行破产中的违法行为时，适用法律责任手段进行制裁的情况比较少。这样，金融交易主体（主要指存款人、投资者）因经营者违法行为而蒙受银行破产损失时，便无法求助于司法救济。在我国新的商业银行破产法中，不仅应对银行破产负直接责任的当事人的法律责任进行明确规定，同时在司法实践中更要避免以行政责任替代刑事责任的误区。相反，应当树立行政责任、民事责任及刑事责任并举的司法理念，改变以行政责任代刑事责任的积习。

五　建立适合我国国情的存款保险制度

与银行业金融机构市场化退出机制密切相关的另外一项金融稳定制度安排是建立存款保险制度。存款保险制度是指存款类金融机构作为成员机构按照所吸收存款的一定比例，向特定机构缴纳一定的保险金，当成员机构出现支付危机、破产倒闭或其他经营危机时，由特定机构通过支付保险金、资金援助等方式，保证其清偿能力的制度。存款保险制度与金融监管当局的审慎监管、中央银行的最后贷款人职能共同构成金融安全网的三大基本要素。

1933 年，美国率先通过立法建立存款强制保险制度，成立了联邦存款保险公司。此后越来越多的国家引入了这一制度，目前，主要发达国家和地区都有比较完善的存款保险制度。多年的实践证明，良好的存款保险制度在提高公众对金融机构的信心、减轻政府负担、形成有效的市场退出机制、维护金融安全等方面发挥了巨大作用。存款保险制度有隐性和显性之分，前者多见于发展中国家或者国有银行占主导的银行体系中，后者则是以立法形式建立存款保险机构的存款保险制度。

在我国，长期以来，有问题的金融机构退出市场时，中央银行和各级财政承担了债务清偿责任，全额赔付个人债务，机构债权人只参与剩余财产的分配。《商业银行法》第 71 条规定"商业银行破产清算时，在支付清算费用、所欠职工工资和劳动保险费用后，应当优先支付个人储蓄存款的本金和利息"。《金融机构撤销条例》第 23 条规定"被撤销的金融机构清算财产，应当先支付个人储蓄存款的本金和合法利息"。这些规定使个人债权优先于机构债权，没有体现公平保护债权人利益的原则，应在推行存款保险制度后修改上述法律规定。这种以国家信用为支撑的隐性存款保险制度最大的弊端在于增加了金融机构的道德风险。推行存款保险制度可以强化对银行业金融机构的市场约束，降低金融机构破产的社会成本，防止系统性金融风险。从长远来看，政府隐性存款保险制度转变为显性存款保险制度是优胜劣汰市场法则充分发挥作用、维护金融稳定的必然选择。[①] 与此同时，各国实施存款保险制度的经验也表明，"制度环境是影响存款保险制度运行绩效的重要因素，在制度环境不佳的国家里，存款保险制度显著地增

[①] 谢平、易诚：《建立我国存款保险制度的条件已趋成熟》，《金融时报》2004 年 11 月 2 日。

加了银行危机发生的概率并阻碍金融深化水平的提高，这提示我们构建有效的存款保险制度必须注重改善制度环境"。[①] 鉴于制度环境对存款保险制度实施效果所具有的重要性，我们在构建存款保险制度的同时必须加强制度环境的建设，包括完善银行治理结构、强化监管机构的监管，等等。

1993 年，《国务院关于金融体制改革的决定》提出要建立存款保险基金。1997 年，全国金融工作会议提出要研究和筹建全国性中小金融机构的存款保险机构。此后，人民银行一直在进行存款保险制度的研究。2005 年，存款保险制度初步方案得到国务院原则批准，人民银行会同财政部、国务院法制办、银监会、发改委成立了《存款保险条例》起草工作小组。这意味着我国关于是否应建立存款保险制度的长期争论已经结束，进入到实质性的制度设计、论证阶段。我们认为，《存款保险条例》应该包括以下基本内容。

（一）存款保险机构的性质

从世界范围来看，存款保险机构有由政府出资创办并管理、政府与银行共同出资创办与管理和由银行业出资创办的行业性质的存款保险机构三种形式。由政府出资创办并管理的存款保险机构，优点是便于财政部门的领导，有很大的权威性，监管机关可以监督和控制存款保险机构的业务活动，进一步完善监管机关的金融监管工具，强化其宏观调控能力。我国的存款保险机构在性质上可以设立为具有独立法人资格的事业单位（存款保险管理委员会），以增强存款保险机构的权威性，提高运作效率，可以实行会员制，各商业银行为存款保险机构会员。

（二）设立存款保险基金

存款保险基金的资金一般由两部分构成：一是存款保险成员

---

① 张正平、何广文：《存款保险制度在全球的最新发展、运行绩效及其启示》，《国际金融研究》2005 年第 6 期。

银行缴纳的保费，这通常是基金的主要资金来源；二是政府出资。我国金融机构历史包袱比较重、盈利水平不高，存款保险费率厘定不能过高并且保费只能逐年提取，因此，这部分资金的累积需要一个比较长的过程。同时，我国中央财政负担比较重，能为存款保险基金提供的资金十分有限。为应对商业银行当前面临的风险，存款保险制度建立之初，如果财政出资有困难的话，可考虑由中央银行先投入一定数量的初始资金，以后逐年由保费收入抵还。比较可行的做法是：先制订并实施存款保险计划，以中央银行垫付的方式设立并运转存款保险基金。

（三）赋予存款保险机构综合职能

存款保险机构的职能是存款保险制度的核心内容。就世界各国存款保险机构的职能看，有单一和综合之分。单一职能只限于保险基金的筹集管理和投保金融机构破产时对存款人进行赔付，即履行最基本的保险职能；综合职能则不仅包括保险职能，还包括对投保金融机构的各种援助职能和一定的监管职能。以美国为代表的许多国家都赋予存款保险机构综合职能。经美国国会立法授权，联邦存款保险公司（FDIC）履行三大职能：（1）存款保险职能。这是 FDIC 的首要职能，它为全美独立注册的银行和储蓄信贷机构的 8 种存款账户提供限额 10 万美元的保险。（2）银行监管职能。作为联邦监管机构之一，FDIC 直接监管非美联储成员的州注册银行和储蓄信贷机构。其与货币监理署、美联储等监管机构之间既有分工又有合作，以基本相同的方式对被监管机构实施监管。FDIC 有权要求被监管银行定期报告其经营状况、收入情况及其他财务资料；开展现场检查；对从事不安全和不稳健业务的银行及其管理人员进行罚款、发布停业整顿命令、撤销高层管理人员职务、终止并取消其存款保险等。（3）处置倒闭存款机构的职能。在美国，当存款机构资不抵债、不能支付到期债务或其资本充足率低于 2% 时，该存款机构的注册管理机关将做出正式关闭决定并通知 FDIC。美国法律规定，FDIC 是所有倒闭联邦银行和联邦储蓄信贷协会的清算管理人，目前大部分州也任命 FDIC 为倒闭州银行的清算管理人。作为清算管理人，FDIC 具有受托管理被关闭机构资产和负债的职责，以尽可能快的速度，最大限度地回收、变现倒闭机构资产，偿付债权人。作为倒闭存款机构的清算管理人，FDIC 采取多种方式处置倒闭存款机构，主要有三种：购买与承接交易、存款偿付、银行持续经营援助。[①]

借鉴美国立法例，我国《存款保险条例》应赋予存款保险机构多重职能，包括：一是监管职能，即对投保金融机构的实力、清偿能力、信贷质量、盈余状况及风险规避能力等方面进行监管，各投保金融机构必须定期向其报送资产负债表、损益表等资料，并无条件地接受不定期检查，以便存款保险机构及时发现并制止投保金融机构的违规经营行为，必要时还可停止向其提供存款保险；二是危机救助职能，对处于困境但还未丧失清偿能力的金融机构进行拯救，当投保机构出现支付危机或陷入破产境地时，存款保险机构可通过赠款、贷款、购买其资产等手段，帮助其渡过难关，或协调健全金融机构对危困投保机构进行并购或重组以及对危困机构实行接管等；三是破产处置职能，即对救助无望的投保机构，经法律程序宣告破产后，存款保险机构按照有关法律规定，对存款人进行存款赔付。

（四）明确存款保险的范围

从国际实践看，建立存款保险制度的国家和地区，绝大多数实行强制性存款保险。这些国家和地区积累的经验表明，要求所有的储蓄机构参加存款保险是保证存款保险体系成功的关键。从我国国情来看，我国事实上实行的是国家对个人实行全额偿付的隐性存款保险制度，在隐性存款保险制度向显性存款保险制度切换过程中，如果不采用强制性存款保险，会因为面临"逆向选择"

---

① 中国人民银行存款保险制度课题组：《美日存款保险制度研究》，《金融时报》2003 年 4 月 16 日。

和"软约束"问题而使实施效果大打折扣:风险低的机构嫌保费过高而不愿加入;高风险的机构即使不加入,一旦出现支付危机国家还得救助。因此,目前情况下实行强制性存款保险制度是我国的现实选择。《存款保险条例》应要求所有存款类金融机构都必须参加存款保险计划,包括国有商业银行、股份制商业银行、城市商业银行、合作银行、城市信用社、农村信用社和邮政储蓄银行等。因涉及母国与东道国制度安排协调,暂不包括上述机构在境外设立的分支机构以及外国银行在境内设立的分支机构。《存款保险条例》还应当明确存款保险的资金范围,包括人民币存款、外币存款以及由商业银行存管的证券投资者以个人名义开户的客户交易结算资金,但银行同业存款、政府存款、银行所有者和经营者存款等应排除在保险范围之外,以有效提高市场约束,降低道德风险。

(五)实行差别存款保险费率

存款保险费率的确定方式有两种:一种是单一费率方式,另一种是差别费率方式。单一费率方式是存款保险成员机构按统一费率标准交付存款保费。差别费率方式就是存款保险机构根据成员机构不同的风险等级确立不同的存款保险费率档次,成员机构缴付存款保险费率的高低与反映其风险状况的资本充足水平和监管评级挂钩,资本充足率和监管评级越高,保险费率就越低;反之亦然。鉴于目前我国不同类别银行之间风险差别较大,从公平原则和防范道德风险角度出发,应当实行差别费率。"为充分考虑大银行的利益,在实行差别费率的初期,除考虑被保险机构的各项风险指标外,还应适当考虑其资产规模差异确定不同费率。"[①]

(六)规定最高赔付限额

规定存款保险机构对存款人的存款按照比例赔偿,让存款人

---

① 苏宁:《借鉴国际经验,加快建立适合中国国情的存款保险制度》,《金融研究》2005 年第 12 期。

分担一定的损失。这样一方面能够促使客户在存款之前对银行的经营状况进行了解，选择经营业绩佳、服务好、安全可靠的银行，有利于形成对商业银行的市场约束；另一方面能够促使存款银行不断提高经营管理水平，降低经营风险以吸收到更多的存款。从国际经验看，保险偿付的最高标准一般按照一国人均 GDP 的倍数来确定，国际货币基金组织推荐的标准为 3 倍。根据中国人民银行 2005 年 4 月份的调查，"存款在 10 万元以下账户户数占全部存款账户的 98.3%，存款金额占全部调查存款账户金额的 29.4%。如果将最高赔付限额定为 10 万元，这一数值为中国去年人均 GDP 的 9.5 倍（今年预计下降到 8.7 倍左右），超过国际平均水平 3~4 倍的标准。也可将最高赔付限额定为 20 万元。"①

---

① 苏宁：《借鉴国际经验，加快建立适合中国国情的存款保险制度》，《金融研究》2005 年第 12 期。

着眼于全球金融市场竞争的银行监管法

一 银行监管法映现金融行业三十年发展历程

20 世纪 80 年代之前，我国在很长一段时间里没有真正意义上的商业银行，也没有现代意义上的银行监管，更谈不上完备的银行监管法律体系。20 世纪 80 年代开始，伴随着银行业金融体制改革的推进和深化，以 1986 年国务院颁布《银行管理暂行条例》为起点，中国开始制定关于银行业金融机构监管的法律法规。进入 90 年代后，银行业金融体制改革的力度进一步加大，加强商业银行监管、保障金融体系稳定运行的需求日益显现。1995 年《人民银行法》和《商业银行法》出台，以这两部重要法律为依据，一大批关于银行监管的行政法规和监管规章陆续颁行。所有这些法律、行政法规和规章涉及银行监管的各个方面：市场准入、风险管理、公司治理、信息披露、内部控制、高管人员任职资格管理、财务会计管理与审计、市场退出等等，构建起了我国银行业监管法律体系的主体框架。

为满足我国金融行业分业经营、分业监管的现实需求，2003 年，我国颁布了第一部银行监管的专门法律——《中华人民共和国银行业监督管理法》（以下简称《银行业监督管理法》），并于 2004 年 2 月 1 日起实施。这部法律的出台明确了银监会的法律地位，被认为是构建中国银行业监管法律体系的重要一步。与此同时，《中国人民银行法》和《商业银行法》也进行了修订。这三部法律相互映照、互为补充，共同构成了我国银行业监管法律制度的核心部分。同以前具有银行监管性质的法律相比，这几部法律充分总结了以往的监管经验并借鉴了国际上先进的监管理念和原则，从而具有了一些不同于以往的特点，这为我国实现有效银行监管奠定了良好的制度基础。至此，我国已经建立起以《银行业监督管理法》《商业银行法》为核心，以《外资银行管理条例》《外汇管理条例》《金融资产管理公司条例》《金融机构撤销条例》《储蓄管理条例》《全国人民代表大会常务委员会关于惩治破坏金融秩序犯罪的决定》《金融违法行为处罚办法》等行政法规和监管规章为主体，以金融司法解释为补充的较为完备的银行业监管法律体系。

以中国银监会的成立为标志，我国的银行监管立法开始由专门的监管机构制定监管规章。银监会成立之后，吸收和借鉴了国际银行监管的最佳做法，在总结我国银行监管实践经验的基础上，全面清理了过去发布的 2000 多件银行监管规章，陆续出台了一系列银行业稳健发展所急需的规章和规则，涉及银行监管的各个环节和各个方面，完善了我国的银行业监管法律体系。主要体现在以下三个方面。

一是颁布实施了大批适应银行业审慎经营所急需的规章和规范性文件。内容涉及银行业金融机构及其业务的市场准入、风险管理、内部控制、资本充足率、风险集中、关联交易等诸多方面，对加强银行风险管理的系统性和完整性，实现分类风险管理具有重要意义。[1] 这些规章和规范性文件改善了我国银行监管的法律基础和制度环境，一方面能够促进银行业金融机构审慎经营、有效

---

[1] 在市场准入方面，颁布了《关于调整银行业市场准入管理方式和程序的决定》《金融许可证管理办法》《商业银行服务价格管理暂行办法》《境外金融机构投资入股中资金融机构管理办法》等规章，进一步完善了市场准入监管。在资本充足率方面，《商业银行资本充足率管理办法》弥补了过去没有具 （转下页注）

管理和控制风险，另一方面简化了行政审批，调整了监管方式和程序，创造了有利于竞争和创新的外部环境。

二是以立法推动和扩大中国银行业的对外开放，营造了有利于中、外资银行公平竞争的市场环境。银监会颁布了《外资银行管理条例》及其实施细则、《境外金融机构投资入股中资金融机构管理办法》、《外资银行并表监管管理办法》等监管规章，以促进外资银行业务发展为目的，加强了对外资银行的风险监管，为中资银行吸引优质战略投资者创造了良好的制度环境。为了顺应金融全球化、监管国际化的发展趋势，对我国境内的外资银行以及开展境外业务的中资银行实施了有效监管，中国银监会还同许多国家和地区的监管当局陆续签署了多份合作备忘录，注重加强包括法制建设在内的各项监管合作。

三是为了规范自身的监管行为，颁布了一些规章和规范性文件用于约束监管机构，这些法律文件使监管权力的行使有法可依，对于促进依法监管、保障依法行政具有重要意义。这些规章和规范性文件主要包括《中国银行业监督管理委员会监管职责分工和工作程序的暂行规定》《股份制商业银行非现场监管规程》《中国银行业监督管理委员会行政处罚办法》《中国银行业监督管理委员会行政复议办法》等。①

（接上页注①）体的计算和管理细则的空白，是一项内容翔实、标准严格、操作性很强的资本审慎监管制度。在风险管理方面，颁布了《商业银行市场风险管理指引》《商业银行次级债券发行管理办法》《股份制商业银行风险评级体系》等监管规章和规范性文件。在风险集中和关联交易方面，颁布了《关于修改〈商业银行集团客户授信业务风险管理指引〉的决定》《商业银行与内部人和股东关联交易管理办法》等规章和规范性文件。同时，为指导和推进银行业改革，制定了《国有商业银行公司治理及相关监管指引》《股份制商业银行董事会尽职指引（试行）》《外资银行法人机构公司治理指引》，督促各类商业银行建立良好的公司治理和内控机制。

① 刘明康：《现代中国银行业监管法律体系的构建》，参见刘明康 2005 年 9 月 9 日在第 22 届世界法律大会上的演讲。

　　金融是现代经济的核心，现代经济的发展离不开金融的支持。发达国家已取得的经验表明，在发展经济的同时，要十分重视加强和完善金融领域的立法工作，立法是促进金融机构稳健经营、确保货币政策实施、维护国家乃至世界金融体系稳定的不可或缺的重要手段。"慎重的银行活动，可以增进一国产业。（亚当·斯密：《国富论》）……这种信贷结构优化促进产业升级的事例在现代经济发展史上很多。日本、韩国的银行业在上个世纪对电子产业数十年的信贷支持和资本市场的融资安排，造就了诸如东芝、松下和三星、LG 等一批国际电子品牌。而英国银行业长期偏爱贸易融资，忽视对新兴产业融资，以致错失了产业优化升级的机遇。"[①] 经过 20 多年的发展，中国基本确立了适应市场化要求的商业银行体制，银行业金融机构大都具备现代公司治理结构，金融服务水准、风险管理能力显著提高，这些进步乃至银行业的对外开放都在银行监管法的法律文件中得到了映现，反过来，银行监管法也有力地推动了我国经济的发展。在充分发挥市场机制作用的前提下，银行监管法还能够促进均衡协调可持续的经济发展模式的建立。经济转型决定金融转型，中国金融业的发展必须服务于中国经济的转型。金融业要服务好经济转型，必须在金融机构发展方式、金融资源配置、金融体系结构三个方面实现有效变革，这是银行监管法在微观审慎监管之外的又一项任务。

二　银行监管法下一步立法重点

　　我国已有的法律、法规、规章以及规范性文件构建了一个涵盖市场准入、市场运营以及市场退出各个环节的监管法律体系，可以说，经过 20 多年的努力，中国的银行监管法法制建设已经

[①]　梅兴保：《金融如何支持战略性新兴产业发展》，《金融时报》2010 年 12 月 3 日。

取得了长足进步，基本框架已经基本形成，而且，还有几部重要的银行业法律、法规和监管规章即将出台。现行银行监管法律体系为监管机构实施银行监管提供了法律依据，为促进银行业金融机构健康发展、维护金融体系稳定运行提供了良好的法律保障，也为我国银行业在经济全球化大背景下的对外开放提供了法律支持。当然，从我国商业银行经营的外部环境（包括法制环境在内）以及银行监管法本身来看，仍然存在一些不尽如人意的地方，有待进一步完善。首先，对于某些重要的经济金融问题，现有的银行监管法法律规定滞后，还存在一些立法空白，如在金融控股公司、有问题银行市场退出机制、存款保险制度等方面，一直缺乏相应的或者比较完备的法律规定。其次，从立法技术的角度来说，现行银行监管法律体系还不够完备、缜密、细致、协调，特别是在监管规章和规范性文件这一层面，法律规范交叉重复、相互矛盾或者不尽一致的现象大量存在。最后，银行监管法与其他部门法不同，是与经济、金融密切相关的法律，为了便于把握，需要很多详细的定量规定，如银行风险预警的监管指标法律规定。到目前为止，关于这一类的问题，很多银行监管法律规范仍停留在定性规定上，缺乏具体详尽的定量规定，可操作性不强。

（一）及时出台相关法律法规、规章、司法解释，填补银行监管法存在的法律空白

中国的银行监管法在框架结构上已经基本趋于完备，但层次尚未划分得十分清晰，对于一些重大金融问题或现象，还存在一些法律空白，立法机关、监管机构乃至司法机关应关注这些重要的经济现象，及时出台金融控股公司法、银行业金融机构市场退出方面的法律法规和司法解释。

1. 出台《金融控股公司法》

我国金融行业已经出现了很明显的混业经营行为，亟待立法机关出台相关法律予以规范。关于金融控股公司，笔者认为中国确实需要出台一部专门规范金融控股公司的法律。中国现在已经存在好几种类型的金融控股公司，其中存在问题最大的一类是产业资本设立或控股的金融机构。① 这一类金融控股公司往往通过发放关联贷款等形式在体系内部积累大量的金融风险，是我国金融混业经营中发生问题最多的一类公司。为了防范风险，建议在制定《金融控股公司法》时，明确规定禁止产业资本设立或控股金融机构，如果产业资本希望进入金融行业，特别是设立吸纳存储资金的存款类金融机构，必须令其关闭所有非金融机构类公司，将所有资本单独投入金融行业。金融机构从事混业经营，特别是进入其他类别金融领域，不受此限制。这样的规定可以杜绝产业资本通过设立金融机构在社会上融通巨额资金积累金融风险。允许金融机构从事其他金融领域的业务，则可以促进金融机构市场服务能力的提高，对于这一类金融控股公司，法律主要侧重于规定集团内部防火墙的设立。在暂时不改变现有分业监管体制的前提下，应确立主监管人制度，强化已经建立的监管联席会议制度，即按照一定的方法确定对某一金融控股公司实施监管的监管机构，由该机构对金融控股公司实施并表监管，并负责与其他相关监管机构的协调、沟通，进行信息的收集和共享。

2. 建立银行业金融机构市场退出的法律机制

有问题银行退出市场是一个较为复杂的问题，也是银行监管法一个很重要的内容。从世界各国的金融实践来看，有问题银行退出市场通常有接管、兼并、撤销、破产等方式，破产是适应市场经济发展的需要必须存在的一种处理有问题银行的方式，但是，由于银行破产有可能引发系统性风险，各国在实践中对采用这种退市方式都很慎重，即使是在对银行破产持较为开放态度的美国，破产在市场退出中的占比也才10%出头。目前，关于银行破产，各国的立法主要有三种模式：第一种，与普通工商企业一样，适用破产法，由法院主导破产清算，这种模式的代表国家是英国。

① 金融控股公司立法的具体内容、主要观点可以参阅本书第三章第三节。

第二种，除了适用破产法外，还在银行法中专门规定银行破产，如美国，根据有关法律的规定，在美国，监管机构在银行破产中居于主导地位。第三种，是专门制定只适用于银行的银行破产法，专门制定银行破产法的国家有保加利亚、挪威、罗马尼亚、印度尼西亚。从世界各国取得的经验来看，处理有问题银行最常用的方式主要是接管和兼并，还包括中央银行或者存款保险机构的资金援助。有问题银行市场退出需要一系列相互配合的法律法规予以规范，这些法律法规共同构成有问题银行市场退出法，是银行监管法体系下一个很重要的子法律部门。为了规范市场退出环节，我国首先要建立适合我国国情的存款保险制度、制定配套的《存款保险条例》，针对银行破产，除了按照现有法律的规定，适用《企业破产法》和《民事诉讼法》以外，还应当遵循分业经营、分业监管的原则，制定专门适用于银行业金融机构的《商业银行破产条例》，在《商业银行破产条例》中对接管、重整、和解进行规范，该条例应该体现现代破产法从保护债权人利益向破产预防方向发展的立法趋势，明确监管机构在银行破产中的地位和作用，以及与司法机关的权力界限。

3. 在国内法层面以立法的形式支持构建国际金融安全网

在 2010 年 G20 首尔峰会上，韩国政府提议建立一个全球性的紧急援助基金，这项提议得到了各国政府的广泛关注。很多年的金融实践已经证明，金融危机是很难加以判断和预测的，不能够完全预防，真正发生危机时，最有效办法的还是直接的紧急援助。如果能够建立一个全球性的紧急援助基金，全球金融安全网就可以真正建立起来。韩国政府提出，构建全球金融安全网的目的在于，在危机刚发生的时候，通过向问题机构或者国家提供紧急救助，消除市场上的恐慌情绪，防止金融危机进一步蔓延。全球金融安全网除了能够在第一时间消除恐慌情绪外，还有助于解决目前新兴市场和发展中经济体外汇储备过于庞大的问题。很多国家认为，这个共同基金如果足够强大，效率足够高，就能够充当全球央行扮演最后贷款人的角色。这项提议如果能够在实践中付诸实行，发展中经济体就不必储备巨额外汇以应对危机，对解决全球失衡实在是大有益处。当然，这项动议一旦决定要付诸实行，还需要落实、解决很多问题，包括道德风险等问题。① 如果有一天，全球紧急援助基金建立起来了，无疑需要在国内法的层面得到明确的立法支持，这部（些）法律需要规定：各国如何缴纳资金？如何确定缴纳资金的金额？哪些银行、达到什么标准可以申请紧急援助？各个国家的央行、监管机构在其中行使怎样的权力？偿还手段如何？等等问题。因此，立法机关有必要从现在开始关注国际金融安全网的构建问题，为以后可能的立法任务早做准备。

（二）为促进我国金融市场的发展，借鉴国际先进监管理念和标准，充实、完善监管规章

1. 借鉴国际监管标准，更新、完善有关监管指标的监管规章

从银行监管法律文件的类别上看，有一些法律文件可能不宜由银行业金融机构自行在市场实践中摸索出一定的规律后再上升为国家立法，而应由监管机构借鉴国际监管标准、其他国家有益的立法经验，结合中国银行市场的发育程度以及特点予以发布。这一类法律文件主要是指规定监管指标的监管规章。譬如，针对商业银行各类风险（主要包括资本风险、信用风险、市场风险、流动性风险、利率风险、操作风险）实施监管的规章，以及内控机制建设方面的规章。规定监管指标的法律文件应当具有相当的科学性、前瞻性，以引领金融市场的发展。为满足这一需求，银监会既要及时掌握国际监管规则的变化，又要十分清楚国内银行的风险管控水平、存在的缺陷。巴塞尔委员会这些年来，推荐了很多国际银行监管的最佳做法，把这些规则、做法中国化是中国银监会很重要的一项任务。资本监管是对银行监管的一个最重要

① 参见陶冶《金融监管两大成果可期　全球协调成实施关键》，《金融时报》2010 年 11 月 11 日。

的外部约束，巴塞尔协议Ⅲ对这个监管指标的改革，对银行的经营模式、盈利结构会产生直接影响。巴塞尔协议Ⅲ还指出，银行设定资本与资产的总杠杆比率，有利于控制银行总体风险。这份文件与新巴塞尔协议一道，在系统性重要银行附加资本的计提、银行的资本补充、风险覆盖，资本的覆盖、逆周期资本提取等方面给中国的银行业带来了相当大的压力。中国银监会应根据新巴塞尔协议和巴塞尔协议Ⅲ中资本的定义、资本充足率等方面的规定，适时更新有关资本构成、资产质量、风险管理、资本充足率等重要监管指标的法律文件，实现促进银行机构稳健经营与达到国际标准的平衡。

2. 在监管规章中对复杂程度高的金融产品实施监管

在银行监管规章中还有一类法律文件是监管机构密切监测银行市场动态做出的判断和意见，这类法律文件主要针对银行的具体业务发布，是业务实践在立法上的反映。通常在银行机构推出新的业务后，经过一段时间，银监会就会根据该产品的市场表现，对认为有风险需要防范的或者风险较大的，制定这类法律文件予以规范。针对具体金融产品发布法律文件，优点是可以及时提示、控制风险，缺点是管得太多，容易削弱金融机构业务创新的积极性。中国的银行机构各自的业务偏好本来区别就不是很大，提供的金融产品相似度很高，监管机构往往在产品推出一段时间后就有一份法律文件尾随而至，很快，各家银行提供的产品就更加趋同了，客户选择哪家银行都差不多。目前，关于监管机构是否应当监管具体的金融产品是存在争论的。笔者的观点是，金融产品是可以纳入监管范围的，监管机构的天职就是密切关注金融市场上的一波一动，但监管的具体金融产品应该是那些复杂程度高的金融产品，对复杂的衍生产品应当实施严厉的监管。这种将风险控制关口后移的方式，除了可以保持市场的活跃，还会促使监管机构更加主动、更加全面地收集和分析来自市场和银行的信息。

3. 银监会等监管机构应汲取此次金融危机中其他国家总结出来的经验教训，将对冲基金、金融衍生产品纳入监管范围

"1999 年以来，对冲基金发展迅猛。与传统的机构投资以及股权债权市场总规模相比，对冲基金的资产规模比较小，但在一些较为复杂的市场，对冲基金的交易额远大于资产规模。……对冲基金风险暴露的首要来源派生自场外衍生品交易和融资交易，包括股权收益贷款、回购协议和证券贷款。"[1] 金融稳定论坛认为，"（1）监管部门应充分发挥作用，推动主要金融机构继续改进交易对手风险管理的做法。改进交易对手风险管理的做法是解决高杠杆机构系统风险的最有效方法。① 敦促主要金融机构对复杂程度高、产品发展迅速的领域完善内部风险管理流程，并确保流程的有效性。② 鼓励金融机构充分地监督、计量和使用抵押品来缓解当前的和潜在的风险暴露，并确保对高杠杆机构的交易对手风险暴露持有足够的资本。（2）监管当局应与主要金融中介一起努力，进一步提高对市场流动性削弱风险的抵御能力。① 测量交易对手对资产组合的风险敏感度，以识别交易对手容易发生关联风险的领域（包括在市场压力条件下产生关联风险的可能性）；② 将集中度风险纳入市场流动性压力测试和情景分析中。（3）在主要金融中介交易对手对冲基金风险暴露进行并表计量时，监管当局应探索自身的数据收集工作究竟做到什么程度，才能够成为监管工作的有益补充。（4）交易对手和投资者应通过获取准确、及时的资产组合估值和风险信息等措施来加强市场约束的有效性。（5）全球对冲基金行业应当根据政府和私营部门对改善风险管理做法的要求，检查和提高现有的对冲基金经理的稳健做法"。[2]

---

[1] 《金融稳定论坛：有关高杠杆机构的报告》，中国银监会网站，2007 年 11 月 15 日。

[2] 《金融稳定论坛：有关高杠杆机构的报告》，中国银监会网站，2007 年 11 月 15 日。

4. 梳理已有的监管规章、规范性法律文件，努力使已有的法律规范含义明确、相互之间协调一致

中国银监会自成立以来，在梳理监管规章、规章性文件方面做了大量工作，现在银行监管法的轮廓已经较为清晰，经过多年宣传教育，银行工作人员已大多具有相当的法律意识，懂得依法合规推出业务、操作业务很重要。银监会应进一步梳理已有的监管规章、规范性文件，明文废止、修改各类法律文件，包括与财政部、人民银行、公安部、证监会、保监会等机构沟通协调，废止、修改几个部门联合发布的法律文件，也可以提示银行业金融机构与上述部门联系，修改、废止这些部门单独或与银监会以外其他部门联合发布、确实已经失效的法律文件，便于银行业金融机构依法合规经营。

三 将参与全球金融市场竞争作为银行监管立法的出发点

巴塞尔委员会自成立以来，不断发布国际银行监管规则、推荐各国最佳实践做法，陆续发布了一系列监管规则文件，这些文件共同构成了一个完整的整体。这些文件中，除了巴塞尔旧资本协议现已失效外，其他文件，特别是巴塞尔新资本协议和巴塞尔协议Ⅲ依然标志着银行监管的最高水准。这些文件不仅向银行机构推荐了风险管理的要点、模型，也向各国的银行监管机构推荐了银行监管的先进做法，文件的内容不仅包括具体监管规则的制定，还体现出监管理念的不断更新。对于各个国家银行监管法法律体系的完备来说，巴塞尔文件体系为各国立法者借鉴国际银行监管的先进做法、不断改进风险监管法规做出了卓越贡献。除了巴塞尔委员会发布的巴塞尔文件体系外，其他国际组织发布的一些文件对于中国的银行业监管也有着重要影响。这其中主要包括OECD 公司治理原则、国际会计准则理事会公布的《国际会计准则39 号》。特别是后一个文件——《国际会计准则39 号》，对商业银行资本充足率的计算、贷款损失准备金的计提以及资产证券化有

着非常明显的影响。

现在的时代是一个经济、政治全球化的时代，经济全球化已经势在必然。中国的经济经过几十年的发展和累积，取得了辉煌的成就，"十二五"时期是深化改革开放、加快转变经济发展方式的攻坚时期，也是决定我国能否从一个经济大国成功转变为经济强国的关键时期。目前，市场经济体制以及与之配套的"有中国特色的社会主义法律体系"已经建立起来，产业结构的升级、改造和调整也正在进行之中，与其他国家，特别是发达国家在世界这个广阔的舞台上展开经济竞争是必然的事情。在我国，多层次、发达的资本市场和债券市场还没有建立起来，银行机构依然是我国经济的输血大动脉。即使今后资本市场、债券市场发育成熟，（伯南克关于经济大萧条的评论指出）"银行业功能失灵（也常）伴随着正常需求的崩溃，从而导致大萧条"。"IMF 最近的研究也表明，由银行危机导致的衰退相比非银行故障引起的衰退而言，持续时间更长，程度更深。"① 因此，作为吸纳公众存款、发放贷款，特别是与房地产市场紧密关联的金融机构，高负债经营的银行机构应当受到严密的监管。

为了对银行机构实施严密的监管，我国的立法者、监管机构要密切关注国际监管发展动向，重视对国际监管规则的立法借鉴。认真研究这些国际监管规则以及其他国家为应对金融危机出台的经济刺激措施、金融改革方案，对我国有良好的借鉴作用。进入2010 年代之后，全球经济开始复苏，这表明经济刺激措施和改革方案富有成效。此次全球性经济衰退由美国的次贷危机引发，我国从对美国、欧洲各国的观察中汲取了宝贵的经验，加大了对于房地产贷款的监管力度，采取了提高首付比例等措施不断调控房地产市场，力图控制住房地产价格的非理性上涨。对我国来说，国际银行监管规则不仅仅是风险管理、风险监管的经验总结，还

---

① 《构建更加稳定的全球银行体系》，中国银监会网站，2010 年 9 月。

描绘出经济发展的轨迹和路径。我国作为发展中国家，可以参照其他国家的发展轨迹，借鉴国际监管规则，制定具有前瞻性的监管法，引导我国银行业金融机构沿着严控风险的正确道路发展。因此，借鉴国际监管规则是我国完善银行监管法法律体系、参与全球金融市场竞争的必然的、良好的选择。

得益于金融行业的技术进步以及国际监管规则的制定，国际金融市场比以往任何时候都富有竞争性。充分的市场竞争有益于金融机构扩大业务服务范围、提高金融服务水准、降低企业和个人的金融服务费用支出。为了确保我国的银行业金融机构适应新的竞争环境，借鉴国际监管规则完善银行监管法显得格外重要。不仅国内立法者为了促进全球金融市场竞争，不断吸取国际监管规则纳入国内银行监管法，国际组织也在不断出台、修订国际协定以实现全球公平竞争。例如，巴塞尔委员会和国际证券委员会共同制定了交易账户规则，建立起了统一银行和证券公司资本要求的共同框架，其目的在于创造公平的竞争环境。

此次金融危机除了表明高负债率和不当利用资本市场过度融资往往造成金融系统与实体经济的深度灾害之外，还揭示出金融监管与金融稳定密切相关，监管机构除了进一步完善微观审慎监管外，还应当密切与中央银行的合作，加强宏观审慎监管，确保银行机构资本坚实、流动性充足。"在后危机时代，为避免由传统的货币政策调节和微观审慎监管缺憾造成新的系统性金融风险，国际社会目前在宏观审慎监管的必要性和紧迫性方面已达成共识：本次国际金融危机告诉我们，不管危机生成的微观基础原因和结构性原因有多么大的贡献度，政府和金融监管当局始终都负有主要责任。例如，从美国次贷危机的衍化过程看，2001年美联储开始奉行的宽松货币政策连续十多次降息及美国政府提出的'居者有其屋'的口号都是导致房地产泡沫生成的直接原因。在那样的环境背景下，房地产抵押贷款类衍生产品的泛滥和当局对类银行机构审慎监管的缺失使金融系统风险愈益累积最终以次贷危机的形式爆发，而监管当局只偏重微观审慎监管却忽略了宏观审慎监管，最后演变成累及全球的金融危机和主要市场经济体的全面经济衰退。所以，各国货币当局和金融监管当局在本次危机后都要把宏观审慎监管纳入自己的工作目标，并在监管的制度设计、工具选择、预警机制建设、监管协调等方面进行精心设计，将宏观审慎监管当作保持金融稳定的核心工作内容。"[1] 巴塞尔委员会对此次经济危机进行研究后指出，中央银行和监管机构应共同深入地介入宏观审慎分析，这种宏观审慎分析是中央银行制定货币政策的重要依据。中央银行、监管机构共同进行的宏观审慎分析应包括如下内容：信贷发放和定价、杠杆率、到期日转换的形式及相关流动性风险、房地产和证券等资产的价格，以及各类金融机构尤其是未受审慎监管的金融机构在金融体系中的作用等。根据宏观审慎分析决定需要采取什么样的宏观审慎措施，宏观审慎措施包括逆周期资本、流动性要求，等等。还有学者认为，"目前国际社会关于宏观审慎监管的框架，是不彻底的、不全面的。只要世界对美元等主要国际货币的发行形不成一定的约束（这又谈何容易），就会出现如西方不少有识之士所感叹的：再一次危机仍不可避免！宏观审慎管理，首先是全球宏观审慎管理，其次才是国别宏观审慎管理。"[2]

为了在全球金融市场竞争中取得优势，除了借鉴国际监管规则制定银行监管法外，监管机构还可以借鉴其他国家，特别是欧美金融发达国家的有益经验（如英国在监管上重视人的因素的传统），来提升我国的监管水平。其他国家的有益经验可以适当地在立法中有所体现。英国的金融服务局对被监管的金融机构进行了细致的分类，近三万家被分置于不同类别的金融机构，从金融服务局那里"享受"到的监管可能是完全不同的。对于汇丰银行这

---

① 王松奇：《宏观审慎监管的重要性与金融稳定的着眼点》，《金融时报》2010 年 11 月 19 日。

② 夏斌：《宏观审慎管理：中国视角》，《金融时报》2010 年 11 月 4 日。

样实施"严密的且持续的"监管的机构，由一个专门的专业小组监管，而对一般的保险经纪公司，只是简单地收集数据、了解公司所从事的业务类型，分析其整体状况如何。金融服务局严密、持续监管的机构在 2006 年时只有 87 家，占比约为 3%，"我们监管的所有机构中的 90% 从来不会受到英国金融服务局的检查"。[①]在美国，出于对系统性风险的担忧和针对庞大复杂货币中心银行运营的特殊性，联邦银行机构已经为大型银行的监管制定了特殊的监管体系。美国联邦储备委员会已联合其他联邦监管机构，为监管大型且复杂的银行机构制定了一套程序。货币监理局办公室将其监管业务划分成两条线，一条针对全国最大的 24 家银行，另一条针对所有剩余的国家银行。除其他事项外，监督小组对大型银行基本上是进行实时审查和监控，而对小银行的审查则是一年一次。联邦存款保险公司已着手进行一项改革，将联邦存款保险制度进行分拆。大银行的保费将反映系统性风险因素，但不反映关闭小银行的成本，而小银行的保费将反映关闭的成本，但不反映系统性风险溢价。[②] 借鉴这样的有益经验无疑可以降低监管成本、提高监管效率。

---

① 《风险为本的监管：英国金融服务局的经验》，中国银监会网站，2006 年 7 月 20 日。

② 刘畅、郭敏、张桥云编译《银行监管的未来》，罗平校审，西南财经大学出版社 2011 年 10 月第 1 版，第 219 页。

参考文献

一　中文专著（包括译著）

巴塞尔银行监管委员会 2004 年 6 月发布《巴塞尔新资本协议统一资本计量和资本标准的国际协议：修订框架》，中国银行业监督管理委员会翻译，中国金融出版社 2004 年 9 月第 1 版。

巴塞尔银行监管委员会：《巴塞尔银行监管委员会文献汇编》，中国金融出版社 2002 年版。

巴曙松：《巴塞尔新资本协议研究》，中国金融出版社 2003 年版。

罗平编著《巴塞尔新资本协议：研究文献与评述》，中国金融出版社 2004 年 12 月第 1 版。

章彰：《解读巴塞尔新资本协议》，中国经济出版社 2005 年 1 月第 1 版。

〔美〕斯坦利·L.布鲁、兰迪·R.格兰特：《经济思想史（第 7 版）》，北京大学出版社 2008 年 1 月第 1 版。

詹姆士·R.巴茨、杰瑞德·卡普里奥、罗斯·莱文：《反思银行监管》，黄毅、张晓朴译，中国金融出版社 2008 年 4 月第 1 版。

大卫·G.梅斯、丽莎·海尔姆、阿诺·柳克西拉：《改进银行监管》，方文、周济、刘芳、詹旭、胡红、谢月兰译，方文校，中国人民大学出版社 2006 年 1 月第 1 版。

史纪良：《银行监管比较研究》，中国金融出版社 2005 年 8 月第 1 版。

胡怀邦：《银行监管：国际经验与中国实践》，中国金融出版社 2008 年 7 月第 1 版。

胡怀邦主编《国有金融机构发展与监管》，中国金融出版社 2005 年 4 月第 1 版。

辛子波：《银行监管体系的国际比较》，中国财政经济出版社 2008 年 11 月第 1 版。

王继祖：《美国金融制度》，中国金融出版社 1994 年 11 月第 1 版。

陈元主编《美国银行监管》，中国金融出版社 1998 年 8 月第 1 版。

陈小敏、王晓秋、彭海燕：《美国银行法》，法律出版社 2000 年 3 月第 1 版。

陈国庆：《英国金融制度》，中国金融出版社 1992 年版。

刘玉操：《日本金融制度》，中国金融出版社 1992 年版。

《德意志联邦银行——职能和货币政策工具》，殷明德、王平译，上海三联书店 1991 年 8 月第 1 版。

张荔：《发达国家金融监管比较研究》，中国金融出版社 2003 年 4 月第 1 版。

北京大学金融法研究中心：《海外金融法》，法律出版社 2004 年 3 月第 1 版。

刘晓勇：《银行监管有效性研究》，社会科学文献出版社 2007 年 10 月第 1 版。

裴桂芬：《银行监管的理论与模式——兼论日本的银行监管》，商务印书馆 2005 年 10 月第 1 版。

周子衡：《金融管制的确立及其变革》，上海三联书店、上海人民出版社 2005 年 1 月第 1 版。

Mathias Dewatripont、Jean Tirole：《银行监管》，石磊、王永钦

译，复旦大学出版社 2002 年 6 月第 1 版。

刘明志：《银行管制的收益和成本》，中国金融出版社 2003 年 4 月第 1 版。

王学龙：《有效银行监管研究——基于稳定与效率相协调的视角》，上海财经大学出版社 2008 年 3 月第 1 版。

李早航：《现代金融监管市场化国际化进程的探索》，中国金融出版社 1999 年 9 月第 1 版。

杨春林：《商业银行有效监管论》，人民法院出版社 2005 年 7 月第 1 版。

赵霜茁主编《现代金融监管》，对外经济贸易大学出版社 2004 年 7 月第 1 版。

〔美〕G.J.施蒂格勒：《产业组织和政府管制》，潘振民译，上海三联书店、上海人民出版社 1996 年版。

陈富良：《政府对商业企业规制研究》，经济管理出版社 1995 年版。

李变花：《扩大开放下中国金融安全与监管研究》，中国经济出版社 2009 年 3 月第 1 版。

曾筱清：《金融全球化与金融监管立法研究》，北京大学出版社 2005 年 5 月第 1 版。

张忠军：《金融监管法论：以银行法为中心的研究》，中国金融出版社 1998 年 7 月第 1 版。

吴弘、胡伟：《市场监管法论——市场监管法的基础理论与基本制度》，北京大学出版社 2006 年 1 月第 1 版。

周仲飞、郑晖编著《银行法原理》，中信出版社 2004 年 9 月第 1 版。

朱崇实主编《金融法教程（第二版）》，法律出版社 2005 年 1 月第 2 版。

李扬主编《中国金融法治（2005）》，中国金融出版社 2005 年 6 月第 1 版。

胡滨、全先银主编《中国金融法治报告（2006）》，社会科学文献出版社 2006 年 8 月第 1 版。

严骏伟：《国际监管：跨国银行的金融规范》，上海社会科学院出版社、高等教育出版社 2001 年 1 月第 1 版。

蔡奕：《跨国银行监管的主要法律问题研究》，厦门大学出版社 2004 年 10 月第 1 版。

岳彩申：《跨国银行法律制度研究》，北京大学出版社 2002 年 3 月第 1 版。

谢平等：《金融控股公司的发展与监管》，中信出版社，2004 年 3 月第 1 版。

阙方平：《有问题银行处置制度安排研究——聚焦金融改革（修订版）》，中国金融出版社 2003 年 6 月第 1 版。

阎维杰：《金融机构市场退出研究》，中国金融出版社 2006 年 6 月第 1 版。

刘仁伍、吴竞择编译《金融监管、存款保险与金融稳定》，中国金融出版社 2005 年 4 月第 1 版。

吴敏：《论法律视角下的银行破产》，法律出版社 2010 年 9 月第 1 版。

李爱君：《商业银行跨境破产法律问题研究》，中国政法大学出版社 2012 年 12 月第 1 版。

黎四奇：《我国银行法律制度改革与完善研究》，武汉大学出版社 2013 年 7 月第 1 版。

刘畅、郭敏、张桥云编译《银行监管的未来》，罗平校审，西南财经大学出版社 2011 年 10 月第 1 版。

〔瑞士〕艾娃·胡普凯斯：《比较视野中的银行破产法律制度》，季立刚译，法律出版社 2006 年 3 月第 1 版。

美国联邦存款保险公司：《美国联邦存款保险制度之成长（1933—1983）》，台湾商务印书馆。

陆泽峰：《金融创新与法律变革》，法律出版社 2000 年 1 月第

1 版。

〔美〕迈克尔·D. 贝勒斯：《法律的原则——一个规范的分析》，张文显、宋金娜、朱卫国、黄文艺译，中国大百科全书出版社 1996 年 1 月第 1 版。

二　中文主要参考论文

《新资本协议全球实施情况及影响系列（一至五）》，中国银监会网站。

《国际金融报：欧洲对混合金融集团的监管制度》，中国银监会网站。

许小年：《陆克文和凯恩斯错在哪里?》，《经济观察报》2009年 3 月 16 日。

陈卫东：《新巴塞尔协议评析》，《国际金融研究》2001 年第 3 期。

毛晓威、巴曙松：《巴塞尔委员会资本协议的演变与国际银行业风险管理的新进展》，《国际金融研究》2001 年第 4 期。

岳世忠：《对完善我国商业银行监管体系的法律思考》，《甘肃政法学院学报》2005 年第 1 期。

何焰：《国际金融法晚近发展的若干特点》，《法学杂志》2005年第 4 期。

郝爱群、张显球：《新会计准则主要特点及其对银行业的影响》，《金融时报》2007 年 5 月 28 日。

《G20 伦敦峰会公报全文》，中国银监会网站，2009 年 4 月 3 日。

《G20 伦敦峰会金融监管最新进展》，中国银监会网站，2009年 4 月 2 日。

马光远：《史上最严格巴塞尔协议促银行业转型》，《中华工商时报》2010 年 9 月 20 日。

《巴塞尔协议Ⅲ对我国银行业的启示》，《21 世纪经济报道》

2010 年 11 月 3 日。

夏斌：《宏观审慎管理：中国视角》，《金融时报》2010 年 11 月 4 日。

《完善商业银行信息披露规范的几点建议》，《金融时报》2008 年 6 月 16 日。

韩松：《美国对外资银行监管框架》，《当代金融家》2006 年 12 月，转引自和讯网。

中国银监会：《中国银行业对外开放报告》，中国银监会网站，2007 年 3 月。

孙天琦：《香港金管局监管跨国金融集团的新思路及启示》，《当代金融家》2009 年 4 月，转引自全景网。

杨松：《跨国银行境外机构母国监管制度的发展》，中国法学会官方网站，2009 年 7 月 13 日。

吴思麒：《从分业经营到混业经营：对金融监管组织机构模式的研究》，《经济研究参考》2004 年。

《加快金融控股公司监管立法——访全国人大代表、人民银行上海总部副主任胡平西》，《金融时报》2006 年 3 月 6 日。

张为一、董华春：《金融控股公司的监管》，北京大学金融法研究中心网站金融法苑，2003 年 12 月 1 日。

闫海：《台湾金融控股公司法研究》，《福建金融管理干部学院学报》2004 年第 2 期。

蔡允革：《我国金融机构市场退出模式研究》，《金融时报》2002 年 3 月 4 日。

焦瑾璞：《建立完善规范的金融市场退出机制时机已成熟》，《金融时报》2006 年 5 月 13 日。

何畅、李倩：《银行接管法律问题研究》，《国际金融研究》2005 年第 6 期。

益言：《世界银行和国际货币基金组织关于破产法中几个关键问题的观点》，《金融时报》2005 年 1 月 19 日。

黎四奇：《我国商业银行破产法律制度的现状及其矫正》，《上海金融》2005 年第 9 期。

张继红：《美国银行破产若干法律问题探究及启示》，《国际金融研究》2006 年第 3 期。

中国人民银行存款保险制度课题组：《美日存款保险制度研究》，《金融时报》2003 年 4 月 16 日。

谢平、易诚：《建立我国存款保险制度的条件已趋成熟》，《金融时报》2004 年 11 月 2 日。

张正平、何广文：《存款保险制度在全球的最新发展、运行绩效及其启示》，《国际金融研究》2005 年第 6 期。

苏宁：《借鉴国际经验，加快建立适合中国国情的存款保险制度》，《金融研究》2005 年第 12 期。

孙珂：《存款保险敲定核心原则》，《21 世纪经济报道》2009 年 8 月 11 日。

《金融稳定论坛：有关高杠杆机构的报告》，中国银监会网站，2007 年 11 月 15 日。

陶冶：《金融监管两大成果可期　全球协调成实施关键》，《金融时报》2010 年 11 月 11 日。

王松奇：《宏观审慎监管的重要性与金融稳定的着眼点》，《金融时报》2010 年 11 月 19 日。

三　英文参考文献

http：//www.bis.org

http：//www.iif.com

http：//www.federalreserve.gov

http：//www.treasury.gov

http：//www.fsa.gov.uk

Recovery Act, http：//www.treasury.gov, 2010.

Banking Information & Regulation, http：//www.federalserve gov,

2010.

Final Report on the Assessment of the Macroeconomic Impact of the Transition to Stronger Capital and Liquidity Requirements, http://www. bis. org, 17 Dec, 2010.

BaselⅢ and Final Stability, http://www. bis. org, 9 Nov, 2010.

The Basel Committee's Response to the Financial Crisis: Report to the G20, http://www. bis. org, 19 Oct, 2010.

Group of Governors and Heads of Supervision Announces Higher Global Minimum Capital Standards, http://www. bis. org, 12 Sep, 2010.

Basel Committee Proposal to Ensure the Loss Absorbency of Regulatory Capital at the Point of Non-viability, http:// www. bis. org, 19 Aug, 2010.

Assessment of the Macroeconomic Impact of Stronger Capital and Liquidity Requirements, http://www. bis. org, 18 Aug, 2010.

Adjustments to the BaselⅡ Market Risk Framework Announced by the Basel Committee, http://www. bis. org, 18 Jun, 2010.

About the Basel Committee, http://www. bis. org, 2010.

History of the Committee, http://www. bis. org, 2010.

International Regulatory Framework for Banks (Basel Ⅲ), http:// www. bis. org, 2010.

BaselⅡ Capital Framework Enhancements Announced by the Basel Committee, http://www. bis. org, 13 Jul, 2009.

Comprehensive Response to the Global Banking Crisis, http:// www. bis. org, 7 Sep, 2009.

Basel Ⅱ: International Convergence of Capital Measurement and Capital Standards: A Revised Framework-Comprehensive Version, http://www. bis. org, 30 Jun, 2006.

Joseph Bisignano, Precarious Credit Equillibria: Reflection on the Asian Financial Crisis, BIS Working Paper, No. 64, Mar, 1999.

Gunther Handle: The Legal Mandate of Multilateral Development Banks as Agents for Change toward Sustainable Development, *American Journal International Law*, October, 1998.

B. E. Gup: *Bank Failures in the Major Trading Countries of the World*, Quorum Books, 1998.

图书在版编目(CIP)数据

我国银行业监管法律体系的制度分析/何贝倍著. —北京:社会
科学文献出版社,2015.3(2015.11 重印)
ISBN 978 - 7 - 5097 - 6967 - 6

Ⅰ.①我… Ⅱ.①何… Ⅲ.①银行监管 - 法律体系 - 研究 -
中国 Ⅳ.①D922.281.4

中国版本图书馆 CIP 数据核字(2015)第 048039 号

我国银行业监管法律体系的制度分析

著　　者／何贝倍

出 版 人／谢寿光
项目统筹／赵慧英
责任编辑／赵慧英

出　　版／社会科学文献出版社·社会政法分社(010)59367156
　　　　　　地址:北京市北三环中路甲 29 号院华龙大厦　邮编:100029
　　　　　　网址:www. ssap. com. cn
发　　行／市场营销中心(010)59367081　59367090
　　　　　　读者服务中心(010)59367028
印　　装／北京京华虎彩印刷有限公司

规　　格／开 本:787mm × 1092mm　1/20
　　　　　　印 张:13.4　字 数:222 千字
版　　次／2015 年 3 月第 1 版　2015 年 11 月第 2 次印刷
书　　号／ISBN 978 - 7 - 5097 - 6967 - 6
定　　价／58.00 元